帛书老子导读

秦复观 著

人民东方出版传媒
People's Oriental Publishing & Media
東方出版社
The Oriental Press

图书在版编目（CIP）数据

帛书老子导读 / 秦复观 著 . — 北京：东方出版社，2023.5
ISBN 978-7-5207-3414-1

Ⅰ. ①帛… Ⅱ. ①秦… Ⅲ. ①《道德经》—注释②《道德经》—译文 Ⅳ. ① B223.1

中国国家版本馆 CIP 数据核字（2023）第 067205 号

帛书老子导读
（BOSHU LAOZI DAODU）

作　　者：秦复观
策　　划：张永俊
责任编辑：张永俊
责任审校：金学勇
出　　版：东方出版社
发　　行：人民东方出版传媒有限公司
地　　址：北京市东城区朝阳门内大街 166 号
邮　　编：100010
印　　刷：北京文昌阁彩色印刷有限责任公司
版　　次：2023 年 5 月第 1 版
印　　次：2023 年 5 月第 1 次印刷
开　　本：660 毫米 ×960 毫米　1/16
印　　张：21
字　　数：260 千字
书　　号：ISBN 978-7-5207-3414-1
定　　价：87.00 元
发行电话：（010）85924663　85924644　85924641

序言

/范理宏

主任医师、医学博士、博士生导师

同济大学附属第十人民医院党委书记

《道德经》（又称《老子》）是中国历史上最伟大的名著之一，对传统哲学、科学、政治、宗教等产生了深刻影响，目前已被翻译成数十种文字，流传于世界各地。据联合国教科文组织统计，《道德经》是除《圣经》以外被译成外国文字发行量最多的世界文化名著。

《道德经》含有丰富的辩证思想，在“百家争鸣”时期，堪称诸子百家的学术领袖，曾一度“黄老独盛，压倒百家”，对后来的中国文化产生了深远的影响。鲁迅曾言中国文化的根基全在“道教”；黑格尔也曾评论老子才是中国文化的真正代表。2011 年，德国著名汉学家沃尔夫冈·顾彬（Wolfgang Kubin）受邀在国内高校演讲时说，在德国，老子的《道德经》已经先后被 104 人译成德文。习近平总书记也曾在接受金砖国家媒体联合采访时，引用了《道德经》中“治大国若烹小鲜”的古语，向世界阐述我国治国理政理念。可见，古往今来，《道德经》作为集大成的智慧，在治家、治国、治天下中发挥着积极的作用。

2022 年 3 月“大上海保卫战”拉开序幕，医护人员连续三个月英勇奋战抗击新冠疫情，在迎接胜利的 6 月，医护人员都觉得身心疲惫。为了给医护人员滋养心灵和蓄能鼓劲，我邀请了秦波先生给大家导读《道德经》。经过长达 7 个多月的学习交流，我仿佛进入了《道德经》的玄妙之门,《道德经》打开了更高维度的视角，让人懂得道的运行规律和机制。

我来谈谈更高维度看世间的初浅认识，可能会给读者带来些许启发：

“上德不德，是以有德”，老子所尊崇的德不是儒家所表达的德，孔子倡导大家进入有德的范式，并加以宣传和表彰，以老子的视角看这是人为的德。老子认为我们本性就应该这么善良，本性就应该这么有德，德是人的天性，不用宣传、不用表扬，老子主张最高的嘉奖是没有褒奖！这是多么美妙的无声胜有声的境界啊。

同样,《道德经》中的“生而弗有，长而弗宰”，告诉大家引领者不能主宰或占有被教导者，我们如何做到生而不占为已有，长而不主宰他人，这需要很好地把握“度”。这个观点远远超出了常人的认知,《道德经》让常人有机会立即抛弃低维度行为。

再者“同于德者，道亦德之”，很多资深专家听了《道德经》以后豁然开朗，以前很揪心的事情都被踏在了脚下，都能放下了，因为《道德经》带来的更高维度正能量可与更大的目标同频共振。意识能量一旦提升，人的境界瞬间升维，可以瞬间摆脱以前的狭隘、偏执等诸多低维度状态，让我们与高维能量共振，向着更高的目标前行。

“有用”与“无用”，以“一杯水”作比喻，对喝水者来说杯子里的水是“有用”的，这个“杯子”可以认为是“无用”的；但水喝完了就没有了，而杯子则是可以永远用下去的。常人都以有用为珍贵，殊不知“无用之用”方为大用,《道德经》将常人的意识维度不断地提升，教育常人从正反两面来观事物。

《道德经》让我们明白道的运行机制，其中的“无为”与“有为”，“至柔”与“至坚”，“不争”与“处下”，“反者道之动”与“不为天下先”等，人生的至理都隐藏其中，等待读者不断地挖掘与解读。

《道德经》中最为精彩的是“道纪”，“执今之道”来解决今天的问题。就像以马克思主义基本原理同中国具体实际相结合、与中华优秀传统文化相结合，来解决中国当今的问题一样，这种动态的与时俱进是《道德经》历久弥新的源泉。

一直有人问学习《道德经》的理由，我认为“既以为人己愈有”这句话能够很好地阐释。“既以为人”这句话的实践价值就是不断地利他，然后自然得到“己愈有”的结果。换一句话说，爱心在流转后，爱心又会回到自己身上，而且是指数级地回来。如某人得到健康的身体、和睦的家庭和聪慧的孩子这个结果，那是他尊道贵德在先。同样，一个单位的发展高度与这个单位的人是否尊道贵德息息相关，国运昌盛与每个国人尊道贵德亦是紧密相连的。道整体把握了我们的前程，如果有更多的人尊道崇道，必将为建设社会主义现代化强国注入更多的精神动力，这就是组织更多人学习《道德经》的目的所在。

“圣人不行而知，不见而明，弗为而成”，这是圣人的境界，也是锻炼我们的内在圆满，即我们如何本自具足，如何奉献利他。“用其光，复归其明”，如果我们能将正能量传递给周围人，带动周围人一起照亮他人，这就是我们既自己尊道贵德，又给别人做好了示范。

“天道无亲，恒与善人”，只要我们尊道贵德，我们想做的事情就会有天来帮助。将《道德经》不断内化为自己的行为准则，通过不断学习、不断实现心灵的净化，我们就可能达到独立于世俗的理想境界，从而不断显现人性的光辉，达到精神的丰富，做到精神和物质的共同富足。

为了方便初学者入门，方便大家领悟，秦波先生在此书中运用新颖的方法对《道德经》进行归类阐释，这是秦先生将《道德经》反复提炼后的成果，反映了秦先生的道心以及利益大家的高贵修养。

2023年3月8日

（范理宏，主任医师、医学博士、博士生导师，同济大学附属第十人民医院党委书记。上海市医师协会整合医学分会会长，“一带一路”国际联合实验室主任，同济大学整合医学发展研究院院长，上海交通大学能量代谢与健康研究所所长，上合组织健康生活方式理事会副主席、示范研究中心主任，世界针灸学会联合会中医针灸传承上海基地名誉主任。曾获上海市科学技术普及奖一等奖、“中华医学科技奖”、“中国医院科技创新奖”、中国“五洲女子科技奖”、上海“医学科技奖”、全国巾帼建功标兵等荣誉。）

前言

曾多次被喜爱《道德经》的初学者问到，刚开始学习时应该如何入手，也一直想对这个问题作出满意的答复，直到 2023 年本书完成。这本书是我近二十年来研习《道德经》经验心得的总结，是我一路走来沿途留下的路标集合。如老子所说："自今及古，其名不去，以顺众父。"有了这些路标的引导，至少可以少走一部分弯路。

本书的前身，是我研习《道德经》的心得笔记，在 2015 年就已经完成。不过以现在的眼光来看多年前的作品，无疑会有诸多疏漏与差错，且当时用的是通行本《道德经》，因此一直搁置未能面世。2022 年 6 月，应同济大学附属第十人民医院范理宏书记的邀请，为艰辛抗疫的上海医护人员导读帛书版《老子》，这次难得的机缘，让我得以重新审视、修正之前的书稿，并集结成书。

这次修改，首先是对书稿原有内容进行了高度的精简，仅保留精辟有用的部分，并按照帛书《老子》的章节顺序，把八十一章分成五十八个小节，取意义相近或关联性较强的章节进行集中解读，这样更方便读者建立起整体的思维框架。每一个小节作为一个整体建立起单独的主题，用大家熟悉的历史典故或寓言来切入，采用"分——合——分"的新颖方式，引导读者遍历《老子》八十一章。

然后是运用“以经解经”的理念，把《老子》的每一章都匹配一至三段《庄子》原文，并进行解析，实现“以庄解老”。这是因为我在宣讲《老子》的过程中，每章都需要匹配相应的故事来方便大家理解，但选来选去，却总是《庄子》的内容与《老子》更为契合，于是索性把八十一章都用《庄子》进行通解，归置在每一章译文后的“庄子补释”项中。

通过这次宣讲导读，我本人也获益良多，很多之前有滞碍的关节处豁然贯通，尤其是主持嘉宾郑长忠教授、范理宏教授每次的总结发言，总是让我能从不同的角度获得启发。可以说，本书百分之六十以上修正的内容，是受益于此次活动。本书得以顺利完成，离不开二位教授的指导与支持，在此谨致谢意。

本书所用《老子》原文，是以文物出版社 1976 年版《马王堆汉墓帛书老子》校勘的帛书甲、乙本为底本，参考中华书局1996年版高明撰《帛书老子校注》、中华书局 2014 年版裘锡圭主编《长沙马王堆汉墓简帛集成》二书校勘的帛书甲、乙本，重新进行断句与修正而成的版本，与我另一部作品《帛书老子注读》采用的是同一版本。

目录

一、“德”是如何沦丧的（38）

《韩非子》中有这样一个故事：孔子的学生子路做地方官，见民夫们挖沟辛苦，于是自掏腰包施粥赈民。孔子听说后立即派子贡去踢翻子路的粥锅，并教训子路说，百姓都是鲁君的百姓，你为什么要拿饭给他们吃？按照礼制，天子爱普天下的人，诸侯爱本国的人，大夫爱他的职务所管辖的人，士爱他的家人，你又有什么资格擅自爱鲁君的百姓呢？

子路很委屈，他认为自己是在按照孔子所教去行仁义之事，但他却并没有理解孔子“仁”的真意。孔子提倡的“仁”，首先必须符合“礼”，也就是孔子所说“克己复礼为仁”，而“礼”所表达的重点正是阶级差异。因此仁爱表现出来是一种阶级性的爱：君爱民是仁，民爱君则是忠。所以“仁”这种片面的爱，只适用于特定对象，比如国君可以对民众讲仁爱，别人就不能越权，故而《庄子》才会说“诸侯之门而仁义存焉”。

除此以外，仁爱还需要根据关系的远近亲疏而体现出差别，比如对亲人的爱和对乡邻的爱，是一定要表现出差别的。因此孟子才攻讦墨子的“兼爱”是“无父”，因为墨子提倡对自己的父母和对别人的父母都要给予同样的爱。

墨家的“兼爱”虽然看似美好，但也仅限于概念上的美好。因为爱本身就是一种偏私，不偏私就必须无爱，所以天地才会“不仁”。而“兼爱”即提倡有偏私的爱，又提倡爱得无差别，这根本就自相矛盾了。按照墨子的本意，或许提倡“公正”反而更为恰当一些，但这样一来又与“爱”无关了。所以儒家对爱的诠释，才更符合爱的本义，“亲亲相隐”“为尊者讳”，这才是爱。

老子说“失道而后德，失德而后仁，失仁而后义”，仁义的出现，是因为道、德被废弃。庄子说“相濡以沫，不若相忘于江湖”，亲爱的出现，是因为生存条件的恶化。如果人人都能和平安宁地生活，并不需要谁对谁表现出特别的关爱，但是如果天下失去太平，人间劫难重重，仁爱就有充分的理由出现了。

值得一提的是，“德”和“仁”的表现区别很大，按照“仁”的定义，天地反而不仁。我们由天地所生，日常用度皆从天地中索取，只因为天地把我们和鸟兽鱼虫、花草树木视而为一，并没有对我们表现出特别的偏爱，我们就视其为“不仁”。这只能说明，“仁”是一种较为狭隘的德性。

“德”是大爱，正因为它是大爱，对所有事物都爱得一样多，所以表现出来反而是无爱。其德含而不露，不外施于人，否则有所施为，则必有远近亲疏之偏、大小多少之别。故而“德”，就像天地视万物为刍狗一样公正无私，就像准绳一样中正不偏私。

在天地之“德”的畜养下，万物得到了淳朴的自然天性，得到了不知不觉的自然生活。这种淳朴不能人为培养，而只能保护不丢失；这种自然不能人为创造，而只能保证不破坏；不丢失不破坏，这就是无为。

一旦丢失了天真，打破了自然，哪怕是进入一种看似很荣耀、很高尚的境地，但这代表人们生存的环境已经与自然天性不相匹配了。在这个时候，就像鱼儿离开了水一样，虽然相濡以沫的行为被人称赞，但其实心中困苦，生存艰难。

在整体环境持续恶化的情况下，仁者之“爱”通行于天下就不太现实了。又有几人够资格爱天下人而不侵权，又有几人能把爱延伸出乡里之外呢？所以人们只能在一个小圈子里发扬爱，这就成了“义”。

“义”，是更加狭隘的爱，它爱的只是一小部分人，甚至会为了爱这一小部分人，而去攻击和伤害其他人。这也是古往今来，绿林好汉义字当头的原因，因为他们是在通过“义”，来抱成一团求生存。

而“礼”，与爱无关，它只是一个冷冰冰的面具，是一种程序化的形式。虽然儒家认为“礼为天地之序”，但难道上天之序，表现在人间就是“立天子，置三卿”，“拱之璧以先驷马”？老子言：“不若坐而进此。”所以孔子向老子问礼，老子曰：“子所言者，其人与骨皆已朽矣，独其言在耳。”又哪里是什么天地之序呢？不过是古人言罢了。

其实《左传》记载晋国贤臣先轸的一句话，才真正道出礼的本质意义，“定人之谓礼”，能安定人的，这才是礼。然而人是不断成长的，社会是不断在变的，所以礼也当随之而变。礼适人，而非人适礼。

这就正如我们只听说过量体裁衣，而没听说过量衣裁体的。但是人被陋俗陈规所限制，为了适应它们而去扼制自己的成长和发展，这不是身体被衣服给限制住，然后拿着衣服去裁剪身体一样吗？主次颠倒，本末倒置。故而老子说：“夫礼者，忠信之薄也，而乱之首也。”一旦开始把“礼”推崇为制度来治国，就是天下祸乱的开始。

过于注重外表，往往流于形式；过于追求外在，就会疏失内在。因此感情深厚的人之间，礼就很淡薄随意；礼节烦琐的人之间，感情就很淡薄。然而外表往往最容易被关注，外在往往最容易被雕饰。关注外表，雕饰外在，也就导致我们与道背离得越来越远，对道的理解也变得越来越肤浅，以至于大道最终杳然而不可寻矣。

关联章节

第三十八章

上德[1]不德[2]，是以有德。下德不失德[3]，是以无德。上德无为[4]，而无以为[5]也。上仁为之，而无以为也。上义为之，而有以为也。上礼为之，而莫之应也，则攘臂而扔之[6]。故失道而后德，失德而后仁，失仁而后义，失义而后礼。夫礼者，忠信之薄[7]也，而乱之首也。前识[8]者，道之华[9]也，而愚之首[10]也。是以大丈夫居[11]其厚，而不居其薄，居其实，而不居其华。故去彼取此。

注释

① 上德："上"，指上乘的、上等的，高品质的；"德"，本义指遵奉正道而行，这里指遵行正道而呈现出来的特质、属性、状态；"上德"指最上乘的德（最高层次的品性，最上等的属性，最高明的状态）。

② 不德："德"为动词，指施惠、施德；"不德"指不以施行德为目的。

③ 不失德："不失"，指不离开；"不失德"指不离开施德的行为，始终以施行德为目的。

④ 无为：不施为，不以施加个人意志的方式而为。

⑤ 无以为："以"，目的在于；"为"，指作为、行动；"无以为"指不出于什么目的而作为，泛指遵从本性行事的状态。

⑥ 攘臂而扔之："攘臂"指挽起袖子，伸出胳膊；"扔"是指强力牵引，扯、拽；"攘臂而扔之"指挽起袖子伸出胳膊去强拽别人。

⑦ 薄（bó）：微小，不足。

⑧ 前识（shí）：“前”，指先前存在的，过去就有的；“识”，指认知的道理，辨识的是非、规范；“前识”指过去就存在的规范，前人留下的认知。

⑨ 华（huá）：浮华，流露于外的显荣，外在的枝末。

⑩ 愚之首：“愚”，愚蠢，愚昧；“首”，开端，开头；“愚之首”，指愚昧的开端。

⑪ 居：处在，处于。

译文

最上乘的德，不以施行德为目的，所以才具备了真正的德。下乘的德，处处以施行德为目的，反而不具备真正的德。最上乘的德，以无为来行事，顺从本性而为之。最上乘的仁，以施行仁德来行事，顺从本性而为之。最上乘的义，以施行义举来行事，强制自己而为之。最上乘的礼，以施行礼制来行事，得不到回应，就举起胳膊强迫他人遵从。所以大道失去了，德开始得到推崇；德失去了，仁开始得到推崇；仁失去了，义开始得到推崇；义失去了，礼开始得到推崇。礼是忠信缺失的表现，推行它就是祸乱的开始。先行确立的规范制度，不过是大道的浮华，追随它就是愚昧的开端。所以大丈夫选择内里的敦厚，而不居于外表的浅薄；选择本质的朴实，而不居于肤浅的浮华。因此取其厚实，而弃其薄华。

庄子补释

【原文】夫知者不言，言者不知，故圣人行不言之教。道不可致，德不可至。仁可为也，义可亏也，礼相伪也。故曰：“失道而后德，失德而后仁，失仁而后义，失义而后礼。礼者，道之华而乱之首也。”故曰：“为道者日损，损之又损之，以至于无为。无为而无不为也。”今已为物也，欲复归根，不亦难乎！其易也，其唯大人乎！

——《庄子·知北游》

【复观译读】知道“道”的人不言说，言说“道”的人不知道，所以圣人用“不言”来设教。道不可以利用具体的行为招引，德不能够通过固定的途径达到。而仁可以通过施爱于人得到，义可以通过自我牺牲得到，礼可以通过互相伪装得到。所以说：“大道失去了，德开始得到推崇；德失去了，仁开始得到推崇；仁失去了，义开始得到推崇；义失去了，礼开始得到推崇。礼是忠信缺失的表现，推行它就是祸乱的开始。”所以说：“修行道的人每天都要清除伪饰，清除再清除以至于达到消除人为的境地，消除人为而任用自然，也就无所不能为了。”如今的人已经丧失真性而被物化，想要重新返归本源大道，不是很难吗！如果能顺利做到，恐怕只有得道的人吧！

【原文】孔子见老聃而语仁义。老聃曰：“夫播糠眯目，则天地四方易位矣；蚊虻噆肤，则通昔不寐矣。夫仁义憯然，乃愦吾心，乱莫大焉。吾子使天下无失其朴，吾子亦放风而动，总德而立矣！又奚杰然若负建鼓而求亡子者邪！夫鹄不日浴而白，乌不日黔而黑。黑白之朴，不足以为辩；名誉之观，不足以为广。泉涸，鱼相与处于陆，相呴以湿，相濡以沫，不若相忘于江湖。”

——《庄子·天运》

【复观译读】孔子拜见老聃讨论仁义。老聃说：“飞扬的糠屑进入眼睛，也会颠倒天地四方；蚊虻之类的小虫叮咬皮肤，也会让人通宵不能入睡。仁义给人的毒害更为惨痛乃至令人昏聩糊涂，对人的祸乱没有什么比仁义更厉害。你要想让天下人不至于丧失淳厚质朴，你就应该像自由的风一样自然地行动，一切顺于自然行事，又何必那么卖力地去宣扬仁义，就好像敲着鼓去追赶逃跑的人一样呢？白色的天鹅不需要天天沐浴而羽毛自然洁白，黑色的乌鸦不需要每天用黑色浸染而羽毛自然乌黑。乌鸦的黑和天鹅的白都是出于天然，不用去论辩优劣；名声和荣誉都是外在装饰，不用去散布张扬。泉水干涸了，鱼儿相互依偎在陆地上，互相用吐气来获得一点湿润，互相用唾沫来获得一点滋润，不如都在江河湖海中畅游而互相忘却。”

二、最高的荣誉，是没有荣誉（39、41、17）

《鹖冠子》记载了这样一个故事：扁鹊的医术天下闻名，有一天魏文王问扁鹊道："听说你家兄弟三个都懂医术，那么你们中间谁的医术最高啊？"

扁鹊说："我大哥的医术最高，其次是我二哥，我的医术最低。"

魏文王又道："那为什么你的名气比他们两个要大呢？"

扁鹊说："我大哥治病，往往在人们的病还没有产生的时候就给治好了，所以除了我们家人没人知道他会治病；我二哥治病，在病还很小的时候就给治好了，所以人们都以为他只能治治小病；而我治的都是一些重大病症，别人看我施针用药做手术都很在行，就交口称赞我的医术高明，所以我医术最低反而名气最大。"

扁鹊的大哥在疾病还没有发生的时候就已经给治好了，医术比扁鹊高明得多，反而没有扁鹊名气大，甚至除了扁鹊的家人之外，没有人知道他还会治病。其实扁鹊的大哥想要名声非常简单，只需要对病人置之不理，等病情越来越严重的时候再施展医术就可以了，以他比扁鹊还高明得多的医术，还愁没有人称赞吗？

所以说，人人都称赞的人，并不代表他就最高明；真正高明的人，不会得到太多赞赏。这便是老子所说"太上，下知有之。其次，亲誉之"。大道生养天地万物，却连名字都没有，因为人们"日用而不知"。

老子说："大方无隅，大器免成，大音希声，大象无形，道褒无名。"

大的端方，不会让人感到它的棱角，故而人不知；大的器物，不会让人看到它的落成，故而人不知；大的声音，不会让人听出它的声调，故而人不知；大的形象，不会让人见到它的形状，故而人不知；宽广无边的大道，没有名号，故而人不知。

人不知，又哪里来的赞誉呢？正如水，滋润万物，造福天下，却也没有什么人去赞美它；石头，随处可见，随手可用，却也没有什么人去赞赏它。但人们每日都离不开它们，取水做饭，用石造屋。水和石头让每一个人都能得到福祉，人们也就不会觉得这福祉有多可贵，它自身有多可贵了。但它们才是民生的基石，真正的不可或缺。

君王很高贵，如果没有民众，也便高贵不起来；金玉很贵重，但如果大家连饭都吃不饱，金玉也不过是废物。民众、粮食很贱，但却是君王、金玉贵重的基础，所以老子说“必贵而以贱为本，必高矣而以下为基”。因而至高无上的赞赏，恰恰是没有人赞赏。

凡事都是起源于微末，而后才发展壮大的。如果在事情还很小，还很容易处理的时候不理会，发展到不可收拾以后才去治理，声势固然浩大，事情平息以后得到的功劳和荣誉固然崇高，但对民众来说是无益的，因为本可以不用这么劳民伤财。“善战者无赫赫之功”，不战而屈人之兵者，又怎么会有战功在身呢？因此老子说：“故致数誉无誉。”如果行事招来了太多的赞赏，就等于不是赞赏。

因此具有道德的人，不会做一个到哪里都光彩夺目、高高在上的人，而是默默地造福万民，生养万物。玉石很珍贵，但它只能让很少一部分人得到；石头遍地都是，却能被所有人使用，人人都能因它而受益。故而“不欲禄禄若玉，硌硌若石”，故而“建德如偷”，人所不知也。

关联章节

第三十九章

昔[1]之得一[2]者，天得一以清，地得一以宁，神[3]得一以灵[4]，谷得一以盈[5]，侯王得一而以为天下正[6]。其致之[7]也，谓[8]天毋已[9]清，将恐裂。谓地毋已宁，将恐发[10]。谓神毋已灵，将恐歇。谓谷毋已盈，将恐竭。谓侯王毋已贵以高，将恐蹶[11]。故必贵而以贱为本，必高矣而以下为基。夫是以侯王自谓孤、寡、不谷[12]，此其贱之本与！非也？故致数誉[13]无誉。是故不欲禄禄[14]若玉，硌硌[15]若石。

注释

① 昔：以前，从前。

② 得一："一"，指精纯、纯正，无染无杂而各自独立，因此称为"一"，指代万物各自的精粹本源；"得一"，这本源是从道所得，万物遵从于道，而各得其一。

③ 神：指精神的存在，神灵。

④ 灵：灵验，灵动。

⑤ 盈：充满，《说文》："满器也。"不过此处之"盈"充满的不是实物，而是空虚，指拥有足够的空间。

⑥ 天下正："正"，合于道的，人必先正己而后能正人；"天下正"指合于道而成为天下依从的范式。

⑦ 致之："致"，招引、招致，使达到；"致之"，指导致的状况，造成的结果。

⑧ 谓：指报告，讲诉，说明。

⑨ 毋已："毋"，不、没有；"已"，完成，达到某个状态；"毋已"指不能完成，没有达到，无法做到。

⑩ 发：放出、射出，表示物体向上或向前迅速运动；《说文》："发，射发也。"

⑪ 蹶：颠仆、跌倒，昏死过去；《说文》："蹶，僵也。"

⑫ 不谷："谷"，指赡养，养育；"不谷"，指不得养，无以相养，先秦诸侯谦称。

⑬ 致数（shuò）誉："数"，频频，屡次；"誉"，称赞，赞美；"致数誉"，指招来赞美的频次高，数量多。

⑭ 禄禄：《说文》："禄，福也。"福禄珍贵而难得，用来形容稀少而贵重。

⑮ 硌硌（luò luò）：坚石，《玉篇·石部》："硌，山上大石。"石头普通而常见，用来形容众多而低贱。

译文

以往得到"一"的，天得"一"而清明，地得"一"而安宁，神得"一"而灵动，谷得"一"而充盈，侯王得"一"而成为天下依从的范式。推而言之，天再也不能清明，恐怕将要崩裂；地再也不能安宁，恐怕将要塌陷；神再也不能灵动，恐怕将要停歇；谷再也不能充盈，恐怕将要竭尽；侯王再也不能贵高，恐怕将要颠仆。故而必定得以尊贵，是以贱作为根本；必定得以崇高，是以下作为基础。因此侯王以"孤""寡""不谷"作为自己的称呼，这正是以贱作为根本啊！不是吗？所以招来太多的赞赏，就等于不是赞赏，因此不愿做尊贵的玉石，而愿做坚实的石头。

【原文】其来无迹，其往无崖，无门无房，四达之皇皇也。邀于此者，四肢强，思虑恂达，耳目聪明。其用心不劳，其应物无方，天不得不高，地不得不广，日月不得不行，万物不得不昌，此其道与！

——《庄子·知北游》

【复观译读】它的到来没有行迹，它的去往没有边界，没有路径也无处停留，通向广阔的四面八方。依从于它的，四肢强健，思虑通达，耳目聪敏，用心不会劳苦，应物不拘定规。天不得到它便不会高远，地不得到它便不会宽广，日月不得到它便不能运行，万物不得到它便不会昌盛，这就是道啊！

【原文】唯达者知通为一，为是不用而寓诸庸。庸也者，用也；用也者，通也；通也者，得也；适得而几矣。因是已。已而不知其然，谓之道。

——《庄子·齐物论》

【复观译读】只有通达的人能知晓事物相通为一的道理，因此不会固执己见，而是把观点寄托于平常的事物之中。所谓平常的事物，就是事物通常发挥作用时呈现的状态；认识了事物保持常态的道理就叫通达；通达的人才是真正了解常理；恰如其分地了解常理也就接近了大道。顺应事物的常理就可以了，顺应事物的常理而不知其所以然，这就叫作“道”。

第四十一章

上士[①]闻道，堇[②]能行之。中士闻道，若存若亡。下士闻道，大笑之。弗笑，不足以为道。是以建言[③]有之曰：明道如昧，进道如退，夷[④]道如纇[⑤]。上德如谷，大白如辱[⑥]，广德如不足。建德[⑦]如偷，质真如渝[⑧]。大方无隅[⑨]，大器免成，大音希[⑩]声，大象无形，道褒[⑪]无名。夫唯道，善始且善成。

注释

① 上士：“上”，上乘的，上等的；“士”，古代对男子的美称；“上士”，上乘之人，上等之人。

② 堇：不足、缺少，竭尽。

③ 建言：早已存在的说法，指古语或古谚。

④ 夷：平坦，平顺。

⑤ 纇：丝上的疙瘩，形容不平顺，《说文》：“纇，丝节也。”

⑥ 辱：《仪礼》注：“以白造缁曰辱。”白布染黑，形容遭受污染，变得污浊。

⑦ 建德：“建”，指建树，建立；“建德”，具备建树性的德。

⑧ 渝：《说文》：“渝，变污也。”水从洁变污，形容改变、违背。

⑨ 隅：墙角，角落。

⑩ 希：本义指麻布织得不密，空洞很大，用于声指声音很空洞，听不到具体内容，所以第十四章说“听之而弗闻，名之曰希”。

⑪ 褒：宽大，广大。

译文

上乘之人听闻了道，会尽其所能遵行它；中乘之人听闻了道，有时候放在心上，有时候就遗忘了；下乘之人听闻了道，哈哈大笑。如果他不嘲笑，那道就不足以为道了。所以有古语是这样说的：显明之道好像是暗昧，进取之道好像是后退，平顺之道好像诸多阻碍。最崇高的德，好像空谷一般低下；最纯净的洁白，好像遭到玷污；最宽广的德，好像还有不足；最具建树的德，好像偷偷摸摸；最纯真的品质，好像混浊蒙昧。最大的方正没有边角，最大的器物不会完成，最大的音律听不到它的声调，最大的形象没有形状，最宽广的大道低微无名。唯有道，善于滋生万物，且善于成就万物。

庄子补释

【原文】肩吾问于连叔曰："吾闻言于接舆，大而无当，往而不反。吾惊怖其言。犹河汉而无极也；大有径庭，不近人情焉。"连叔曰："其言谓何哉？"曰："藐姑射之山，有神人居焉。肌肤若冰雪，淖约若处子，不食五谷，吸风饮露，乘云气，御飞龙，而游乎四海之外；其神凝，使物不疵疠而年谷熟。吾以是狂而不信也。"连叔曰："然。瞽者无以与乎文章之观，聋者无以与乎钟鼓之声。岂唯形骸有聋盲哉？夫知亦有之！是其言也，犹时女也。"

——《庄子·逍遥游》

【复观译读】肩吾向连叔求教："我从接舆那里听到的谈话，大话连篇不合情理，一说下去就没有边际。我十分惊恐于他的言谈，就好像天上的银河一样无边无际，和世事的常理相差甚远，确实是太不近人情了。"

连叔问："他说了些什么呢？" 肩吾说："'在遥远的姑射山上，有神人居住，肌肤白晰如冰雪，体态柔美似处女，不吃五谷，吸清风饮露水，乘云气驾飞龙，遨游于四海之外。他的精神凝聚，使万物不受灾害，年年谷物丰熟。' 我认为这全是虚妄之言，一点也不可信。" 连叔听后说："是呀！对于瞎子没法和他们一起欣赏纹彩的美观，对于聋子没法和他们一起聆听钟鼓的乐声。难道只是形体上有聋和瞎吗？思想上也有聋和瞎啊！这话似乎说的就是你肩吾。"

【原文】夫精粗者，期于有形者也；无形者，数之所不能分也；不可围者，数之所不能穷也。可以言论者，物之粗也；可以意致者，物之精也；言之所不能论，意之所不能察致者，不期精粗焉。

——《庄子·秋水》

【复观译读】所谓精微与粗大，仅限于有形的事物，没有形体的事物，是不能用数量来分析的；不可以限定范围的东西，是不能用数量来计算的。可以用言语来谈论的，是事物粗浅的部分；可以用心意来传达的，是事物精微的部分。言语所不能谈论的，心意所不能体察的，也就不限于精微和粗大了（超出了有形之物的范畴）。

第十七章

太上[①]，下[②]知有之。其次，亲誉之[③]。其次，畏之。其下，侮之[④]。信不足，案[⑤]有不信。犹[⑥]呵，其贵言[⑦]也。成功遂事，而百姓谓我自然[⑧]。

注释

① 太上：“太”，形容大而未尽，大之又大；“太上”，最上的，最高的，至高无上。

② 下：本义是下面、下边，这里指臣下、百姓、群众。

③ 亲誉之：“亲”，亲爱，亲近；“誉”，赞美，赞誉；“亲誉之”，亲近并赞美他。

④ 侮之：“侮”，轻慢，轻贱；“侮之”，用不敬的态度对待他。

⑤ 案：本义指用于安放食物的木盘，落下而安放，表达肯定之意，在这里是于是、就的意思。

⑥ 犹：指踌躇疑惧的样子。

⑦ 贵言：“贵”，看重，重视；“贵言”，指看重自己的言语，不轻易出言。

⑧ 我自然：“自”，本人，己身，这里指出于自身的意愿；“然”，如此，这样；“我自然”指我出于自身的意愿而如此做的。

译文

最好的国君，民众只是知道有这么一个存在。其次的国君，民众亲近并赞誉他。再次的国君，民众畏惧他。最次的国君，民众侮辱谩骂他。信用不足，才会不被信任。审慎啊！好的国君会非常看重自己的声令施政。事情做成功了，百姓都说“我们本来就是要这样做的”。

庄子补释

【原文】以敬孝易，以爱孝难；以爱孝易，而忘亲难；忘亲易，使亲忘我难；使亲忘我易，兼忘天下难；兼忘天下易，使天下兼忘我难。夫德遗尧、舜而不为也，利泽施于万世，天下莫知也，岂直大息而言仁孝乎哉！

——《庄子·天运》

【复观译读】用恭敬的态度来行孝容易，用真心的亲爱来行孝困难；用真心的亲爱来行孝容易，用淡泊自然来对待亲人困难；用淡泊自然来对待亲人容易，使亲人也能淡泊自然地对待自我困难；使亲人能淡泊自然地对待自我容易，能一并淡泊自然地对待天下人困难；使亲人能一并淡泊自然地对待天下人容易，使天下人也能一并淡泊自然地对待自我困难。盛德遗忘了尧舜而尧舜方能自得（天地有大德而不对尧舜加以约束羁绊，使他们可以自然地行动，他们才得以创建了仁孝来治理天下，所以仁孝的根本其实是大德，但世人却只见仁孝而不见德），利惠和恩泽延续万世，天下却没有谁知道，难道偏偏要慨叹大谈仁孝吗！

【原文】大圣之治天下也，摇荡民心，使之成教易俗，举灭其贼心而皆进其独志。若性之自为，而民不知其所由然。若然者，岂兄尧、舜之教民溟涬然弟之哉？欲同乎德而心居矣！

——《庄子·天地》

【复观译读】圣人治理天下，放任民心自在而不拘束，使他们教化自然而成，习俗自然而迁，完全消除他们互相妨害的贼心，而树立他们独立自主的思想，就好像听从自己的本性在行动一样，但人们并不知道为什么会是这样。如果能做到这般，又哪里还用得着推崇尧舜对人民的教化，而懵懂无知地追随于后呢？人们的行动和天性相得而心境安定罢了。

三、“无”为“有”之本（40）

老子说“天下之物生于有，有生于无”。现实世界是“有”，本源世界是“无”；事物的外在显化为“有”，其内在本质为“无”；“无”是“有”的本源。所以事物的运行也是“有”和“无”在同时运动。而“无”的一面是看不见的，是需要通过我们同为“无”的意识来觉知的。但是通过意识来认知“无”的时候，就难免会被自我主观所影响。

主观之“我”对意识的掌控和使用，实际上限制了意识“无”的属性。因为“有”我，所以屏蔽了意识回归于“无”的通道。失去了“无”的属性，也就相当于割断了意识与道之间的联系。所以人需要在心静如水、无知无欲，无意甚至无我的状态下，意识才能复归于“无”的状态，就有更大的机会触摸到“道”。

当然“无我”这种状态是很难达到的，所以能“与天地为一”的人不多。不过睡觉的时候，人的自主思维弱化，人的主观意识不再掌控自己，人就能重新回复到“无我”的自然的状态，就有机会接收到来自天地的信息，这个过程常以梦境的形式出现。

我们有时处于某个场景时，会有一种莫名其妙的熟悉感，这种熟悉感很可能就是来源于潜意识曾经记录下来的信息。不过由于它是深层次掩藏着的，平时人并不记得，只有当身处类似场景的时候，才会触动潜意识而回忆起来。

过去、现在、未来，对于身处其间的我们来说，它是可以被时间分割的，时间没有走到未来，我们就无从知晓。这是因为我们身处“有”的世界，所以“有极”，所以有前后、左右、上下、始终，所以可以被时间分割。

而对于有限世界背后的本源之“无”的世界，则过去、现在、未来都是浑然一体而不可分割的。如果能够进入其中，就能同时知晓过去、现在和未来。这就好像播放一盘影碟，它的画面是间断的，可以被时间分割的，但影碟中存储的信息，则是全面而无法分割的，因为是一个整体。

然而直接读取整体信息，和通过播放画面来分时读取信息，是两种完全不同的信息获取方式，运用的是两种完全不同的思维模式。一种是混沌式的思维模式，通晓整体；一种是显化式的思维模式，分而析之。

庄子说：“谁能够把无当作头，把生当作脊柱，把死当作尻尾，谁能够通晓生死存亡浑为一体的道理，我们就可以跟他做朋友。”（《庄子·大宗师》）以“无”为首，站在“无极”的层面上去看天地万物，则生死存亡、过去未来，实为一体。

关联章节

第四十章

反[①]也者，道之动也。弱[②]也者，道之用也。天下之物生于有[③]，有生于无[④]。

注释

① 反：翻转，使呈现出相反的形态。

② 弱：柔弱，使呈现出柔弱的形态。

③ 有：实物，有形有质的存在。

④ 无：虚无，无形无质的存在。

译文

事物呈现出相反的形态，是道在发动；事物呈现出柔弱的形态，是道在显用。天下的万物生于有形有质，有形有质生于无形无质。

庄子补释

【原文】夫昭昭生于冥冥，有伦生于无形，精神生于道，形本生于精，而万物以形相生。

——《庄子·知北游》

【复观译读】明亮的东西产生于昏暗，有形的东西产生于无形，精神产生于道，形体的本质产生于精微，而万物凭形体得以生成。

【原文】有实而无乎处者，宇也。有长而无本剽者，宙也。有乎生，有乎死，有乎出，有乎入，入出而无见其形，是谓天门。天门者，无有也，万物出乎无有。有不能以有为有，必出乎无有，而无有一无有。圣人藏乎是。

——《庄子·庚桑楚》

【复观译读】属于切实存在而没有固定处所的，是因为处在上下四方没有边际的空间中。具有盈虚消长而没有本末始终的，是因为处在古往今来没有极限的时间里。存在着生，存在着死，存在着出，存在着入，入与出都看不到具体的形迹，这就叫作“天门”。所谓“天门”，是指（门内）还不存在着“有”，万物都源出于此。“有”不可能是用“有”来造生出“有”，而必定要出自“无有”，而“无有”就是还不存在着任何“实有”。圣人就藏身于这样的领域。

四、万物得以生，是为有“德”（42）

“阴阳”在《道德经》中仅出现了一次，而且也并不是我们现在所理解的，相互对立相互转化的“阴阳”。

《朱子语类》说：“阴阳虽是两个字，然却是一气之消息，一进一退，一消一长，进处便是阳，退处便是阴，长处便是阳，消处便是阴；只是这一气之消长，做出古今天地间无限事来。所以阴阳做一个说亦得，做两个说亦得。”

因为本是“一气”的消长，而被人解读成阴阳，故而阴阳可以互相转化，因为它们本就是“一”样东西。所以它们之间无论怎么消长，其所共同归属的整体也不会发生任何生长变化。

如日夜，有光为日，光消为夜。日长，则夜短，日不能“益”夜；夜长，则日短，夜不能“益”日。你多则我少，我多则你少，对整体的成长并没有任何益处，只是在原有的基础上，在两端之间，互相流转而已。

但在老子所讲的一系列相对关系中，有本末之分，有轻重之别，有动静之宜，它们之间却是母生子的关系。如第二十六章：“重为轻根，静为躁君”，第三十九章：“故必贵而以贱为本，必高矣而以下为基”，第四十一章：“天下之物生于有，有生于无”，第六十三章：“天下之难作为易，天下之大作为细”，等等。

重为母本，而重生（胜）轻；静为母本，而静生（胜）躁；贱为母本，而贱生（胜）贵；下为母本，而下生（胜）高；易为母本，而易生（胜）难；小为母本，而小生（胜）大。守住了母本的位置，占据了本源之根，就能无往而不胜。

所以大树，以根为本，以叶为末，叶落可再生，根毁则树亡。因此老子让我们要把握住本，而不要舍本逐末；要把握住重，而不要弃重求轻；要把握住静，而不要无静而躁。因为末依于本，轻依于重，躁依于静，所以不要逐末而伤根，穷兵黩武而伤民本。

看上去好像是在崇阴抑阳，也难怪老子会被人歪曲为推崇坤德。但老子从来就没有把自己局限在“阴阳乾坤”之内，而是在讲“天地之母”的生生大道。以井底之蛙的见识去评鉴老子，天自然也就只有井口那么大了，“道德”，自然也就只是“坤德”了。

关联章节

第四十二章

道生一[①]，一生二[②]，二生三[③]，三生万物。万物负阴而抱阳[④]，中气[⑤]以为和[⑥]。人之所恶，唯孤、寡、不谷，而王公以自名也。物或损之而益[⑦]，益之而损。故人之所教[⑧]，亦议而教人。故强梁[⑨]者不得其死，我将以为学父[⑩]。

注释

① 一：同一无二，无差别而浑然不可分的状态。

② 二：不能如一，有差别而可二分的状态。

③ 三：一与二相结合的状态。

④ 负阴而抱阳："负"，背负，以背向之，引申为背弃、远离。"抱"，怀抱，以心向之，引申为向往、持守。

⑤ 中气："中"，内里，中心；"气"，本指云气，云气无定形而缥缈，形容运行不休而无实体的状态，在此指代精神；"中气"，精神内守于中。

⑥ 和（hé）：淳和，平顺，和谐。

⑦ 损之而益："损"，减少，减损；"益"，增加，增益；"损之而益"，使其减损从而得到增益。

⑧ 教（jiào）：教导、教育。

⑨ 强梁：又作"彊梁"，指不屈服，强横凶暴。

⑩ 学父："学"，泛指知识、理论；"父"指创始者；"学父"指该理论的开创者。

译文

道生浑然不可分之无形，无形生有形，有形与无形结合而生万物。万物背于幽暗之阴，向于昭明之阳，持虚守中以致淳和。人们所厌恶的，就是"孤""寡""不谷"，但王公却用来自称。万物损己致虚，反而能得益；益己强横，反而会受损。故而人们得到教导，也会选择适宜的去教导别人。所以强横的人不得寿终正寝，将是从我这里传下来的一个道理。

庄子补释

【原文】泰初有无，无有无名。一之所起，有一而未形。物得以生谓之德；未形者有分，且然无间谓之命；留动而生物，物成生理谓之形；形体保神，各有仪则谓之性；性修反德，德至同于初。同乃虚，虚乃大。

合喙鸣。喙鸣合，与天地为合。其合缗缗，若愚若昏，是谓玄德，同乎大顺。

——《庄子·天地》

【复观译读】宇宙源起于无，没有实体也没有名称。混一的状态就是宇宙的起始，混一之时还没有成形的存在。万物得到“道”而从混一的状态中产生，这就叫作“德”；万物从无形中分离出（生成）有形时，与混一的母体最接近而无缝相连接的，叫作天命；精气运转停留而产生出实体，实体生成而呈现出相应的机理，叫作形体；形体护持着精神，各自呈现出仪态与法则，叫作天性。修养天性就会返归于德，德达到了完好的境界就同于本初之“无有”。同于“无有”就能保守虚无，保守虚无就能包容广大。此时说起话来就像鸟鸣一样自然而无心，说话跟鸟叫一样自然，于是与天地混同为一。混同为一而不显露踪迹，好像是蒙昧又好像是昏暗，这就叫深奥玄妙的至德，与大道相合。

五、不争而善胜（43、68）

传说在帝尧时期，黄河流域经常发洪水，鲧用“围堵障”的方法治水，历时九年仍不能成功，最后被放逐而死；禹用“疏顺导滞”的方法治水，最终平息了水患。鲧的治水方法是最下乘的方法，正面与洪水相抗，筑造堤坝围堵洪水，结果失败；禹的治水方法是最上乘的方法，不正面与洪水相抗，而是疏导河道，更改流向，结果成功。

所以很多在我们看起来最直接有效的方法，其实往往并不是最好的方法。比如觉得缺少仁义就提倡仁义，想要清心寡欲就强行压制欲望，看到目标就想径直前往。这些直奔目标看似最为快捷的方法，不能达到预期目的不说，还有可能适得其反。

俗话说“杀敌一千，自损八百”，正面强行对抗，就会两败俱伤，是十分不明智的。因此老子讲“曲则全”，讲“善胜敌者弗与”，正是要尽量避开正面相争而留下余地，顺之以势，伐之以谋。看似绕远了，却往往能最快到达目标。

上兵伐谋。武力永远不是解决问题的最好方法，因为自己也会遭受损伤。只有“曲”，也就是避开正面冲突，另寻其他途径，才有可能“全”：保全自己，同时顺利解决问题。这和治理洪水是一样的道理，把所有的河道都堵起来，让河水再没有变化的可能，无处宣泄，就只能聚集起来成为洪水。

老子说：“夫唯不争，故无尤。”老子提倡“不争”，但不争并不是说不抵抗侵争，而是不侵争他人。一棵树坚定地长在路边，兔子一头撞上去了，能说是树在和兔子相争，在反对兔子吗？守护家园，侵略者来了，能说保卫家园的人不该与侵略者相争吗？

守，是守护，而非争，非攻。心中有“慈”，故而不恶意伤人，也不愿意让人被恶意伤害，故而善于守护。喜欢开启争端的好斗之人，喜欢攻击和侵害他人的“乐杀人”者，则必不可能得志于天下，因为天下人都会视他为祸害。

关联章节

第四十三章

天下之至柔，驰骋[①]于天下之至坚。无有[②]入于无间[③]，吾是以知无为之有益也。不言之教[④]，无为之益，天下希能及[⑤]之矣。

注释

① 驰骋：原指骑马奔跑，这里指自由行动，随意来去。

② 无有：“有”指有形有质；“无有”指没有形质的事物。

③ 无间（jiàn）：“间”指空隙，缝隙；“无间”指没有空隙的地方。

④ 不言之教：“言”指声教；“不言之教”，指不使用言语的教化，无声的施教。

⑤ 及：《说文》：“逮也。”指赶上，达到。

译文

天下最柔弱的事物，在天下最坚强的事物上纵横自如。无形的事物可以进入到没有空隙的地方，我因此知道无为的有益。不言的教化，无为的益处，天下很少有人能达到的。

庄子补释

【原文】依乎天理，批大郤，导大窾，因其固然，技经肯綮之未尝，而况大軱乎！良庖岁更刀，割也；族庖月更刀，折也。今臣之刀十九年矣，所解数千牛矣，而刀刃若新发于硎。彼节者有间，而刀刃者无厚；以无厚入有间，恢恢乎其于游刃必有余地矣。

——《庄子·养生主》

【复观译读】依着牛身天然的生理结构，把刀劈进筋骨之间的大缝隙，导向骨节的空隙中，顺着牛体的自然结构去运刀。牛体中经络纠结的地方，我的刀都从未受到阻碍，更何况那些巨大的牛骨头之间呢！好的厨师一年换一把刀，他们是在用蛮力硬割；一般的厨师一个月换一把刀，他们是在用蛮力硬砍。现在我手上这把刀已经用了十九年，用它解过的牛也有几千头，可是刀刃还像刚从磨刀石上磨出来一样锋利。牛的骨节间是有缝隙的，刀刃却薄得没有厚度，用没有厚度的刀刃切入有缝隙的骨节，那当然是宽宽绰绰而游刃有余了。

第六十八章

善为士①者不武②，善战者不怒，善胜敌者弗与③，善用人者为之下。是谓不争之德，是谓用人，是谓配天④，古之极也。

注释

① 士：将领，统帅；王弼说："士，卒之帅也。"

② 武：勇敢，勇武。

③ 与：交往、彼此往来，这里指相抗、相敌。

④ 配天："天"指最高的规则，《说文》："天，至高无上也。""配天"，与至高无上的规则相匹配，符合天道。

译文

善于做统帅的人，不会逞勇武。善于作战的人，不会被激怒。善于战胜敌人的人，不会与敌人正面相抗。善于用人的人，对人态度谦下。这叫不争的德性，这叫善于用人，这叫与天道相匹配，这是自古以来的最高准则。

庄子补释

【原文】王曰："庶人之剑何如？"曰："庶人之剑，蓬头突鬓，垂冠，曼胡之缨，短后之衣，瞋目而语难。相击于前，上斩颈领，下决肝肺。此庶人之剑，无异于斗鸡，一旦命已绝矣，无所用于国事。今大王有天子之位而好庶人之剑，臣窃为大王薄之。"

——《庄子 · 说剑》

【复观译读】赵文王又问："那平民之剑是什么样的呢？"庄子说："平民之剑，剑士蓬散着头发，倒梳着鬓毛，低垂着帽子，盘结着粗实的帽缨，穿着后身短小的衣服，怒目而视，出言责难；在人前互相砍杀，上斩脖颈，下刺肝肺。这种平民之剑，和斗鸡没有什么区别，使用起来很快就会断送性命，对国家大事没有任何好处。现在大王享有天子之位，可是却喜好平民之剑，我私下里替大王感到不值。”

【原文】夫复謵不馈而忘人，忘人，因以为天人矣。故敬之而不喜，侮之而不怒者，唯同乎天和者为然。出怒不怒，则怒出于不怒矣；出为无为，则为出于无为矣。欲静则平气，欲神则顺心，有为也。欲当则缘于不得已，不得已之类，圣人之道。

——《庄子·庚桑楚》

【复观译读】回应责备出于无心而忘掉了他人，能够忘掉他人，就可称作与天合一的人。所以敬重他而不会感到欣喜，侮辱他也不会感到愤怒的，只有顺应于自然的人才能做到。愤怒发出而内心并不是有意发怒，那么愤怒也就出于不怒；事情做成而内心并不是有意为之，那么有为也就出于无为。想要宁静才去平心静气，想要神清才去顺应心志，这就叫有意作为了。行为符合情势是因为不得已，事事不得已而为之，这就是圣人之道。

六、无私则无累（44、5）

林语堂的《京华烟云》里写了一个最合理想的传统女性，姚木兰。有一件事情影响了姚木兰的一生。当时八国联军打过来，姚木兰的父亲要带他们全家逃命。他们家很有钱，字画珠宝，好东西很多，可惜不能都带走。

姚木兰一定要带走一件东西，一套玻璃的玩具，不让带走便在那里哭闹。于是父亲把她带到书房，给她看一幅名人的字画，上面戳着无数的印章，每一个印章代表一个曾经的拥有者。父亲想告诉她，这些曾经的收藏者，也不过是暂时的管理者而已，谁又能真正拥有它呢？于是姚木兰从此悟了。

名誉与身体相比，哪个和你更亲近？财货与生命相比，哪个对你更重要？得到和失去相比，哪个让你遭受更多的苦恼？罪过就在于“得到”的意识。你觉得“得到”了什么，那么最终你也一定会觉得“失去”了什么。得到了，喜；失去了，悲。大喜大悲，伤体伤神，以至死都不能瞑目，因为放不下的东西太多。

得到的越多，收藏的越多，可以失去的也就越多。尝到了得到一样东西的欢喜，那么最终就必然会承受失去这样东西的痛苦，因为不可能一直拥有。得到的时候越欢喜，失去的时候就越痛苦。觉得自己拥有的东西越多，那么将来承受失去的痛苦就越多。

这就是庄子所说的“物累”（《庄子・天道》），因为外物而拖累了自已。老子说："难得之货，使人之行妨。"拥有的钱财多了，却变得连说话走路都小心翼翼了，因为害怕有人来偷来抢，害怕失去，活得还不如一个普通人自在。

如何祛除这种"物累"？唯有还万物于天下，也就是杨朱所说"公天下之身，公天下之物"。万物出于天下，属于天下，不过暂时跟随着我而已，我又怎么能占有它呢？

《吕氏春秋·贵公》记载了一个"荆人遗弓"的故事：楚王去打猎，把一张心爱的弓弄丢了。左右之人十分着急，要去寻找。楚王却坦然道："楚人失之，楚人得之，何必再去找呢？"孔子听说这件事后，很不以为然地说："何必要一'楚'字，'人失之，人得之，又何索焉'岂不更好？"而老子听到这件事后，更进一步说道："何必再要一'人'字，'失之，得之，又何索焉'？"

老子的境界，正是"天下为公"。天下物归于天下，又何必去追索呢？而且按照杨朱的说法，不但要把天下物归于天下，就连自己的身体，也要归于自然。生死都是自然的事，自有自然规律来运作它，我又凭什么去随意处置它呢？这才是真正的无私，无私则无累。

因此"圣人恒无心"，而是"以百姓之心为心"；因此"天地不仁，以万物为刍狗"。你可以说天地谁也不爱，也可以说天地具有大爱，它爱我们每一个人，因为它对我们每一个人都是公平无私的。

你是喜欢自己的心多一些，还是喜欢自己的肝多一些？我们换一个角度：如果把国家、天下看成具有独立人格的个体，那么它应该更喜欢你呢，还是更喜欢我？天地没有私心，所以对万物"生而弗有"，"长而弗宰"；所以"天地不仁"，以无私对待每一个人。

无私并非所谓施舍，因为有施舍，就必然先要占有私产，不然拿什么去施舍？行善也并非所谓放生，因为有放生，就必然先要禁锢生命，不然拿什么去放生？拿有私来成就无私，拿伤害来成就善业，破坏万物的自然状态来成就自己的德行，这是“背道而驰”。

《列子》记载，春秋时期的晋国有一个很有权势的大臣赵简子，他喜欢在过年时让老百姓替他捉斑鸠送到他府中，让他放生。

大年初一这天，百姓们也能够破例地纷纷拥进赵简子的府第，他们都是来向赵简子进献斑鸠，好让赵简子放生的。赵简子非常高兴，对他们一个个都给予优厚的赏赐。于是从早到晚，进献斑鸠的人络绎不绝。

赵简子的一位门客在一旁看了很久，问他为什么要这样做。赵简子回答说：“大年初一放生，表示我对生灵的爱护，有仁慈之心嘛！”

门客说：“您对生灵有如此的仁慈之心，这是难得的。不知大人您想过没有，如果全国的百姓知道大人您要拿斑鸠去放生，从而对斑鸠争先恐后地进行追捕，结果被打死打伤的斑鸠一定是很多的啊！您奖励老百姓捕捉这许多的斑鸠送给您，您再放生，那么大人您对斑鸠的仁慈确实还不能抵偿您对它们人为地造成的灾祸啊！”

赵简子如果真的对斑鸠有仁慈之心，就应该任它们自由自在地生活，而不是这样抓了又放来折腾它们；君王如果真的对百姓有爱护之心，就应该让他们自由自在地成长，而不是以繁苛的政令来折腾他们之后，又施仁义让他们感恩戴德。

关联章节

第四十四章

名①与身孰亲？身与货孰多②？得与亡孰病③？甚爱④必大费⑤，多藏必厚亡。故知足不辱⑥，知止不殆⑦，可以长久。

注释

① 名：名号，名声，名分，泛指本体被定义而来的内容。

② 多：积累深厚，厚重之义，与“轻”相对。

③ 病：困扰，困苦。

④ 爱：本义是喜爱、爱好，对人或事有深挚的感情，这里指对身外之物投入感情。

⑤ 费：消耗，耗费，损害。

⑥ 辱：《说文》：“失耕时，于封畺上戮之也。”因为误农时而在封土上羞辱示众，引申为因过错而遭受折辱。

⑦ 殆：危险，陷入困境；《说文》：“殆，危也。”

译文

名声与身体，哪一个与你更亲近？身体和财货，哪一个对你更重要？得到和失去，哪一个让你更困扰？过分地喜爱，必然会遭到严重的损害；过多地收藏，必然会受到重大的损失。知道满足，也就不会受到折辱；知道停止，也就不会遭遇危难，这样才能长远恒久。

庄子补释

【原文】越人三世弑其君，王子搜患之，逃乎丹穴。而越国无君，求王之搜不得，从之丹穴。王子搜不肯出，越人薰之以艾。乘以王舆。王子搜援绥登车，仰天而呼曰：“君乎君乎！独不可以舍我乎！”王子搜非恶为君也，恶为君之患也。

——《庄子·让王》

【复观译读】越人先后三代杀掉自己的国君，王子搜十分忧惧，逃到山洞里去。越国没有了君主，就到处寻找王子搜而没能找到，便追踪来到洞穴。王子搜不肯出洞，越人便点燃艾草熏他出来，用国王的车驾请他乘坐。王子搜拉着登车的绳索，仰天大呼说："国君之位啊，国君之位啊，为什么就是不能放过我啊！"王子搜并不是憎恶做国君，而是憎恶做了国君会引来杀身之祸。

【原文】知和曰："平为福，有余为害者，物莫不然，而财其甚者也。今富人，耳营钟鼓管籥之声，口慊于刍豢醪醴之味，以感其意，遗忘其业，可谓乱矣；侅溺于冯气，若负重行而上阪，可谓苦矣；贪财而取慰，贪权而取竭，静居则溺，体泽则冯，可谓疾矣；为欲富就利，故满若堵耳而不知避，且冯而不舍，可谓辱矣；财积而无用，服膺而不舍，满心戚醮，求益而不止，可谓忧矣；内则疑劫请之贼，外则畏寇盗之害，内周楼疏，外不敢独行，可谓畏矣。此六者，天下之至害也，皆遗忘而不知察。及其患至，求尽性竭财单以反一日之无故而不可得也。故观之名则不见，求之利则不得。缭意绝体而争此，不亦惑乎！"

——《庄子·盗跖》

【复观译读】知和说："刚好满足就是幸福，大大超出便是祸害，万物莫不是如此，而钱财货物更为突出。如今富有的人，耳朵充满钟鼓箫笛的乐声，嘴巴满足于牛羊佳酿的美味，因而引发了他的欲念，遗忘了他的事业，可以说是迷乱了；深陷于盛气之中，好像负重走上山坡，可以说是劳苦了；贪求财物而心怀怨怒，贪求权势而心力耗尽，赋闲静居就意气消沉，体态富贵就盛气凌人，可以说是病重了；为追逐名利财富，获取的财物堆得像墙一样高也不知道收敛，而且贪求不舍，可以说是耻辱了；财物堆积而一无所用，念念不忘又不愿割舍，满心焦虑与烦恼，图求增益永无休止，可以说是忧愁了；在家担心窃贼的偷盗，在外害怕寇盗的伤害，在家遍设塔楼和孔道，在外不敢独自行走，可以说是畏惧了。以上的六种情况，是天下最大的祸害，却全都忘却而不知省察。等到祸患来临，想要倾家荡产保全性命，只求得到一日的安宁也不可能。所以，从名的角度去看也看不见，从利的方面去求也没得到什么好处，却还穷尽心思耗绝生命去追逐，岂不是迷惑吗！”

第五章

天地不仁[①]，以万物为刍狗[②]。圣人不仁，以百姓为刍狗。天地之间，其犹橐籥[③]与！虚而不屈[④]，动而愈出。多闻数穷[⑤]，不若守于中[⑥]。

注释

① 不仁："仁"指仁爱，亲爱；《说文》："仁，亲也。""不仁"指不施以仁爱。

② 刍狗：古代祭祀时用草扎成的狗。

③ 橐籥：古代冶炼时用以鼓风吹火的装置，犹今之风箱。

④ 屈：弯曲而无力伸展，引申指竭、尽，枯竭。

⑤ 多闻数（shù）穷："闻"，知识，见闻；"数"，法则，规律；"多闻数穷"指见闻知识多而失去对规律的把握。

⑥ 守于中："中"，内里，中心；"守于中"指安守自己的内心，固守自己的精神。

译文

天地不以仁爱对待万物，而是把万物当作祭祀时用的草狗来看待。圣人不以仁爱对待百姓，而是把百姓当作祭祀时用的草狗来看待。天地之间，不是好像一个大风箱一样吗？空虚而不竭尽，鼓动而风愈出。越是向外追求见闻知识，内心就会越发失去对道的把握，所以不如安守自己的内心。

庄子补释

【原文】夫刍狗之未陈也，盛以箧衍，巾以文绣，尸祝齐戒以将之。及其已陈也，行者践其首脊，苏者取而爨之而已。将复取而盛以箧衍，巾以文绣，游居寝卧其下，彼不得梦，必且数眯焉。今而夫子亦取先王已陈刍狗，聚弟子游居寝卧其下。故伐树于宋，削迹于卫，穷于商周，是非其梦邪？围于陈蔡之间，七日不火食，死生相与邻，是非其眯邪？

——《庄子·天运》

【复观译读】用草扎成的狗还没有献祭的时候，用竹制的箱笼装着，用绣有图纹的饰物盖着，主祭人斋戒后迎送着。等到它被献祭以后，行路的人踩踏它的头颅和脊背，拾柴的人捡回去烧火做饭罢了。如果再次拿来用竹筐装着它，用绣巾披着它，日夜侍奉着它，即使不做噩梦，也会一再被困扰。如今你的先生孔子，也是把先王已经献祭过的草狗又捡回来了，并聚集众多弟子日夜侍奉于它的身边。所以在宋国大树下讲礼而大树被砍伐，在卫国游说而被铲掉了所有足迹，在殷地和东周游历遭到困厄，这不就是那噩梦吗？在陈国和蔡国之间遭到围困，整整七天吃不上饭，差点丢掉性命，这不就是那困扰吗？

【原文】吾生也有涯，而知也无涯。以有涯随无涯，殆已！已而为知者，殆而已矣！为善无近名，为恶无近刑。缘督以为经，可以保身，可以全生，可以养亲，可以尽年。

——《庄子·养生主》

【复观译读】我们的生命是有限的，而对事物的认知却是无限的。用有限的生命去追随无限的认知，那就危险了。危险临近却还要去做，那就危险到没有救了。做了世人所谓的善事而不要让名声近身，做了世人所谓的恶事而不要让刑戮近身，沿着无善无恶的中线行走，可以保护身体，可以保全天性，可以保养生命，可以尽享天年。

七、大巧若拙（45、19）

中国古诗有几千年的发展历史，玩出了很多精巧的花样。比如诗里有“堆絮体”“联珠诗”“藏头诗”“十二属诗”，再难有“离合诗”“宝塔诗”“盘中诗”“回文体”，更离谱的是还有“璇玑图”。

璇玑图的作者苏若兰据说是魏晋三大才女之一，整图回环反复读起来，可得诗 3752 首。明朝又有人推出 4206 首，再后竟有人推出 7958 首之多。但众所周知的是，在诗坛里名垂千古的是李白、杜甫，不是苏若兰。尽管她将文字游戏玩到了极致，但终究只是文字游戏。璇玑图得诗三千多首，却没有一首能比得上《将进酒》。

《韩非子》说：“依靠外在形貌来表达情感的，这种情感就是恶的；根据外在修饰来阐明本质的，这种本质就是糟的。和氏璧，不用五彩修饰；隋侯珠，不用金银修饰。它们的本质极美，别的东西不足以修饰它们，事物等待修饰然后流行的，它的本质不美。”

所以过于依赖外物的，极力表现出“巧”的，往往反映的是自身的缺陷。我们开创的这些修饰手法，就是所谓的“智慧”，常人眼中的“聪明”。其实它不过是大道的秕糠，大智的渣滓，是自身灵性受到污染的表现，是天赋秉性遭到损害的结果。

《田忌赛马》的故事我们都耳熟能详。说在战国时期，齐国大将田忌与齐威王赛马总是失败，后来他在孙膑的指点下，以上等马对齐威王的中等马，中等马对下等马，下等马对上等马，终于取胜。

田忌虽然使用智巧赢得了赛马，但并不能掩盖他的马整体素质低于齐威王的马这个事实。而如果因为投机取巧取得了胜利，就去依赖智巧而不再重视提升马的素质，这就是本末倒置的行为了。

所以“重剑无锋，大巧不工”，依赖于剑的锋利和招数的精巧来战胜敌人，自身的内在就必然不够充实。

所以“不滞于物”，依赖于外物来战胜敌人，自己的根基就必然不够扎实。

所以老子说：“善行者无辙迹，善言者无瑕谪，善数者不以筹策。善闭者无关钥而不可启也，善结者无绳约而不可解也。”善于行走的人，不会留下车辙马迹。善于言说的人，不会留下疏漏过失。善于计算的人，不会依赖使用筹码。善于闭藏的人，不使用门闩插销别人也打不开。善于束缚的人，不使用绳索捆束别人也解不开。

如果依赖于车马才能行走，依赖于言语才能进说，依赖于筹码才能算数，依赖于门闩才能封闭，依赖于绳索才能打结，那又如何能称之为“善”呢？道生天下万物，行走八荒六合，可从来没有依赖过这些东西。

因此《庄子·逍遥游》说列子御风而行，能一直飞行十五天才落地，但其实他对于取福之道还仍然不能算是尽善。御风虽然能够免除行走的劳苦，却也是“有所待”的，必须依赖于风才可以飞行，如果无风，不还是要遭受行走的劳苦吗？

智和巧的兴盛，其实是道和德的缺失，是人们失去了自然的状态，丢失了朴实的根基的结果。和氏璧为何难以被世人所认识，正是因为它“被褐怀玉”，外表朴素而内在丰华，故而不符合智巧之人的审美标准。

关联章节

第四十五章

大成[①]若缺，其用不敝[②]。大盈若盅[③]，其用不穷。大直如屈，大巧如拙，大赢[④]如绌[⑤]。躁胜寒，静胜热，清静可以为天下正[⑥]。

注释

① 成：成就，达到完备的阶段。

② 敝：疲惫，困乏，衰败。

③ 盅：虚受之皿，空间未被使用的器皿；《说文》："盅，器虚也。"

④ 赢：本义为获利，引申指超出，超过，多余。

⑤ 绌：不足，不够。

⑥ 天下正："正"，合于道的；人必先正己而后能正人，"天下正"指合于道而成为天下依从的范式。

译文

最大的成就好像有所欠缺，因此它的作用不会衰竭。最大的盈满好像空虚，因此它的作用不会穷尽。最大的伸展好像是在屈伏；最大的灵巧好像仍显笨拙；最大的盈余好像还有不足。躁动可以祛除寒凉，而清静可以制服躁热，所以清静才是天下保持正态的根本。

庄子补释

【原文】故曰：大巧若拙。削曾、史之行，钳杨、墨之口，攘弃仁义，而天下之德始玄同矣。彼人含其明，则天下不铄矣；人含其聪，则天下不累矣；人含其知，则天下不惑矣；人含其德，则天下不僻矣。彼曾、史、杨、墨、师旷、工倕、离朱者，皆外立其德而爚乱天下者也，法之所无用也。

——《庄子·胠箧》

【复观译读】所以说，最大的灵巧就好像是笨拙一样。铲除曾参、史鱼的忠孝之行，钳住杨朱、墨翟善辩之口，摒弃仁义，天下人的德行才开始与自然齐一。人人都保有原本的明视，那么天下就不会出现迷乱；人人都保有原本的聪敏，那么天下就不会出现忧患；人人都保有原本的灵智，那么天下就不会出现迷惑；人人都保有原本的天性，那么天下就不会出现邪僻。像曾参、史鱼、杨朱、墨翟、师旷、工倕和离朱这样的人，都是外露自己的德行来迷乱天下的人，这就是圣治之法不能得到施行的原因。

【原文】古之畜天下者，无欲而天下足，无为而万物化，渊静而百姓定。《记》曰："通于一而万事毕，无心得而鬼神服。"

——《庄子·天地》

【复观译读】古时候育养天下百姓的统治者，心无欲求而天下富足，身无作为而万物自行化育，保持渊深宁静而百姓自行安定。《记》这本书上说："行事通于大道则诸事完满，内心清虚宁静则鬼神敬服。"

第十九章

绝圣[①]弃智，民利百倍。绝仁弃义，民复孝慈。绝巧弃利，盗贼无有。此三言也，以为文[2]未足，故令之有所属：见素[3]抱朴[4]，少私而寡欲。绝学[5]无忧。

注释

① 圣：本义指听觉敏锐，只通过听闻就能知道实情，是比智更高一个层级的聪明；《文子》说：“闻而知之，圣也；见而知之，智也。”

② 文：指条理、依据，自然界一些成“文”的现象都有理在其中，所以有“水文”“天文”等词。伏羲画卦，仓颉造字，都是察万物之“文”依类象形而成。

③ 见（xiàn）素：“见”，呈现，显露，表现出；“素”，原指本色未染的丝，这里指质朴，不加装饰；“见素”，表现出本真的质朴。

④ 抱朴：“抱”，怀抱，怀藏，引申指持守，护持；“朴”，本义指没有加工过的木材，喻不加修饰，《说文》：“朴，木素也。”“抱朴”，指持守未加修饰的素朴。

⑤ 绝学：“绝”，断绝，不再继续；“学”，接受教育，获取知识；“绝学”，不再继续获取相关的知识，因为已经达到认知的极致。

译文

抛弃“圣明”的谋算，放弃“智巧”的手段，民众就可以获得百倍的好处。抛弃“仁爱”的偏私，放弃“义理”的制约，民众就会重新恢复孝与慈。抛弃“机巧”的心思，放弃“功利”的行为，盗贼就不会出现。以上三个说法，还不足以作为遵守的依据，所以更进一步让它们有所归属：表现出本真，恪守住惇朴，减损私心和欲望。如此则无须学习治国的技巧，也不会再为治理国家而忧虑。

【原文】彼圣人者，天下之利器也，非所以明天下也。故绝圣弃知，大盗乃止；擿玉毁珠，小盗不起；焚符破玺，而民朴鄙；掊斗折衡，而民不争；殚残天下之圣法，而民始可与论议；擢乱六律，铄绝竽瑟，塞瞽旷之耳，而天下始人含其聪矣；灭文章，散五采，胶离朱之目，而天下始人含其明矣。毁绝钩绳而弃规矩，攦工倕之指，而天下始人有其巧矣。

——《庄子·胠箧》

【复观译读】那些所谓的圣人，是治理天下的利器，不是可以昭示天下的。所以，摒弃圣人抛弃智慧，大盗就会停止；丢弃玉器毁弃珠宝，小的盗贼就会消失；焚毁符节破碎印玺，百姓就会敦厚朴实；打坏斗斛折断秤杆，百姓就会不起争斗；毁尽天下的圣人之法，百姓方有主见可以参与议论。拨乱声律，毁折乐器，堵住师旷的耳朵，天下人方可以保全他们本初的听觉；消除纹饰，离散五彩，粘住离朱的眼睛，天下人方可以保全他们本初的视觉；毁坏钩弧和墨线，抛弃圆规和角尺，弄断工倕的手指，天下人方可以保有他们本初的灵巧。

【原文】南越有邑焉，名为建德之国。其民愚而朴，少私而寡欲；知作而不知藏，与而不求其报；不知义之所适，不知礼之所将。猖狂妄行，乃蹈乎大方。其生可乐，其死可葬。吾愿君去国捐俗，与道相辅而行。

——《庄子·山木》

【复观译读】遥远的南方有个地方，名叫建德之国。那里的人民单纯而又质朴，没有什么私心而欲望也很少；知道耕作而不知道堆积，给予别人而不求取回报；不知道什么叫义，不懂得什么是礼；无拘无束自在而行，都能合于大道。他们活着的时候自得其乐，死去以后安然入葬。我希望你也能舍去国政摒弃世俗，用大道来辅佐自身而行。

八、天之道，损有余而补不足（46、77）

柳宗元在《蝜蝂传》中虚构了一种好负重物的小虫子，它们爬行时遇到东西，总要捡起来，背的东西越来越重，即使疲劳到了极点，还是不停地往背上加东西。蝜蝂背部非常粗糙，东西堆积在上面散落不了，最后被压得倒在地上爬不起来了。有人很同情它，便替它去掉背上的东西。但是它只要能爬行，仍要背上许多东西，直到扑倒在地。这种小虫子还喜欢往高处爬，用尽了最大力气也不停止，一直到摔死在地上为止。

《魏氏春秋》记载：三国时，司马懿打仗总是奈何不了诸葛亮。但是当他听说诸葛亮事必躬亲，连一个小兵被打板子的事都要亲自过问时，哈哈大笑而不再忧虑。为何？因为事必躬亲非天之道也，所行越多，偏离越远。而诸葛亮连一个小兵的事都要亲自过问，每日殚精竭虑处理公务，所食不过数两，已经偏离到了必死的边缘，天道自会帮助他除掉诸葛亮，所以他无忧矣。果然不久后，诸葛亮就劳累病死了。

老子说："明道如昧，进道如退，夷道如纇。"光明的道路在我们眼中好像昏暗不清；前进的道路在我们眼中好像在后退；平坦的道路在我们眼中好像崎岖不平。所以往往是这样：想要走捷径，结果却绕了更多的弯；想要快速到达目标，结果却偏离目标更远。因为一意强行，因为太过有为。

所以老子又说："持而盈之，不若其已。揣而锐之，不可长保也。金玉盈室，莫之守也。贵富而骄，自遗咎也。功遂身退，天之道也。"一直盛放得快要满了，不如适可而止，否则接下来就会遭到亏损。正如已经把利器打磨得不能再锋利了，接下来就只能残破变钝。在富贵权重的时候骄纵，只会给自己留下祸端。

狂风骤雨不能持久，极致的状态不可长保，因为偏离根本太远。“盈”为“有”之极也，“锐”为“强”之极也，“贵”为“高”之极也，“富”为“多”之极也。所以事情做成了，目的达到了，也就是需要重返本源，复守根本的时候了。这个道理源于上天，唯有道者能明。

老子说：“天之道，犹张弓者也。高者抑之，下者举之，有余者损之，不足者补之。”弓一旦拉开，就有一种反转的力量，它会把处于高位的东西往下拉，把处于低位的东西往上举。倘若我们在最高处还要继续往上，有多余还要继续累积，这不正是逆天而行吗？什么都想抓住，什么都不想放手，最终只会累死自己。看似鞠躬尽瘁，其实似进实退。

所以圣人做出了成就也不自恃，成就了功业也不居功——“是以圣人为而弗有，成功而弗居也。若此，其不欲见贤也”。圣人这样做，正是不想让人们把贤能的名号加在他的头上。因为人之道，“损不足而奉有余”。

人世间往往是这样，一些人在某方面有了长处，得了名声，就会被继续称赞抬高，以至名不副实；而一些人在某方面有了缺陷，存在不足，却往往会被贬损至一无是处。这不正是本来就多余的反而让他更多，本来就缺少的反而让他更少吗？

所以如果圣人占据了功劳，接受了赞赏，成就了名誉，必然也会被进一步抬高至无以复加的地步。泰然而处于高位，却脱离了自己的根本，就好像鱼儿离开了生养自己的深渊，大树拔脱了自己的根柢一样，如此则鱼死树枯，因为天道抑之。

天道规则如此，“高者抑之，下者举之”。如果一直处下，就会一直受到天道往上的力量。因此老子说“大盈若盅，其用不穷”，最大的充盈看起来好像永远都是空的，怎么也装不满。不满，留空，才会不断得到补充，这就是人为何不能自满。如果不但满了，还高出来了，那非但不会受到天道往上的力量，反而会受到往下的压力。俗话说“满招损，谦受益”，缘由在于此。

老子为何讲“不敢为天下先”“勇于敢则杀”，其中一方面的原因，正是感受到天道“损有余而补不足”的力量不可抗拒。不敢为天下先，不做勇者、敢者，而是看似后退的“退其身”“外其身”，如此才有成长壮大的空间。

在《道德经》中，为什么老子好像总是在教人去“退”，而很少激励人去“进”呢？因为懂得有为的有志之士很多，但懂得无为的有道之士很少；“敢为天下先”的勇者很多，但“不敢为天下先”的智者很少；好高骛远的强行之人很多，但守柔处下的清静之人很少。人的欲望是无止境的，一个人自己知道满足，才是真正恒久的满足。

关联章节

第四十六章

天下有道，却①走马②以粪③。天下无道，戎马④生于郊。罪莫大于可欲⑤，祸莫大于不知足，咎⑥莫憯⑦于欲得。故知足之足，恒足矣。

注释

① 却：回转，返还。

② 走马：善于长途行进的马。

③ 粪：施肥，培地。

④ 戎马：用于作战的军马。

⑤ 可欲：足以引起欲念的事物。

⑥ 咎：过失，罪过。

⑦ 憯（cǎn）：惨痛，悲痛。

译文

天下治理有道，良马都会被返还用于耕作。天下治理无道，战马都会在郊野产子。最大的罪过，是显露可以引发欲望的东西。最大的灾祸，是不知道满足。最惨痛的过错，是贪得无厌。所以自己知道满足的富足，才是真正的富足。

庄子补释

【原文】天下有道，圣人成焉；天下无道，圣人生焉。方今之时，仅免刑焉！福轻乎羽，莫之知载；祸重乎地，莫之知避。已乎，已乎！临人以德。殆乎，殆乎！画地而趋。迷阳迷阳，无伤吾行。吾行郤曲，无伤吾足。

——《庄子·人间世》

【复观译读】天下治理有道，圣人的事业便得以完成（不再需要圣人了）；天下混乱无道，圣人的事业便得以产生（需要圣人救世了）。当今这个时代，只能避免遭受刑辱罢了（天下无道且无圣人）。幸福比羽毛还轻，而不知道怎么承载；祸患比大地还重，而不知道怎么回避。算了吧，算了吧！在人前彰显德行！危险啊，危险啊！画出虚幻的目标来奔走！

荆棘啊，荆棘啊，不要伤害我的道路！我的道路弯弯曲曲，不要伤害我的双脚！

第七十七章

天之道[1]，犹张弓[2]者也。高者抑[3]之，下者举[4]之，有余者损之，不足者补之。故天之道，损有余而补不足。人之道[5]则不然，损不足而奉有余。孰能有余而有以取奉[6]于天者乎？唯有道者乎？是以圣人为而弗有，成功而弗居也。若此，其不欲见贤[7]也。

注释

① 天之道："天"，天然的，自然的，如"天理"；道先天地生，在天地还没有出现的时候就已经在了，天地万物出现之后，遵循这个自然之道而呈现的规则，是谓"天之道"。

② 张弓：上弦的弓，弦拉紧的弓。

③ 抑：压抑，抑制。

④ 举：向上抬，向上托。

⑤ 人之道：指遵循人为行事而呈现的规则。

⑥ 取奉："取"，取出，拿出；"奉"，进献，下对上送东西；"取奉"，拿出来进献。

⑦ 见（xiàn）贤："见"，呈现，显露，表现出；"贤"，有才能，《说文》："贤，多才也。""见贤"，显露自己有贤才。

译文

天道的规则，就好像给松弛的弓上弦一样，压抑高位的，而抬举低位的，多余的进行减损，不足的进行补充。所以天道的规则，是减损有余的而补充不足的。但人道就不一样了，减损不足的，而供奉有余的。谁能在有余时而把多余的取出献奉给天呢？只有有道的人。所以圣人有所成就而不占有，建立功业而不居功。这样做，是因为不想展示自己贤于众人。

庄子补释

【原文】阳子之宋，宿于逆旅。逆旅人有妾二人，其一人美，其一人恶。恶者贵而美者贱。阳子问其故，逆旅小子对曰："其美者自美，吾不知其美也；其恶者自恶，吾不知其恶也。"阳子曰："弟子记之：行贤而去自贤之行，安往而不爱哉！"

——《庄子·山木》

【复观译读】阳子到宋国去，住在旅舍里。旅舍主人有两个妾，一个漂亮，一个丑陋，可是长得丑陋的却受宠爱，长得漂亮的却受冷落。阳子问是什么缘故，年青的店主回答道："那个长得漂亮的自以为漂亮，但我却不觉得她漂亮；那个长得丑陋的自以为丑陋，但我却不觉得她丑陋。"阳子转身对弟子说："弟子们记住！做贤能的事但不要自以为贤能，走到哪里不会受到敬重和爱戴呢！"

九、名象与真实（47）

孙阳，也就是春秋时期的“伯乐”，以相马之术闻名于世。为了使千里马不再被埋没，他把毕生的相马经验总结成书，即《伯乐相马经》。《艺林伐山》记载了一个“按图索骥”的故事：传说孙阳有个儿子，看了父亲写的《相马经》，以为相马很容易，就拿着这本书到处寻找好马。

他按照书上所绘的图形去找，一无所获。又按书中所写的特征去找，最后发现有一只癞蛤蟆很符合书中所写的千里马的特征，便高兴地把癞蛤蟆带回家，对孙阳说：“父亲，我找到一匹千里马，只是蹄子稍差些。”

伯乐一看，哭笑不得，没想到儿子竟如此愚笨，便幽默地说：“可惜这马太喜欢跳了，不能用来拉车。”接着感叹道：“所谓按图索骥也。”

按图不能索骥，纸上也不能谈兵。孙阳是一代相马大师，写出来的书图文并茂，尚且会让人把癞蛤蟆误认成千里马，更何况是别的书呢?把圆融的思想用文字表述出来，就已经是对思想的割裂了，而又还有人再进一步去割裂文字探寻思想，这不是缘木求鱼吗?

不论“名”还是“象”，都不等同于事物本身。而我们日常学习和接触的，却大多是落于文字和语言的“名”；我们目中所见，耳中所听，也只是通过光线和声音传递的“象”。如果一味去追求“名象”而忽略了真实，那么初始方向就错了。

因为“名”和“象”，都只是“真实”的外在显化，它们连接真实，但它们本身并不是真实。就像月亮在水中的投影一样，顺着投影的方向，能找到真正的月亮，但如果一味去研究投影了，所行越多，偏离就会越远——“其出也弥远，其知弥少”。

一颗石头，随着观察角度的不同，可以得到无数不同的形象。知识取用于万物，随着认知角度的不同，推陈出新而无穷无尽。音符只有七个，但作出来的乐曲万千；汉字常用的只有三千多个，但组合出来的文章无数。如果学音乐把乐曲都装在心里，读文章把文章都装在心里，当然可称之为“博”，但其实是“博”而不知。

金庸先生的《笑傲江湖》中有一句话，叫“无招胜有招”。真正的高手，并不是追求学遍天下招式，而是能以一颗浑心应对天下招式。每有新的招式，就能心生相应的破法，以“一”可以御万，以“一”可以生万法，却并不是心中装着千招万式。

所以真正的“知”者，也不会去追求博闻强记，去大量获取见闻和知识，而是能以“一”解析天下万物。因为它们知悉天下万物“真实”的本质，故而可以“不行而知”“不见而明”“不出户而知天下”。但是这个“一”，却并非任何语言能形容，并非任何人能传授，灵机存乎一心而已。

关联章节

第四十七章

不出于户①，以知天下。不窥于牖②，以知天道。其出也弥远，其知弥少。是以圣人不行而知③，不见而明④，弗为而成。

注释

① 户：本义指半扇门，引申为出入口；《说文》："半门曰户。"《字书》："一扇曰户，两扇曰门。"

② 牖：指窗户；《说文》："牖，穿壁以木为交窗也。"

③ 不行（xíng）而知："行"，经历，参与进程；"知"，知道，了解；"不行而知"，不需要亲身经历而能知晓。

④ 不见（jiàn）而明："见"，看到，看见；"明"，通晓，明了；"不见而明"，不需要亲眼看到而能明了。

译文

不走出门户，而知道天下的状况。不向窗外窥探，而知晓天道。向外行走得越远，对道的认知就会越少。所以圣人不用亲身经历，就能得知天下运作的状态；不用亲眼观察，就能明知天道；不用亲力亲为，就能功成事遂。

庄子补释

【原文】以不平平，其平也不平；以不徵徵，其徵也不徵。明者唯为之使，神者徵之。夫明之不胜神也久矣，而愚者恃其所见入于人，其功外也，不亦悲夫！

——《庄子·列御寇》

【复观译读】用偏见去构建均平，得来的并不是真正的均平；用主观去证验外物，得到的并不是真正的验应。自以为聪明的人只会被聪明所役使（蒙蔽），与道合一的人才能自然地感应（大道）。人为的聪明比不上天然的大道，可愚昧的人还总是自恃己见来劝勉别人，他们的所作所为只会背离大道越来越远，这不很可悲吗！

【原文】计人之所知，不若其所不知；其生之时，不若未生之时；以其至小，求穷其至大之域，是故迷乱而不能自得也。由此观之，又何以知毫末之足以定至细之倪，又何以知天地之足以穷至大之域！

——《庄子·秋水》

【复观译读】算一算人所知道的知识，远远不如他不知道的知识多；生存的时间，远远不如他不在人世的时间长；用极为有限的手段（认知方式、时空范围，等等）去探究没有穷尽的境域，所以内心迷乱而不能有所得。如此看来，又怎么能认定毫毛的末端就是最小的极限，又怎么能知道天地之大就是最大的境域呢？

十、“有”、“无”之用（48、11）

我们现在正处于一个知识大爆炸的时代，随便一个图书馆的藏书，一个人用一辈子的时间都读不完。所以庄子说，把有限的生命耗费在追逐无穷的知识上，穷其一生也不可能成功。正如把眼光专注于事物的外在形貌上，就会被无穷的声色变化所迷乱，这种事情干得越多，与道偏离就越远。

因此老子说：“是以圣人不行而知，不见而明，弗为而成。”圣人不会依靠亲身经历来明白其中的道理，不会通过亲眼见到来认知事物的本质，不会事事亲力亲为来建功立业。因为我们的目光看不到“大象”，耳朵听不到“大音”，跨步不过尺许之遥，生命也不过百年之间，运用这些有限的手段，始终不可能取得大的成就。

人如果只运用自己的力量和智慧，最多也就发挥一个器物的作用，能耐终究有限，不可能去承载万物，去取得天下。正如发挥耳目心智的作用，去致力于“学”，那么穷尽我们一生，能学到的知识终究也是有限的，不可能知悉天下。

所以老子说：“为学者日益，闻道者日损。损之又损，以至于无为，无为而无不为。”如果致力于道，当损到了“无”的地步时，它的容量就是无限的。此时便拥有了“无量”之量，可以承载天下万物，可以知悉天下，可以无所不为。

车之所以有车之用，陶器之所以有陶器之用，房屋之所以有房屋之用，是因为它们拥有可以被使用的空间。杯子之所以不会被人喝一次水就扔掉，正是因为它拥有“无”之用。拥有小小的空间可以装水，尚且可以保证它被人百般爱惜而不会丢弃，又更何况是那些拥有“无量之量”的人呢?

士卒冲锋陷阵，不论他的武艺多么高强，也只是在发挥器物的作用而被消耗。但是能率领十人的伍长，就不会被轻易损耗；而能领军万人的将军，则是整个国家都要保护他了。这就是拥有容量，拥有“无”之功用的好处。

杯子是怎么做出来的呢？它一开始也是一个坚实而满的东西，比如一块木头、一块石头，它们在坚实而满的时候是没法盛得下东西的。要想让自己具有容量，就需要减损自身的一部分，减损得越多，容量就越大。

“损之又损，以至于无为”，以至于损到最后，仅仅只作为一个象征，一个概念上的存在，比如圣人，比如天地。天地是很大的，老子形容它像一个大风箱，“虚而不屈，动而愈出”，给出足够的空间容纳万物，怎么用也用不完。

用“无”而不用“有”，因为“无”能容纳外物，用之则己“长”，所谓“海纳百川”;“有”只能拿来消耗，用之则己“消”，所谓“坐吃山空”。用“意”而不用“力”，因为“意”无形而巧;“力”着象而拙。用“心”而不用“窍”，因为“心”能容纳声、色、味、嗅、触为一体；而“窍”皆各有其所限。

关联章节

第四十八章

为学者①日益，闻道者②日损③。损之又损，以至于无为④，无为而无不为。圣人之取⑤天下也，恒无事⑥。及其有事也，不足以取天下。

注释

① 为（wéi）学者：“为”，做，干，从事；“学”，接受教育，获取知识；“为学者”，指从事获取学问之事的人。

② 闻道者：“闻”，本义指听说，听见，不过与“听”的区别在于，“闻”是需要接收入心的，否则就只是“听而不闻”，因此“闻”又有知晓、知道的意思。《说文》：“闻，知声也。”“闻道者”，指从事接收（获得）大道的人。

③ 损：减少，减损。

④ 无为（wéi）：不对外施为，不外求。

⑤ 取：得到，获得，《说文》：“取，捕取也。”因为事物安稳才容易获取，所以“取”又有“治理”的意思，使达到安稳的状态。

⑥ 无事：“事”，事故，事件；“无事”，没有变故发生，安稳太平。

译文

修治学问的人，掌握的知识会随着时间的推移越来越多；追寻大道的人，主观的成见会随着时间的推移越来越少。减损再减损，以至于到了“无为”的状态，无为便没有什么事是做不成的。圣人主掌天下，从来都不会妄为生事，如果妄为生事，也便不能够主掌天下了。

【原文】夫尊古而卑今，学者之流也。且以狶韦氏之流观今之世，夫孰能不波！唯至人乃能游于世而不僻，顺人而不失己。彼教不学，承意不彼。

——《庄子·外物》

【复观译读】尊崇古代而鄙薄当今，这是从事修治学问的一类人。可如果用狶韦氏这样的前圣人观点来观察当今的世事，又怎么能不发生偏差呢？只有道德修养高的人才能混同于世而不偏向于邪僻，随顺众人而不失去自我真性。他们（学者之流）的学术观点不可以学取，因为继承前圣人真意的不是他们。

【原文】无为名尸，无为谋府，无为事任，无为知主。体尽无穷，而游无朕。尽其所受乎天而无见得，亦虚而已！至人之用心若镜，不将不迎，应而不藏，故能胜物而不伤。

——《庄子·应帝王》

【复观译读】“无”，是名象的主宰；“无”，是谋略的府库；“无”，是成事的职掌；“无”，是智慧的宗主。潜心地体会“无”的渊深无穷，自在地游放于“无”的无迹无涯。秉承着自然赋予的真性，而从来没有迹象显露，只是清静虚无罢了。道德修养高的至人，他的用心就像一面镜子，来者即照去者不留，应合事物真情而没有隐藏的私心，所以能承应万物而不会损心劳神。

第十一章

卅辐[①]同一毂[②]，当其无[③]，有车之用也。埏埴[④]为器，当其无，有埴器之用也。凿户牖[⑤]，当其无，有室之用也。故有之以为利[⑥]，无之以为用[⑦]。

注释

① 卅辐："卅"，三十；"辐"，古代车轮中插入轮毂以支撑轮圈的细条；"卅辐"，指三十根车辐条，春秋战国时期的车轮有三十根辐条。

② 毂：车轮中心的部分，周围与车辐的一端相接，中有圆孔，可以插轴。

③ 当其无："当"，正在那个地方；"无"，空无，空间；"当其无"，指正在于其空无。

④ 埏埴：揉和泥土制作陶器。

⑤ 户牖："户"，本指单扇的门，后用作门的通称；"牖"，窗户；"户牖"，门和窗。

⑥ 利：好处，益处。

⑦ 用：使人或物发挥其功能。

译文

三十根辐条共同汇集在一个车轮毂上，正在于轮毂有了中空的地方，才有车的作用。揉和泥土制作器具，正在于泥土有了中空的地方，才有器具的作用。开凿门窗，正在于墙壁有了中空的地方，才有房屋的作用。所以说，有之所以可以给人便利，是因为有空无可以让人使用。

【原文】惠子谓庄子曰："子言无用。"庄子曰："知无用而始可与言用矣 。夫地非不广且大也，人之所用容足耳，然则厕足而垫之致黄泉，人尚有用乎？"惠子曰："无用。"庄子曰："然则无用之为用也亦明矣。"

——《庄子·外物》

【复观译读】惠施对庄子说："你的言论没有任何用处。"庄子说："知道了没有用的用处，然后才可以和你讨论什么叫用。大地并非不宽广，可人实际占用的只是一个立足之地，但是如果把你容下两只脚以外的地方全都挖掉，一直挖到黄泉，那么你脚踩的那一块土地还有用吗？"惠施说："没有用了。"庄子说："那么没有用的用处，也就很明显了。"

【原文】胞有重阆，心有天游。室无空虚，则妇姑勃谿；心无天游，则六凿相攘。大林丘山之善于人也，亦神者不胜。

——《庄子·外物》

【复观译读】胞膜有不断扩充的空间来怀藏胎儿，内心有虚空无物的境界来游于自然。室内没有足够的空间，那么婆媳之间就会争吵不休；内心不能游于自然，那么六种感官就会互相干扰。森林与山丘之所以让人神清气爽，也是因为人们的内心不能游于自然（故而需要身处自然界，才能得到"天游"的自在体验）。

十一、无偏私而有中正（49、62）

一杯浑浊的水，放置时间长了以后，就会变得清浊分明。我们认知世界也是一样，最初睁开双眼的时候，色彩的五颜六色，人体的胖瘦美丑，对我们来说都是没有分别的。随着人格的成型，心智的开启，我们逐渐找到了一个分界线，把原来视而为一的东西，划分为是非两端。

但是君王如果用是非分明的“察察”之心来治国，把民众区分为贤、愚、贵、贱，上贤而贬贱，贵高而斥下，则天下必将大乱矣。如《庄子》斥责尧舜说：“简发而栉，数米而炊，窃窃乎又何足以济世哉！”把头发一根根分开按粗细来梳理，把米粒一颗颗挑选按大小来下锅，又如何能治理得了天下呢？因此老子说：“大制无割”。

水和泥共同组成了浑水，是水对浑水好，还是泥对浑水好？手和脚共同组成了人体，是手高贵，还是脚低贱？因此圣人治国，不是要在民众中划分高低贵贱，而是容纳万民。正如天地，生养万物，而不会丢弃任何一个，因此圣人“为天下浑心”。

老子说：“古之所以贵此者何也？不谓求以得，有罪以免与？”道，你任何时候求它，它都不会拒绝你，并不会区别对你；你任何时候想要归顺于它，它都永远在那儿，大门都永远敞开，对任何人都一视同仁。

所以“道者，万物之注也，善人之宝也，不善人之所保也”。善人用道才得以治理天下；不善人因此才得以保全自身，而不至于被抛弃。

“善者善之，不善者亦善之，德善也。信者信之，不信者亦信之，德信也。”有道的人行事，对于明道的人，和不明道的人，都同样以符合道（善）的方式去对待他们。这样才能把道施行于天下，让天下人都得到“道”。

同样，对于诚信的人，我以诚信待之；对于不诚信的人，我仍然待之以诚信，这样才可以让天下人都得到“信”。

所以有道的圣人治理天下，会收敛自己的主观欲望和偏私，像婴儿一样，用一颗混沌的心对待天下万物。百姓不论长相美丑还是聪慧愚鲁，在圣人眼中都是同等而无差别的，圣人都是一样地以道对待他们。

关联章节

第四十九章

圣人恒无心①，以百姓之心为心。善者②善之③，不善者亦善之，德善④也。信者⑤信之，不信者亦信之，德信⑥也。圣人之在天下⑦也，歙歙⑧焉，为天下浑心⑨。百姓皆属耳目⑩焉，圣人皆咳⑪之。

注释

① 无心：“心”，古人认为心是思维的器官，这里指个人意志，思想；“无心”，没有个人意志，形容消除了个人主观的状态。

② 善者：“善”，指高明、美好、圆满；“善者”指行事高明的有道之人。

③ 善之：“善”，动词，指善待；“善之”，用符合“善”的方式来对待。

④ 德善：“德”，指品行，内在的品质；“善”，指高明、美好、圆

满；“德善”，这种高明、美好、圆满是出自于内在的品质，而不是外在的手段。

⑤ 信者：“信”，诚实，真诚；“信者”，诚实有信的人。

⑥ 德信：“德”，指品行，内在的品质；“信”指诚实、真诚；“德信”，这种诚实、真诚是出于内在的品质，而不是权变或伪装。

⑦ 在天下：“在”，本义指存在，停留或保持某个状态，而要保持这个状态就需要不断地审视、观察，以及时纠正而防止偏离；故“在天下”，指审察天下，以保持天下原有的自然状态。

⑧ 歙歙：“歙”，收敛，收缩；“歙歙”，不断收缩自己的意志，收敛自己的欲望。

⑨ 浑心：“浑”，纯然如一，浑沦无分；“浑心”，浑沦一体，不分贤愚美丑，不别贵贱高下的心。

⑩ 属（zhǔ）耳目：“属”，使聚集，使集中；“耳目”，耳能听闻，目能看见，“耳目”指视听；“属耳目”，把视听注意力集中在一处，形容专注。

⑪ 孩（hái）：小儿笑，泛指笑貌；《说文》：“孩，小儿笑也。”

译文

圣人从来都没有自己的主观意志，而以百姓的意志为自己的意志。对于善为道之人，我用“善”的方式对待他；对于不善为道之人，我也同样用“善”的方式对待他，这叫出自德的“善”。对于有信之人，我用“信”的方式对待他；对于无信之人，我也同样用“信”的方式对待他，这叫出自德的“信”。圣人审察天下，会收敛自己的主观意志与成见；治理天下，会保持一颗混沌之心。百姓都得以专注视听，而圣人就像婴儿

（笑着）一样对待百姓。

庄子补释

【原文】物固有所然，物固有所可。无物不然，无物不可。故为是举莛与楹，厉与西施，恢诡谲怪，道通为一。其分也，成也；其成也，毁也。凡物无成与毁，复通为一。

——《庄子·齐物论》

【复观译读】一切事物原本就有它是的一面，一切事物原本就有它可的一面（否则该事物也就不会存在），没有什么事物不存在是的一面，也没有什么事物不存在可的一面。所以凡是（想要争辩是非高下）列举细小的草茎和高大的庭柱，丑陋的癞头和美丽的西施，宽大、奇变、诡诈、怪异等千奇百怪的各种事态，从"道"的观点来看它们都是相通而无分别的。事物从母体分离，也就得以生成；事物一旦成形，也就毁了原本与母体为一的状态。所有事物如果没有成形而不与母体分离，就能复归于相通为一了。

【原文】南海之帝为倏，北海之帝为忽，中央之帝为浑沌。倏与忽时相与遇于浑沌之地，浑沌待之甚善。倏与忽谋报浑沌之德，曰："人皆有七窍，以视、听、食、息，此独无有，尝试凿之。"日凿一窍，七日而浑沌死。

——《庄子·应帝王》

【复观译读】南海的大帝名叫倏，北海的大帝名叫忽，中央的大帝叫浑沌。倏和忽常常一起到浑沌那里做客，浑沌款待他们十分用心。于是倏和忽一起商量怎么报答浑沌的深情厚谊，说："人人都有眼耳口鼻七个孔窍用来视、听、吃和呼吸，唯独浑沌没有，我们试着为他凿开七窍。"于是他们每天给浑沌凿出一个孔窍，凿了七天开了七窍，浑沌也就死去了。

第六十二章

道者，万物之注①也，善人之宝②也，不善人之所保③也。美言可以市④，尊行⑤可以贺⑥人。人之不善也，何弃之有。故立天子，置三卿⑦，虽有拱之璧以先驷马⑧，不若坐而进⑨此。古之所以贵⑩此者何也？不谓求以得，有罪以免与？故为天下贵。

注释

① 注：集中，聚集；《说文》："注，灌也。"水往一处聚集，便是灌注。

② 善人之宝："善"，指高明、美好、圆满；"善人"指行事高明的有道之人；"宝"，本指珍宝，泛指珍贵的东西；"善人之宝"，指有道之人视若珍宝的东西。

③ 保：看护，养护，使不受损害。《说文》："保，养也。"

④ 市：交易，买卖。

⑤ 尊行："尊"，尊贵，高贵；"行"，原指行走，泛指行为举动，古人比较重视步行，步行须遵守礼制是古代礼法的一个重要内容；"尊行"，显示尊贵的隆重礼仪。

⑥ 贺：奉送礼物表示庆祝;《说文》:“贺，以礼相奉庆也。”

⑦ 三卿：中国古代地位最尊显的三个官职的合称，一般认为指司徒、司马、司空。

⑧ 驷马：指拉一辆车的四匹马；四马拉一车，表示地位显赫。

⑨ 进：本义指向前或向上移动，这里指奉献。

⑩ 贵：看重，重视。

译文

道，是天地万物的共同归属，是有道者视为珍宝的东西，也是无道者得以保全自身的东西。嘉美的言辞可以用来做交易，尊贵的礼仪可以用来庆贺他人。这样做的人虽然无道，但又何必放弃他们呢？所以立位天子，设置三卿，即使用拱璧在先、驷马在后这样的隆重礼仪，也还不如坐下来进献道。古时候为什么如此看重道呢？不正是说有求于它，就能得到；有了罪过，可以得免吗？所以它是天下最为尊贵的。

庄子补释

【原文】使道而可献，则人莫不献之于其君；使道而可进，则人莫不进之于其亲；使道而可以告人，则人莫不告其兄弟；使道而可以与人，则人莫不与其子孙。然而不可者，无它也，中无主而不止，外无正而不行。由中出者，不受于外，圣人不出；由外入者，无主于中，圣人不隐。

——《庄子·天运》

【复观译读】如果道可以用来进献，那么人们没有谁不会进献给他的国君；如果道可以用来奉送，那么人们没有谁不会奉送给自己的双亲；

如果道可以转告他人，那么人们没有谁不会告诉给他的兄弟；如果道可以赠予他人，那么人们没有谁不会赠予他的子孙。然而不能这样做的原因，没有别的，内心没有对大道的认知，则大道不会停留；外在没有对大道的遵从，则大道不能通行。内心认为有道，在外却不能得到实行，所谓的圣人也只是自认为；在外号称推行大道，内心却无法领受，所谓的圣人也只是一个名号。

十二、养生在于全神（50、10）

《庄子·达生》中写了一个齐桓公遇鬼的故事，说齐桓公和管仲在草泽中打猎，突然桓公见到了鬼。桓公拉住管仲的手说：“仲父，你见到了什么？”管仲回答：“我没有见到什么。”于是桓公打猎回来以后就生了病，好几天不出门。

齐国有个叫皇子告敖的士人听说了这件事，找到齐桓公说：“你是自己伤害了自己，鬼怎么能伤害你呢？身体内部郁结着气，精魂就会离散而不返归于身，对于来自外界的骚扰也就缺乏足够的精神力量，就会生病。”

齐桓公和告敖一番畅谈，得知当日所见之鬼是吉祥的征兆，见到他的人会成为霸主，于是心结尽去，病不知不觉间就好了。所以说，人本来都是健康的自然状态，但自己的主观情欲却会打破这种状态，因此我们要顺应人体的自然状态，疾病自然也就不会有了。

养生，老子有一句话叫“抟气致柔，能婴儿乎”。“抟气”，是指心神凝聚而不分散，容易保持专注。能做到这一点，就代表“神”的损耗少。“致柔”，是指身体柔软而不老化，像婴儿一样生机勃勃而不枯朽。能做到这一点，就代表“精”的损耗少。

“载营魄抱一”，庄子称其为：生命不脱离形体。他说，养育身形必定先得备足各种物品，可是物资充裕有余而身体却不能很好保养的情况是有的；保全生命必定先得使生命不脱离形体，可是形体没有死去而生命却已死亡的情况也是有的。所以养生，也就是能同时养育自己的形体和生命，做到二者不相互分离。

醉酒的人坠落车下，虽然满身是伤却没有死去。他的骨骼关节跟旁人一样，而受到的伤害却跟别人不同。因为他的精神保持完备而不分散，乘坐在车子上也没有感觉，坠落地上也不知道，死、生、惊、惧等情欲全都不能进入他的思想中，所以遭遇外物的伤害却全没有惧怕之感。这也就是庄子所说的“神全”。

人从醉酒中，获得暂时的“神全”尚且能够如此，更何况是与天地并生，与万物为一而获得保全完整心态的“神全”呢？圣人藏身于自然，所以没有什么能够伤害到他——“陵行不避兕虎，入军不被甲兵。兕无所投其角，虎无所措其爪，兵无所容其刃”。

关联章节

第五十章

出生入死①。生之徒②十有三③，死之徒十有三，而民生生④，动皆之死地⑤之十有三。夫何故也？以其生生也。盖闻善摄生⑥者，陵行⑦不避兕虎⑧，入军不被⑨甲兵。兕无所投其角，虎无所措⑩其爪，兵无所容其刃。夫何故也？以其无死地焉。

注释

① 出生入死：“出”，从里面到外面；“入”，从外面到里面；“出生入死”，指以出为生，以入为死，正如我们把来到这个世界叫出生，把离开这个世界叫入葬。

② 徒：类属，同一类别。

③ 十有三：十个里面有三个，十分之三；王弼说："十有三，犹云十分有三分。"

④ 生生：前一个"生"为动词，指生发、滋长；后一个"生"为名词，指生命；"生生"，指荣养生命、厚养生命。

⑤ 之死地："之"，往，到；"死地"，死亡之地，绝境；"之死地"，到达死亡的绝境。

⑥ 摄生："摄"，保养、养护，《说文》："摄，引持也。""摄生"，指保养生命。

⑦ 陵行："陵"，指山陵，山岳；"陵行"，在荒野山陵中行走。

⑧ 兕虎："兕"，古代指犀牛，又说类似犀牛的一种异兽。

⑨ 被（pī）：搭衣于肩背，指穿戴，如"披坚执锐"，《楚辞》："操吴戈兮被犀甲。"

⑩ 措：安放，放置，如"手足无措"。

译文

从出生到死去，一生平安自然死亡的人有十分之三，中途夭折意外死亡的人有十分之三，过分地厚养生命，而妄动致死的人，也有十分之三。是什么缘故？因为奉养太过度了。听说善于养护生命的人，在山陵中行走不用避让犀牛老虎，在战场上不用穿戴盔甲装备兵器。犀牛用不上它的角，老虎用不上它的爪，兵器用不上它的锋刃。是什么缘故？因为他没有给死亡留余地。

【原文】死生，命也；其有夜旦之常，天也。人之有所不得与，皆物之情也。彼特以天为父，而身犹爱之，而况其卓乎！人特以有君为愈乎己，而身犹死之，而况其真乎！

——《庄子·大宗师》

【复观译读】人的死和生都是天命的安排，就像黑夜与白天总是交替出现一样，是自然的规律。有些事情人是不能参与和干预的，这都是事物的实情。人总是把自然当作是父（认为人来源于自然），而身心会尤其亲近于它（处于自然中则身心舒畅），更何况是那至高的“道”呢！人总是认为君主可以匡正自己（君主有匡正天下的职责与能力），而愿意用生命去效死于他，更何况是那至真的“道”呢！

【原文】夫醉者之坠车，虽疾不死。骨节与人同而犯害与人异，其神全也，乘亦不知也，坠亦不知也，死生惊惧不入乎其胸中，是故迕物而不慴。彼得全于酒而犹若是，而况得全于天乎？圣人藏于天，故莫之能伤也。

——《庄子·达生》

【复观译读】醉酒的人从车上坠落，虽然满身是伤却没有死去。他的骨骼关节和别人一样，但受到的伤害却全然不同，是因为他的精神凝聚而不分散，乘坐在车子上也没有知觉，坠落在地上也不知道，对死生的忧虑、惊惧等情绪全都不能进入他的思想里，所以遭遇外物来伤害也不会惧怕。那从醉酒中获得的保全完整的精神尚且能够如此，又更何况是从自然之道中获得的保全完整的精神呢？圣人藏身于自然，所以没有什么能够伤害于他。

第十章

载营魄[①]抱一，能毋离乎？抟气[②]致柔，能婴儿乎？涤除玄鉴[③]，能毋疵乎？爱民治国，能毋以智乎？天门[④]启阖[⑤]，能为雌[⑥]乎？明白四达，能毋以知[⑦]乎？生之畜之，生而弗有[⑧]，长而弗宰[⑨]也，是谓玄德[⑩]。

注释

① 载（zài）营魄："载"，装载，合于一处；"营"，本义指在四周围绕而居，提供养护，这里指身体，因为身体营养精神；"魄"，指依附形体而存在的精神；"载营魄"，把形体与精神合于一处而不分离。

② 抟气："抟"，指把东西揉弄成球形；"抟气"，把气凝聚成团，合抱守一。

③ 玄鉴："玄"，深奥，玄妙；"鉴"，镜子；"玄鉴"，玄妙之镜，即"心镜"。我们认知万物，就好像万物投影于内心，因此把心比拟为镜。

④ 天门：开门见天，指与天道相连接的门户。

⑤ 启阖："启"，打开，开启；"阖"，闭合，关闭；"启阖"，指打开与闭合。

⑥ 为雌："为"，变成，成为；"雌"，柔顺的，柔弱的；"为雌"指变成柔弱的状态。

⑦ 毋以知："知"，认知、辨别；通常我们使用自己成型的思维、已有的成见对事物进行辨别和认知，"毋以知"，指不使用自己固化的认知

去辨识事物。

⑧ 有：获得，占有。

⑨ 宰：主管，主持。

⑩ 玄德："玄"指幽深，幽远，深远；"玄德"指最深层次的德。

译文

形体与魂魄合抱守一，能做到不分离吗？结聚精气而致柔和，能做到像婴儿一样吗？清洗杂念，涤荡心镜，能做到没有瑕疵吗？爱护百姓，治理国家，能做到不运用智巧吗？万物芸芸，出生入死，能做到柔弱安静，生之畜之吗？知晓天下，通达明白，能做到不使用知见吗？生成万物，畜养万物。生养万物而不占有它们，统领万物而不主宰它们，这就是最深的德。

庄子补释

【原文】啮缺问道乎被衣，被衣曰："若正汝形，一汝视，天和将至；摄汝知，一汝度，神将来舍。德将为汝美，道将为汝居。汝瞳焉如新生之犊而无求其故。"言未卒，啮缺睡寐。被衣大说，行歌而去之，曰："形若槁骸，心若死灰，真其实知，不以故自持。媒媒晦晦，无心而不可与谋。彼何人哉！"

——《庄子·知北游》

【复观译读】啮缺问道于被衣，被衣说："你要端正你的形体，专一你的视线，自然的和顺就会到来；收敛你的智巧，专一你的思虑，神明就会前来停留；德将成为你呈现的美好，道将成为你安定的居所。你纯真直视的样子就好像初生的小牛犊，懵懂而没有思虑。”话还没有说完，啮缺就已经睡着了。被衣非常高兴，一边走一边唱歌离去，说：“形定如枯木，心寂如死灰，对道的认知是那么真切，而又不坚持自己的成见，昏昧懵懂，无思虑而不能与他谋划什么，那是什么样的人啊！”

【原文】古之至人，假道于仁，托宿于义，以游逍遥之虚，食于苟简之田，立于不贷之圃。逍遥，无为也；苟简，易养也；不贷，无出也。古者谓是采真之游。

——《庄子·天运》

【复观译读】古时道德修养高的至人，从“仁”这里借路，在“义”那里借宿，而最终游放于逍遥自在的境域，生活于简单无求的田地，立身于从不施与的庄园。逍遥自在，就不会妄为；简单无求，就易于供养；从不施与，就不会耗费。古时称之为修真的遨游。

十三、尊重自然，尊重天性（51）

从小我们就被父母教育，一定要成器，“不成器”，代表这个人一无是处。然而“成器”，到底该如何理解呢？

老子说“物形之而器成之”。我们使用的器具，都是对素材进行加工而成的，刀劈斧砍，令其成“形”。如果把小孩子比作天生的素材，那么成器的过程，就是对其进行刀劈斧砍的加工过程。“朴散则为器”，小孩子的天性被摧残了，也就成了不再具备灵性的“器”。

既然成“器”，就要被人为塑造。但是以人力塑造出来的“器”，又怎么能比得上天生地造之材呢？妄图塑造人、打造人，这才是真正的“夺天地之造化”。因此老子说“大器免成”：人为造就的“器”，永远都称不上“大器”，因为受到了塑造者的制约。

庄子就非常厌恶这种把人摧残成器的行为，他宁愿做一棵在世人眼里周身是毒、一无用处的大树，也不愿意损害自我天性，丧失最为宝贵的人格和自由。《庄子·秋水》中，当楚王以高官厚禄礼请庄子执政的时候，庄子说，我宁愿像龟一样在烂泥里拖着尾巴活着。

社会的教育理念和教育模式，与它的主流文化是相匹配的。而我们传统的教条式主流社会文化，造就出来的是机械化、模具式的教育。从幼儿园到大学，好像一条流水式的生产线，最终把孩子打造成批量化的相似产品。

所以从娃娃开始，中国人就被培养出了顺从的特性，听父母的话，听领导的话，而很难有自己的独立思维。为什么会这样？因为我们的主流思想，恰好与《道德经》所提倡的“生而弗有也，为而弗恃也，长而弗宰也”相违背。

我生了你，养了你，就可以随意处置你，这叫“生而有”：把子女当成自己的私有产物来处置，而不是一个有独立人格的、平等的人。我是你的长辈，我是你的领导，你就要无条件听我的，这叫“长而宰”：身为官长者，把下属当成附庸或工具来处置，而不是一个有独立人格的、平等的人。

以至于发展到：有些父母甚至把儿女当成工具，当成可以获得高额回报的投资；有些领导，甚至把下属当成自己的仆从，当成可以随意侵犯的附属品。

然而道生万物，可有要求它们回报什么，它们又能回报什么？小鸟在大树上躲避风雨，大树可有索要过回报？鱼儿产卵万千，天地可曾主宰过它们的自由？悖道失德的人，早就已经丧失了这种大爱，于是人与人之间只能互相强迫、互相牵绊、互相依赖，而从此都不得自在。

关联章节

第五十一章

道生之而德畜之①，物形之②而器成之③，是以万物尊道而贵德。道之尊，德之贵也，夫莫之爵④，而恒自然⑤也。道生之、畜之、长之、育之、亭之⑥、毒之⑦、养之、覆之⑧。生而弗有也，为而弗恃⑨也，长而弗宰也，此之谓玄德。

注释

① 畜（xù）之：培养它，养育它。

② 形之：“形”，成形，塑形，使成为某种形象；“形之”，指塑造它，使它固定成形。

③ 器成之：“器”，器物，用具；“成”，成为，变成；“器成之”，指使它成为器物。

④ 爵：授爵或授官。

⑤ 自然：由自而然，指不加以干涉，遵从它自身的性质而达成的状态。

⑥ 亭之：“亭”，本指供休息用的建筑物，《说文》：“亭，民所安定也。”“亭之”，使其安定稳固。

⑦ 毒之：“毒”，多、厚；“毒之”，使它增多、变厚，化育的意思。

⑧ 覆之：“覆”，覆盖，遮蔽；“覆之”，指庇护它、保养它。

⑨ 恃：依赖，依靠，《说文》：“恃，赖也。”

译文

道生成万物，而用德来畜养它们；物塑造万物，而用器来成就它们，所以万物尊崇道而看重德。道的崇高和德的贵重，并不是因为被授予了尊贵的爵位，而是因为从来都让万物得以自然。道生成万物，畜养万物，成长万物，培育万物，安定万物，繁盛万物，保养万物，庇护万物。生成万物而不占有它们，成就万物而不依赖它们，统领万物而不主宰它们，这就是最深远的德。

【原文】夫大块载我以形，劳我以生，佚我以老，息我以死。故善吾生者，乃所以善吾死也。今大冶铸金，金踊跃曰："我且必为镆铘！"大冶必以为不祥之金。今一犯人之形而曰："人耳！人耳！"夫造化者必以为不祥之人。今一以天地为大炉，以造化为大冶，恶乎往而不可哉！

——《庄子·大宗师》

【复观译读】大自然用形体来承载我（的生命），用生存来劳苦我（的意志），用衰老来闲适我（的情欲），用死亡来安息我（的精神）。所以那个让我能得以好好生存的，也是那个让我能得以好好死亡的。现在如果一个高明的铁匠正在铸造金属器物，金属跃起说："我将必须成为良剑镆铘！"铁匠必定认为这是妖异不祥的金属。如今刚开始得到人的外形，便大喊道："成人了，成人了！"造物者一定会认为这是妖异不祥的人。如今只把整个天地当作大熔炉，把造物者当作高明的铁匠，让我变成什么样子不可以呢？

十四、一花一叶一世界（52）

先秦名家公孙龙有一个著名的“坚白论”：他认为石头的“白”色，和石头的“坚”硬，二者不能同时存在于石头中。然而石头本为一个整体，这二者事实共存于石头中，为何公孙龙却并不这么认为呢？因为眼只能见“白”，手只能触“坚”，各有局限，而他正是运用这各有局限的五识把万物拆分成了互不相干的部分。

《庄子·应帝王》中讲道：浑沌七日被凿开了七窍，七日即死。因为七窍各有专司，事物通过七窍映射在内心中，却成了互不相干的部分。如此则内心与外物相互阻隔，不能再为浑然一体矣！

石头在我心中，被拆分成了“坚”“白”；人体在我心中，被拆分成了“筋”“骨”“皮”，既然早已与本体不复为一，其认知也就与真实相去甚远了。因此我们眼中的万物，并非真正的万物；别人眼中的我，也并非真正的“我”。真正的“我”，唯有不对自我进行分割的自己才能明白；真正的万物，唯有进入万物的本源中才能明白。

所以道虽然生成了我们现有的这个世界，但我们这个世界并不能代表道的全部。我们这个世界承载着“道”的信息，我们每个人又承载着“世界”的信息，而我们身上的每个细胞又都承载着“我们”的信息。

世界、人、细胞，这些我们可以认知到的，都是已经显化出来的、有限的东西，是“有”；然而还有更多未显化出来的、无限的东西，蕴含在它们的本源母体中，是“无”。唯有进入这个“无”的世界，才算是

“得其母”，“既得其母”，才能“以知其子”。

从一个起点衍生出无数末端，那么每一个末端，也都包含了起点的信息。一花一叶，就蕴含着整个世界的起源。因为通过“一花一叶”的接引，我们可以进入同一个本源“母”世界。

老子说：“天下有始，以为天下母。既得其母，以知其子。既知其子，复守其母，没身不殆。”世界是众物芸芸的，但起源是共同为一的。了解了这个“一”，也就了解了由它而生的整个世界；把握住了这个“一”，也就把握住了整个世界。

关联章节

第五十二章

天下有始①，以为天下母②。既得其母，以知其子。既知其子，复守其母，没身③不殆。塞其兑④，闭其门⑤，终身不堇⑥。启其兑，济其事⑦，终身不救。见小曰明⑧，守柔曰强。用其光⑨，复归其明。毋遗身殃，是谓袭常⑩。

注释

① 始：开端，发源。

② 母：母亲，母体。

③ 没（mò）身：“没”，终，尽，如“没齿不忘”；“没身”指终身。

④ 兑：本义指交换，这里指眼耳口鼻等孔窍，因为我们是通过这些孔窍与外界进行信息交换的。

⑤ 门：指出入口；外界的信息由此而进来，我们的精神由此而出

去，交换出入的地方，即为“门”。

⑥ 不堇：不会缺少，不会不足。

⑦ 济其事：“济”，指有益、发挥作用；“其”，指示代词，相当于那、那些；“济其事”指对事情有作用，即处事、理事之意。

⑧ 见（jiàn）小曰明：“见”，看到，看见；“小”，微小，精微，《说文》：“小，物之微也。”“明”，通达、明白（道）；“见小曰明”指看到事物精微的本质就叫通达于道。

⑨ 用其光：“光”，指使人感到明亮，能看见物体的东西，这里指“道”；“用其光”，指运用大道之光。

⑩ 袭常：“袭”，照样做，因袭；“常”，指规则，规律；“袭常”，指按照道的规律行事。

译文

天下万物都有一个共同的本源，它是造生天下万物的母体。把握了这个本源，就能知道天下万物运作的状态。知道了天下万物，再持守住它们的本源，这样终身都不会有危险。塞住那向外视听的孔窍，关闭那向外行走的门户，终身都不会有不足。开启那视听的孔窍，处理那外来的事务，终身都不得救治。能够察见细微的本源，这就叫“明”。能持守住这个柔弱的本源，这就叫“强”。运用那本源之光，辅助万物复归其明，这样就不会给自己留下灾殃，是承袭了道的做法。

庄子补释

【原文】小夫之知，不离苞苴竿牍，敝精神乎蹇浅，而欲兼济道物，太一形虚。若是者，迷惑于宇宙，形累不知太初。彼至人者，归精神乎无始，而甘冥乎无何有之乡。水流乎无形，发泄乎太清。悲哉乎！汝为知在毫毛而不知大宁。

——《庄子·列御寇》

【复观译读】世俗凡夫的心智，离不开交际应酬，精神被消耗在这些浅薄的事物中。而想要兼济天下引导众物，就需要脱离外物的束缚而与道合真。像那些心智沉迷于交际应酬的凡夫，只会被宇宙中无限的事物所迷惑，劳累形体而不识太初（道）。只有那至人，精神归向于本源的无始之状，而休憩于无何有之乡。水以无形而自在流通，以至清而呈现真性。可悲啊！这些凡夫将心智用在琐碎的小事上，而不知道大道清宁的境界。

【原文】绝迹易，无行地难。为人使易以伪，为天使难以伪。闻以有翼飞者矣，未闻以无翼飞者也；闻以有知知者矣，未闻以无知知者也。瞻彼阕者，虚室生白，吉祥止止。夫且不止，是之谓坐驰，夫徇耳目内通而外于心知，鬼神将来舍，而况人乎！

——《庄子·人间世》

【复观译读】不走路容易，走了路又不在地上留下痕迹就很难。被人为驱使很容易伪装，受自然驱使便难以作假（自然的真情流露）。听说过凭借翅膀飞翔的（因为展露行迹而为人所知），却不曾听说过没有翅膀也能飞翔的（因为不露行迹而不为人所知）；听说过凭借才智闻名的（以人为行事而显露贤才），却不曾听说过没有才智也能闻名的（以天然行事而不显露贤才）。窥探到了这精深微妙处，空明的心境绽放光明（见小曰明），一切吉祥之事都停留在这定止的境界。如果达不到这个定止的境界，就叫形坐神驰（其实不静）。让耳目的感观向内通达（内视返听）而把心智排除于外，那么鬼神都将前来归附，又何况是人呢！

十五、伪与盗（53）

《列子・说符》和《韩非子・喻老》均记录了一个“象牙褚叶”的故事。战国时，有个宋国人为他的君主用象牙雕刻楮叶，用时三年终于刻成了。它的宽狭、筋脉、绒毛、色泽，即使是混杂在真的楮叶中也不能辨别出来。这个人因为这功劳而在宋国当了官。

列子听到后说：“如果自然界要经过三年才能长成一片叶子，那么有叶子的东西也就太少了！”所以不依靠自然条件而仅凭一个人的本事，不顺应自然法则而仅用一个人的智巧，那就是用三年时间雕刻一片叶子的行为了。

道有生养万物的特性，天生地长的自然之物，即为“朴”，它们完整地保留了道所赋予的天性。“朴散则为器”，是指失去了道，成为被雕琢、被使用的“器”。然而再精巧的“器”，又如何能与天生之“朴”相媲美呢？但可悲的是，“朴”在一个崇尚智巧的大环境中无法留住。

有一次在公交车上听到两位妇女谈话，一位说她家小孩一直修改成绩单骗了她三年，另一位笑道：“呦，那你家小孩挺聪明的啊！”我不由得想：小小年纪就知道用这种欺诈手段对付父母，竟然还有人称赞其聪明。聪明这个词，在我们的社会中，不知何时已经变成这样的含义了。

小孩子修改成绩单，也并非他天性就喜欢欺骗，而是因为父母太过于看重成绩排名，是因为有了这个成绩排名。满分一百，有了成绩排名也并不能让所有人都得一百分。贤名之所以难得，也正是因为稀少，既然少，就注定有大多数的人得不到。正常途径得不到，也就只能去偷，去抢，去骗，去使用阴谋诡计。

所以为何人们会以能钻营、善于投机取巧为聪明，以精通人情世故、善于经营人际关系为能力，这种现象的产生，不正是因为集体崇贤尚智吗？但是如果人人都去破坏规则，社会就会混乱；人人都去经营人情走捷径，那么谁来生产？

窃贼和强盗不需要守规矩，不需要生产，也不需要懂得打理朝政、种地、充实仓库，但是却能财货有余，过得滋润潇洒，因为他们把别人生产的东西都偷盗过来了。所以朝政无人打理，田地一片荒芜，仓库非常空虚，却有人穿着华丽的衣服，行走佩带利剑，山珍海味吃到厌烦，财产货物多到用不完。

这就正如老子所描述的“朝甚除，田甚芜，仓甚虚。服文采，带利剑，厌食而资财有余。是谓盗竽！非道也哉”，是一个以盗为尊的社会。而正是因为这些走捷径的盗贼大行其道，才会把民众逼得去走偏邪小路，才会让民众失去淳朴和真实，而变得狡猾和多智。

关联章节

第五十三章

使我挈[①]有知，行于大道，唯迤[②]是畏。大道甚夷[③]，民甚好径[④]。朝甚除[⑤]，田甚芜，仓甚虚。服文采[⑥]，带利剑，厌食[⑦]而资财有余。是谓盗竽[⑧]！非道也哉。

注释

① 挈：提起，悬持。

② 迤（yǐ）：形容曲折连绵的样子。

③ 夷：平坦，平顺。

④ 径：小路，《说文》：“径，步道也。”

⑤ 朝（cháo）甚除：“朝”，指朝堂，古代君王及高级官吏接受或处理政务的地方；“除”，本义指“宫殿的台阶”，人拾阶而走，每步都离旧登新，作形容词为“干净、整洁”；“朝甚除”，朝堂干干净净，无人处理政事。

⑥ 服文采：“服”，指穿着，穿戴；“文”指文绘；“采”指着色的布帛；“文采”指华美的纺织品或衣服。

⑦ 厌食：“厌”，本义指吃饱、满足，吃饱了东西，就不再想吃了，引申为厌倦、嫌弃；“厌食”，饱足美食。

⑧ 盗竽：“竽”，古代的一种吹奏乐器，为五声之长，有引领诸乐的作用；“盗竽”，大鸣大放引领为盗。

译文

假使我对“道”有所认知，那么在奉行大道的时候，害怕的正是曲折延绵的偏邪小路。大路非常平坦，但人们却喜欢走小路。朝堂干净无人处理政事，田地荒芜无人耕种劳作，仓库空空荡荡没有存储。穿着精美的华服，佩带锋利的宝剑，饱足精致的美食，钱财货物多到用不完。这不是在倡导大家做盗贼吗？多么无道啊！

【原文】彼窃钩者诛，窃国者为诸侯，诸侯之门而仁义存焉，则是非窃仁义圣知邪？故逐于大盗，揭诸侯，窃仁义并斗斛权衡符玺之利者，虽有轩冕之赏弗能劝，斧钺之威弗能禁。

——《庄子·胠箧》

【复观译读】那些偷窃衣带钩之类小东西的人遭到刑杀，而窃夺了整个国家的人却成为诸侯，诸侯之门方才存在仁义（诸侯才有资格和能力仁爱百姓、推行义举），这不就是盗窃了仁义和圣智吗？所以那些争当大盗，位居诸侯，窃夺了仁义以及斗斛、秤具、符玺之利的人，即使用高官厚禄的赏赐也不可能让他们勤勉（为政），即使有行刑杀戮的威胁也不可能让他们停止（盗窃）。

【原文】故贤者伏处大山嵁岩之下，而万乘之君忧栗乎庙堂之上。今世殊死者相枕也，桁杨者相推也，形戮者相望也，而儒墨乃始离跂攘臂乎桎梏之间。意，甚矣哉！其无愧而不知耻也甚矣！吾未知圣知之不为桁杨椄槢也，仁义之不为桎梏凿枘也，焉知曾、史之不为桀、跖嚆矢也！

——《庄子·在宥》

【复观译读】所以贤能的人隐居在高山深谷，而万乘的帝王忧惧在朝堂之上。当今之世，遭受杀害的人尸体相叠，披戴镣铐的人接连不断，承受刑伤的人触目皆是，而儒家墨家还在枷锁之间挥舞手臂奋力争辩。

噫，真是太过分了！他们毫无愧意、不知羞耻到了这等地步！我尚未确知圣智不是脚镣手铐上的楔木，仁义不是枷锁上的孔穴，又怎能确知曾参、史鱼之流不是夏桀和盗跖的先导呢！

十六、大道至简，返朴归真（54、70）

有句话叫“万变不离其宗”，现象总是在变化的，但从复杂的现象中总结出规律，这个规律就相对简单，而且不变。道，就是把这些相对简单的规律再进一步简化，把所有变化中的不变一一归结起来，最终指向一个唯一恒定不变的东西，所以它是最简单的。

因为简单，所以“甚易知也，甚易行也”。但由于它与我们“正常”的思维模式相差太大，甚至完全相反，所以表现出来就是：聪明容易淳朴难，世故容易天真难，有心容易无意难，复杂容易拙朴难，是非容易混沌难，因此“而人莫之能知也，而莫之能行也”。

荀攸，是东汉末年著名谋士，被称为曹操的“谋主”。荀攸行事周密低调，计谋百出，深受曹操称赞。然而在《三国志》的记载中，曹操对荀攸的评价却是“智可及，愚不可及”。曹操称赞荀攸是真正的“大智若愚”，其“智”力水平也许有人能达到，但其“愚”的功夫却无人能及，哪怕颜回、宁武也比不过他。

孔子也很喜欢颜回的“愚”，他说：“吾与回言，终日不违，如愚。退而省其私，亦足以发，回也不愚。”似愚而又不愚，此为“大智若愚”。孔子评价宁武“宁武子，邦有道则智，邦无道则愚。其智可及也，其愚不可及也”，也同样用到了“愚不可及”。

对孔子和曹操来说，值得推崇的并不是智，而是“愚”。在他们眼中，“愚”比智更加难以做到，更为难得。得“愚”，则能“返朴”。

“朴”，是指没有经过加工的木料。老子说“朴唯小，而天下弗敢臣”，又说“朴散则为器，圣人用则为官长”。天下木器，都来源于没有加工过的木料，这就是“朴”，它是万器之祖，源始于上天，并不臣服于人的意志。故而圣人掌握了它，就能成为众器之官长。

“返朴”，也作“返璞”。璞，是指包有石皮，尚未加工的玉石。木料初砍伐下来时，上面包有树皮，需要进一步细加工，去皮、矫正、塑形，最终成为木器。“返朴”，是指重新回复到没有被加工处理过的自己，重新做回完整状态的自己。返朴，则归真。

何为“归真”？璞玉被凿掉石皮，雕琢出精美的花纹，但这并不是它真正的样子。洗掉被精心粉饰的铅华，去掉被精心修饰的纹路，穿上原本就属于自己的破旧衣服（石皮），展现出最真实的自我——“被褐怀玉”，则“归真”。

返朴归真，于是能拥有一颗混沌之心，视万物如一而无高低贵贱之分，无尊卑贤愚之别。老子把这混沌之心称为“愚人之心”。高下不分者，贵贱不别者，贤愚不论者，这不正是“愚人”吗？于是站在道的角度上，庄子发出了“天地与我并生，而万物与我为一”的感慨。

真正得道之人，如神龙一般，上可以腾九天，下可以潜九幽。位在身，则修之身；位在家，则修之家；位在乡，则修之乡；位在国，则修之国；位在天下，则修之天下。所以老子担任图书馆馆长，没有人说他不称职；庄子安居山野，也没有人说他沽名钓誉。他们处其位，谋其事，善其能，身心如一，而逍遥于天地之间。

关联章节

第五十四章

善建①者不拔②，善抱③者不脱，子孙以祭祀不绝。修之身，其德乃真。修之家，其德有余。修之乡，其德乃长④。修之邦，其德乃丰。修之天下，其德乃博⑤。以身观身，以家观家，以乡观乡，以邦观邦，以天下观天下。吾何以知天下之然⑥哉？以此。

注释

① 建：建设，建立。

② 拔：移除，除去。

③ 抱：怀抱，怀藏，引申指持守，护持。

④ 长（cháng）：本义是指空间或时间的距离大，引申指深远。

⑤ 博：大，广，宽。《说文》："博，大通也。"

⑥ 然：如此，这样。

译文

善于建树的人，他的建树不会被移除；善于持守的人，他的持守不会被解脱，子子孙孙得以祭祀不绝。把道修持在自身，那么他就具备了真实的德。把道修持在家庭，那么他的德就有余。把道修持在乡里，那么他的德就得以深远。把道修持在国家，那么他的德就得以丰厚。把道修持在天下，那么他的德就得以博大。以道着眼于身，则能察知身的运作状态；着眼于家，则能察知家的运作状态；着眼于乡，则能察知乡的运作状态；着眼于邦，则能察知邦的运作状态；着眼于天下，则能察知天下的运作状态。我是如何知道天下的运作状态是这样呢？就是凭借于此。

庄子补释

【原文】故夫知效一官，行比一乡，德合一君，而征一国者，其自视也，亦若此矣。而宋荣子犹然笑之。且举世誉之而不加劝，举世非之而不加沮，定乎内外之分，辩乎荣辱之境，斯已矣。彼其于世，未数数然也。虽然，犹有未树也。

——《庄子·逍遥游》

【复观译读】所以，那些才智能够胜任一官半职的，行为能够掌管一乡百姓的，德行能够辅佐一国之君的，而能力能够得到全国信任的，他们看待自己也和那小麻雀是一样的。而宋荣子对他们嗤笑不已。宋荣子这个人，他能做到的是：全天下都夸赞他而不为所动，全天下都非议他而不会沮丧，能够界定内我与外物的分别，分辨荣誉与耻辱的界限，但也就如此而已了。他对于处世也并没有达到高明的境界，即使他已经做到这个地步了，但也仍然有他无法建树的（还有是非荣辱的分别之心，而不能把德修于天下）。

【原文】夫藏舟于壑，藏山于泽，谓之固矣！然而夜半有力者负之而走，昧者不知也。藏小大有宜，犹有所循。若夫藏天下于天下而不得所循，是恒物之大情也。特犯人之形而犹喜之。若人之形者，万化而未始有极也，其为乐可胜计邪？故圣人将游于物之所不得循而皆存。善妖善

老，善始善终，人犹效之，而况万物之所系而一化之所待乎！

——《庄子·大宗师》

【复观译读】把船藏在山谷里，把山藏在河泽里，可以说是十分牢靠了。然而半夜里来了大力士，把它们连同山谷河泽一块儿背着跑了，昏睡中的人还没有半点知觉。把小东西藏在大东西里是适宜的，但仍然有迹象可循（形体大小有差别）。假如把天下藏在天下里就不会被追索到迹象了（万物浑然一体，名为天下），这是万事万物不变的实情。人们只要承受了人的形体便十分欣喜，至于人的形体，在万物的万千变化中从不曾有过穷尽，那欣喜之情难道还能算得过来吗？所以圣人将游放于万物都不会被追索到不同的境域中，而与万物共存（与天地为一，与万物并生）。不论年少年老都能保养得十分妥顺，不论开始结束都能处理得十分妥当，人们尚且争相效法，又何况是万物所依托的、变化所依从的“道”呢！

第七十章

吾言甚易知也，甚易行也。而人莫之能知也，而莫之能行也。言有宗①，事有君②。夫唯无知③也，是以不我知。知我者希，则④我贵矣。是以圣人被褐⑤而怀玉⑥。

注释

① 宗：本义指宗庙，引申指祖先、祖宗，这里指根本，王弼说：“宗，万物之宗也。”

② 君：指主宰，王弼说：“君，万物之主也。”

③ 无知：缺乏认知，无所知。

④ 则：连词，于是、那么。

⑤ 被（pī）褐："被"，搭衣于肩背，指穿戴；"褐"，粗布或粗布衣服；"被褐"指穿着粗布衣服。

⑥ 怀玉："怀"，怀抱、揣着，内里存有；"怀玉"，怀中抱着美玉。

译文

我说的话非常容易理解，也非常容易实行。但是世人却都听不明白，也不能实行。我说的话，都有凭有据；我做的事，都有准则可依。只有认知不到我说话的那个凭据，认知不到我做事的那个准则，才会不理解我。理解我的人很少，那么我就尤其珍贵。所以圣人外面穿着粗布衣服，怀中却抱着无价的美玉。

庄子补释

【原文】夫道不欲杂，杂则多，多则扰，扰则忧，忧而不救。古之至人，先存诸己而后存诸人。

——《庄子·人间世》

【复观译读】修行大道不要夹杂私心欲念，杂念一起就会事绪繁多，事绪繁多就会心生烦扰，心生烦扰就会产生忧患，忧患多了也就自身难保。古时道德修养高的至人，先把道存在自己身上然后才推行于他人。

【原文】静而圣，动而王，无为也而尊，朴素而天下莫能与之争美。夫明白于天地之德者，此之谓大本大宗，与天和者也；所以均调天下，

与人和者也。与人和者，谓之人乐；与天和者，谓之天乐。

——《庄子·天道》

【复观译读】清静而内心圣明，行动而导引天下，无为而地位尊崇，天性淳厚素朴而天下没有谁可以相媲美。明白了天地的正德常态，这就叫把握了根本和宗旨，而可以与自然相和谐；用此来均平万物、调节民情，便是跟人相和谐。跟人相和谐的，叫作人乐；跟自然相和谐的，叫作天乐。

十七、含德不露，守中不离（55、59）

孔子见过老子之后，三天没有说话，子贡很奇怪地问是怎么了。孔子说："我如果遇见有人的思想像飞鸟一样放达，我可以用我弓箭般准确锐利的论点制服他。如果对方的思想似麋鹿一样奔驰，我可以用猎犬来追逐它，就能使他被我的论点所制服。如果对方的思想像鱼一样潜游在深渊中，我可以用钓钩来捕捉他。然而如果对方的思想像龙一样，乘云驾雾，遨游于太虚幻境，无影无形捉摸不定，我就没法追逐和捕捉他了。我见到老子，觉得他的思想境界就像遨游在太虚中的龙，使我干张嘴说不出话，舌头伸出来也缩不回去，弄得我心神不定，不知道他到底是人还是神啊。"（《史记·老子韩非列传》）

孔子为何觉得老子如神龙，因为他在老子身上既找不到"不及"，也找不到"过之"，老子"含"而未"露"也。他用于分析人的那一套"了解动机、观察行动、明辨态度、解析错处"，在老子身上根本就施展不上，所以才觉得老子见首不见尾，其深不可测。

道家高人为何修为越高，就越内敛而至朴实无华？原因就在于他们深知俭啬敛藏之道，无为而守中。老子说："治人事天，莫若啬。""啬"就是不要轻易动用自身的力量，养护自己的精神，而安守于"中"。

平静的湖水，让湖泊保持充盈，然而一旦风浪大作，水平面就会下降，因为水不再充实湖泊，而是向外宣泄，所以会导致内在空虚。平静的心情，让心神保持充盈，然而一旦情绪勃发，精神就会有亏损，因为

“神务于外”；闭口不说话，让内心保持充盈，然而一旦与人争辩，内心就会有亏损，因为“心务于外”；放松的形体，让精力保持充盈，然而一旦紧张起来，精力就会有亏损，因为“行务于外”。

“不失其所者”，方能长“久”。如果轻易就让自己的心神脱离内在的居所而涣散，让自己的精力脱离身体的居所而耗费，又怎么能长久呢？

因此花果气味很浓烈的植物往往长不大，长得很大的花果往往整体没有气味，因为本体没有耗散。

因此人情绪勃发时非常消耗心神和精力，而经常心平气和的人就能健康长寿，因为精神得到了养护。

因此嚣张飞扬的人往往取得不了大的成就，取得大的成就的人往往都很低调，因为本体得到了发展。

然而现在的人，心神就好像跃出湖泊的湖水一样，脱离了自己的神之“柢”；精力就像往外疾发的箭矢一样，脱离了自己的身体。天赋予他们完好的形体和内在，他们却因为追求“坚白论”之类的术而损耗它们。

老子也善意地告诫孔子说：“良贾深藏若虚，君子盛德容貌若愚。去子之骄气与多欲，态色与淫志，是皆无益于子之身。吾所以告子，若是而已。”（《史记·老子韩非列传》）

骄气显露于外，情欲引导精神，于身心均无益处。所以“善为士者不武，善战者不怒”。善于辅佐治理天下的人，不会用武力逞强于天下，征战天下于外，则国力往往空虚。善于作战的人，不会表现出很好斗的样子，怒气显露于外，则本体往往虚弱。

不争，内守于“中”，精神和精力才能内敛，本体才能牢固而不会耗散，此谓“配天”。不争，无为而不施，才能使他人得到自然发展，此谓“用人”。这是正确地顺应了天道，是自古以来就有的最高法则。

“夫唯啬，是以早服。早服是谓重积德”，持守俭啬之道，则德行积累日益深厚。“含德之厚者，比于赤子。蜂虿虺蛇弗螫，攫鸟猛兽弗搏。”具备深厚德行的人，就像初生的婴儿一样，蜂蛇毒蝎不来伤害他，恶鸟猛兽不来捕捉他。因为含德不施于外物，对外物没有强行的作为，所以能让人亲近而不认为有威胁。

故而德行深厚的人，哪怕身处战场也不会有危险；而德行浅薄的人，哪怕蚊虫加身也会感到恐惧。恐惧和反感外物，正如《庄子·庚桑楚》中所说：“跟外物相互阻遏的人，他们连自身都不能相容，又怎能容纳他人！”

菩提本是树，明镜原是台，本来同为物，何惧惹尘埃？和其光，同其尘，与天地并生，与万物为一，这就是道家所追求的“玄同”境界。

关联章节

第五十五章

含[①]德之厚者，比于赤子[②]。蜂虿虺蛇[③]弗螫，攫鸟[④]猛兽弗搏。骨弱筋柔而握固[⑤]，未知牝牡之会而朘怒[⑥]，精之至也。终日号而不嗄[⑦]，和之至也。知和曰常[⑧]，知常曰明[⑨]，益生曰祥[⑩]，心使气曰强[⑪]。物壮即老[⑫]，谓之不道，不道早已[⑬]。

注释

① 含：怀着不露，藏在里面。

② 赤子：初生婴儿，婴儿刚生下来的时候是赤色的，故称“赤子”。

③ 蜂虿虺蛇：“蜂”指毒蜂，《说文》：“蜂，飞虫螫人者。”“虿”指蝎子一类的毒虫；“虺”，传说中的一种毒蛇；“蜂虿虺蛇”指毒蜂蛇蝎之

类的毒物。

④ 攫鸟：用利爪取物的凶猛之鸟。

⑤ 握固：抓握有力。

⑥ 朘（zuī）怒："朘"，指男性生殖器；"怒"，奋起，勃发；"朘怒"指生殖器勃起。

⑦ 嗄：气逆。

⑧ 知（zhī）和（hé）曰常："知"，执掌，把握，主持，如"知县"，"知政"；"和"，和谐，和顺；"常"，恒久长远，始终不变，指代道的规律；"知和曰常"，指把握了和顺的状态就叫明白道的规律。

⑨ 知（zhī）常曰明：把握了道的运行规律就叫作"明"。

⑩ 益生曰祥："益"指增加；"生"指生命；"祥"指吉凶的预兆，在这里特指凶的征兆，《周书》说："无道曰祥。""益生曰祥"，是说对生命做出增益的行为就叫妖祥。

⑪ 强（qiáng）：刚强，强横。

⑫ 老：困乏、衰竭。

⑬ 已：停止，完结。

译文

藏有深厚之德的人，就好像婴儿一样。蛇蝎毒虫不咬刺他，恶鸟猛兽不攻击他。筋骨很柔弱，但是小手却抓握得很牢固。还不知道男女交合之事，生殖器却自然勃起，这是因为精气充盈到了极致。终日号哭，却不会气逆，这是因为身心和顺到了极点。把握了和顺的状态就叫明白道的规律，把握了道的规律就叫"明"。增益生命叫作妖祥，用心来指使气叫作强妄。事物过于壮盛，就会陷于困顿，这叫不合于道，不合于道就会早早消亡。

庄子补释

【原文】儿子终日嗥而嗌不嗄，和之至也；终日握而手不掜，共其德也；终日视而目不瞚，偏不在外也。行不知所之，居不知所为，与物委蛇，而同其波。是卫生之经已。

——《庄子·庚桑楚》

【复观译读】婴儿整天号哭喉咙却不会嘶哑，这是因为号哭的动作和身体的本能和谐到了极致；婴儿整天抓握着小手而手不会蜷曲，这是因为抓握小手是婴儿的自然常态；婴儿整天睁大着眼而眼睛不眨动，这是因为精神不会游移于外界。行走起来不知道要去往哪里，平日居处也不知道要做些什么，接触外物随顺应合听任自然，这就是养护生命的道理了。

第五十九章

治人事天①，莫若啬②。夫唯啬，是以早服③。早服是谓重积德④，重积德则无不克⑤，无不克则莫知其极。莫知其极，可以有国⑥。有国之母，可以长久。是谓深根固柢⑦，长生久视⑧之道也。

注释

① 治人事天："治"，管理，处理；"人"，人为的，这里指与人相关的事务；"事"，做，治理；"天"，天然的，自然的，这里指上天赋予我们的身心，《孟子》说："存其心，养其性，所以事天也。""治人事天"，

指处理人事，修治身心。

② 啬：本义指粮食收入谷仓，引申指爱惜。“啬”可以制约精神不外逸放，制约精力不外耗泄，而持守于中。

③ 服：顺从，依从，听从制约的意思。

④ 重（zhòng）积德：“重”，形容程度深，深厚；“重积德”，把德积累得很深厚。

⑤ 克：胜任。

⑥ 国：疆域，地域。

⑦ 深根固柢：“深”，使深入；“根”，植物的根基，引申指本源；“柢”，树木的直根，引申指基础；《说文通训定声》：“蔓根为根，直根为柢。”“深根固柢”，指把根扎得更深，把基固得更牢。

⑧ 长（cháng）生久视：“长生”，长久存在；“久视”，耳目不衰，形容长寿；“长生久视”，指生命恒远长久。

译文

处理人事，修治身心，没有比爱惜精神不妄为更重要的了。只有爱惜精神不妄为，才能早早地依从于道。早早地依从于道，就叫积德深厚。积德深厚，就没有什么是不能胜任的。没有什么不能胜任，也就不知道他的极限在哪里。不知道他的极限在哪里，就可以保有无穷的领域。能够保有无穷领域的根本，在于有道。有道，于是能得以长久。所以把根本扎得更深，把基础固得更牢，这就是得以长远恒久的方法。

庄子补释

【原文】夫有干越之剑者，柙而藏之，不敢用也，宝之至也。精神四达并流，无所不极，上际于天，下蟠于地，化育万物，不可为象，其名为同帝。纯素之道，唯神是守。守而勿失，与神为一。一之精通，合于天伦。

——《庄子·刻意》

【复观译读】拥有吴越宝剑的人，把宝剑放在匣中收藏起来，舍不得使用，这是珍惜到了极点。精神通达流畅，没有到不了的地方，上达于天，下及于地，化育万物，不可名状，它的名称就叫玄同之帝。保持纯粹素朴的方法，唯有持守精神。守住精神而不丧失，就能和神明合一。领悟通达了这个一，就能符合于自然。

【原文】故曰：形劳而不休则弊，精用而不已则劳，劳则竭。水之性，不杂则清，莫动则平；郁闭而不流，亦不能清；天德之象也。故曰：纯粹而不杂，静一而不变，淡而无为，动而以天行，此养神之道也。

——《庄子·刻意》

【复观译读】所以说，形体劳累而不休息就会疲困，精力使用而不停歇就会劳损，劳损就会枯竭。水的本性，不混杂就会清澈，不搅动就会平静，闭塞不流通也就不会澄清，这是自然的现象。所以说，纯净精粹而不混杂，静定专一而不改变，恬淡而无为，动则顺应自然而行，这就是养神的道理。

十八、能正众生，才是“道”（56）

《刻舟求剑》的故事，是我们从小就学过的。战国时，楚国有个人坐船渡江。船到江心，他不小心把随身佩剑掉落江中，于是马上掏出一把小刀，在船舷上刻上一个记号，并向大家说：“这是我宝剑落水的地方，所以我要刻上一个记号。”

船靠岸后那楚国人立即从船上刻记号的地方下水，去捞取掉落的宝剑。捞了半天，不见宝剑的影子。至此，船上的人纷纷大笑起来，说：“船一直在行进，而你的宝剑却沉入了水底不动，你怎么找得到你的剑呢？”

船已经向前走了，而剑没有，像这样找剑，岂不是太糊涂了吗？时代已经在向前走了，而脚印却没有。拿昨天的脚印来作为依凭，约束人今天行走的脚步，这不如刻舟求剑一般吗？所以老子说“执今之道，以御今之有”。

一颗种子生根、发芽，最终长成大树，我们看现有大树的形态，是“今”；如果能从大树现今的状态返本归源，找到它的种子，也就是知其“古始”。培育幼苗的方法，和畜养成树的方法完全不同，所以才要以“今之道”来“御今之有”。

道分古今，是不是说道也在不断变化呢？并不是。一个人走路，踩下的脚印没有相同的，但他的脚却并没有改变。万事万物的任何变化，其中都蕴含着不变的依据；任何不同，其中都蕴含着相同的准则，找到这不变的依据和准则，也就找到了“道”。

老子说，道是“独立而不改”的，正因为“不改”，才能成为天下万物的依托。庄子说：“平者，水停之盛也，其可以为法也。”（《庄子·德充符》）只有安静不动的止水，才可以作为取而效法的准绳，因为其静，故“平”“止”不改。

“法”之所以能为人所效，因为它自身就是规则。故而如果有得道的圣人，大家都会自发追随于他、归顺于他，追随着他，就像追随着一个有形的“道”一样。天下人都可以用他来作为衡量己身的准则，过之则减，不及则增。这就好像我们生活离不开秤砣和尺子一样，我们依据准绳而行事，不正相当于听命于准绳吗？

但我们不能像携带尺子一样把圣人揣在身上，遇到未知，又该拿什么去丈量呢？所以老子和庄子听说孔子在学习圣人之学，都会问一句：“圣人还在吗？”既然圣人的“神”已不在，也就徒留下“形”而已，又有什么可以效法的呢？ 所以老子说“道可道也，非恒道也”，用名象和语言固定下来的道，已非真道。

正如老子赠言孔子：“夫六经，先王之陈迹也，岂其所以迹哉！今子之所言，犹迹也。夫迹，履之所出，而迹岂履哉！”（《庄子·天运》）所谓的六经，都只是先王留下来的遗迹，又哪里是他们的真实内涵呢？脚印是脚踩出来的，只知道承袭他们留下来的成品，就好像只看到人的脚印而忽略了他的脚一样。

先有“矩”，而后才有“不逾矩”。划出一条路让人走，哪怕走得再熟练，闭上眼睛下意识地走都不会出错，但仍然是在走一条固定的路。然而大音尚且希声，大象尚且无形，固定了形迹的东西，连“大”都称不上，沿着固定的路去走，遵循着固定的“矩”去行，又怎么可能得“道”？

因此庄子说“先有真人，后有真知”。不能修成“真人”，化身为“法”，又谈何“从心所欲不逾矩”呢？既然已经化身为“法”，又有何矩可逾呢？道法自然而已。

对于这样的人，既没有办法与他亲近，也没有办法与他疏远，因为他就像影子一样不离不弃；既没有办法让他偏爱于你，也没有办法让他侵害于你，因为他就像尺子一样公正无私；既没有办法让他仰视你，也没有办法让他轻贱你，因为他就像准绳一样不上不下；所以他得到了天下人的尊重。

关联章节

第五十六章

知者①弗言，言者②弗知。塞其③兑④，闭其门⑤，和⑥其光，同⑦其尘，挫其锐，解其纷，是谓玄同⑧。故不可得⑨而亲，亦不可得而疏。不可得而利，亦不可得而害。不可得而贵，亦不可得而贱。故为天下贵。

注释

① 知（zhī）者：“知”，知道，了解；“知者”指对道有所认知，有所了解的人。

② 言者：“言”，传达，号召；言为心声，把自己的主观意志通过言语传达出去，从而达到施加于人的目的，泛指声教政令。“言者”，指用言语施加于人者。

③ 其：指示代词，相当于那、那些。

④ 兑：本义指交换，这里指眼耳口鼻等孔窍，因为我们是通过这些

孔窍与外界进行信息交换的。

⑤ 门：指出入口；外界的信息由此而进来，我们的精神由此而出去，交换出入的地方，即为“门”。

⑥ 和（hé）：调和，调治。

⑦ 同：齐一，统一。

⑧ 玄同：“玄”，幽深，幽远，深远；“玄同”，最深层次的统一。

⑨ 不可得：不能做到，不能达到目的。

译文

对道有所认知的人，不会以言施加于人；以言施加于人的人，对道没有认知。塞住那向外视听的孔窍，关闭那向外行走的门户，收敛那耀眼的光芒而至柔和，放低那崇高的位置而与微尘齐一，挫去那锐利的棱角，解除那纷杂的念头，这就叫深层次的统一。所以既不会被其偏爱亲近，也不会被其嫌弃疏远；既不会被其格外照顾，也不会被其有意妨害；既不会被其高看，也不会被其轻贱，因此是天下最尊贵的。

庄子补释

【原文】是故大人之行：不出乎害人，不多仁恩；动不为利，不贱门隶；货财弗争，不多辞让；事焉不借人，不多食乎力；不贱贪污，行殊乎俗；不多辟异，为在从众；不贱佞谄，世之爵禄不足以为劝，戮耻不足以为辱。知是非之不可为分，细大之不可为倪。闻曰：“道人不闻，至德不得，大人无己。”约分之至也。

——《庄子·秋水》

【复观译读】所以修养高的人行事，不有意伤害他人，但也不会有心施以仁爱和恩惠；不因为利益而做事，但也不会看不起守门人和差役；不争夺财货，但也不会有意谦虚和辞让；凡事不借助他人，但也不会一味劳累自己；不鄙夷贪婪与污秽，但行为又与世俗不同；不有心排斥邪僻，但行为又顺随大众；不以奉承和谄媚为卑贱，但人世间的高官厚禄不足以劝勉他，刑戮和羞耻不足以污辱他。他知道是非的界线不能清楚地划分，小大的边界不能明确地界定。听说："有道的人不会闻达于世（和光同尘），有德的人没有所谓得失（与万物为一），修养高的人忘却自己（与天地并生）。"这就是把握分寸的最高境界。

十九、以正治国，以奇用兵（57）

有一些士兵，在经过长年累月的战争生涯之后，很难重新回归正常生活。因为战场和社会，是两种完全不同的大环境。治国和用兵，其宗旨也是完全相反的：一个是要生产，一个是要毁灭；一个是要建设，一个是要破坏；一个是要养生保命，一个是要取人性命。所以二者使用的方法也完全不同，老子概括为“以正治国，以奇用兵”。

《孙子兵法》说：“兵者，诡道也。”用兵作战，讲究的是千变万化、出其不意，运用种种方法欺骗和打击敌人。兵法本身就是为斗争、为伤害他人而生的一门艺术。所以老子说“不得已而用之”。

明知道大军过处，赤地千里，打起仗来对双方百姓都没有好处；明知道战争带来的是伤害，那为什么还要打仗？因为不得已，因为要保护自己，因为要守卫家园。

因此君子行兵事，达到作战的目的就可以停止了，而不要好战、好杀人、好以武力逞强、好以军事取胜。战争只是不得已而为之，不要去喜欢它，不要去赞美推崇它，更不要去依赖它。

军士斗志旺盛谋求杀伤；但如果百姓都像士兵一样斗志旺盛，国家就会混乱。用兵崇尚智巧，以智作战则百战百胜；但百姓之间诡诈欺骗的智巧越多，社会中各种不可思议的奸邪之事就会层出不穷。军令繁多而精细，则军纪严明；但国家的禁忌、约束越多，百姓就越贫苦，盗贼就会越多。

因此老子说“君子居则贵左，用兵则贵右”，以此来表明作战与民生之间的差别。正因为治国与治军的宗旨完全相反，所以当使用管理军队的方法来治理百姓时，国家往往就会混乱不堪，而不能长久。

战国时，秦国使用严峻的律法来治理国家，富国强兵而横扫六国，最终一统天下建立了秦王朝。但如此强大的秦王朝却仅存十多年，二世而灭。西汉贾谊在《过秦论》中总结道：“然秦以区区之地，致万乘之势，序八州而朝同列，百有余年矣；然后以六合为家，崤函为宫；一夫作难而七庙隳，身死人手，为天下笑者，何也？仁义不施而攻守之势异也。”

秦朝为什么这么快就灭亡，正是因为没有重视“攻守之势异也”。秦国统一天下之前，是为了攻取天下，所以治国以征战为目的，一切为战争服务，实施“军事管制”更能保证效率与秩序。而统一天下之后，则是为了守牧天下畜养百姓，攻守之势已经发生转换，就需要转换治国方式，以民生为要务，“以正治国”了。转换不过来，才会迅速灭亡。

关联章节

第五十七章

以正[1]治邦，以奇[2]用兵，以无事[3]取天下[4]。吾何以知其然也哉？夫天下多忌讳[5]，而民弥贫。民多利器[6]，而邦家滋昏[7]。人多智巧，而奇物[8]滋起。法物[9]滋彰，而盗贼多有。是以圣人之言曰：我无为而民自化[10]，我好静而民自正，我无事而民自富，我欲不欲而民自朴。

注释

① 正：有法度的，合于常情的，堂堂中正的。

② 奇（qí）：独特、殊异的，不合常理的，诡变莫测的。

③ 无事：不生事，使安宁无事。

④ 取天下："取"，得到，获得，《说文》："取，捕取也。"因为事物安稳才容易获取，所以"取"又有"治理"的意思，使达到安稳的状态。"取天下"，指取得天下。

⑤ 忌讳："忌"，禁忌，禁戒；"讳"，有顾忌不敢说或不愿说；"忌讳"，指不能明说的禁忌。

⑥ 利器：精良有效的工具。

⑦ 滋昏："滋"，增益，加多，《说文》："滋，益也。""昏"，混乱，黑暗。"滋昏"，指混乱加重，越发黑暗。

⑧ 奇（qí）物："奇"，奇异，怪异；"奇物"指奇巧怪异的事物。

⑨ 法物："法"，统治阶级意志的体现；"法物"，指古代帝王用于仪仗、祭祀的器物。

⑩ 自化："化"，本义指改变，万物演化是一个持续变化的过程，因此"化"又指生长、化育；"自化"，指自行生长演化。

译文

用中正之道治理国家，用奇诡之道用兵作战，用无为之道取得天下。我怎么知道是这样的呢？因为天下隐秘的禁忌越多，民众就会越发贫困。民众急功好利，国家就会越发昏乱。民众显智斗巧，则奇诡之物层出不穷。礼乐文教之物繁多，盗贼便会越发猖獗。所以圣人说过这样的话：我不对民众施加自己的意志，民众就会自然化育。我喜好清静，民众就会自行归于正态。我不妄为生事，民众就会自行繁荣富足。我收敛自己的欲望，民众就会自行归于淳朴。

【原文】本在于上，末在于下，要在于主，详在于臣。三军五兵之运，德之末也；赏罚利害，五刑之辟，教之末也；礼法度数，形名比详，治之末也；钟鼓之音，羽旄之容，乐之末也；哭泣衰绖，隆杀之服，哀之末也。此五末者，须精神之运，心术之动，然后从之者也。

——《庄子·天道》

【复观译读】根本的东西处于上位，末节的东西处于下位；精要的东西处于主位，详细的东西处于臣位。军队和兵器的运用，是德化的末学；赏罚和利害的引导，各种刑法的运用，是教化的末学；礼法和度量的运用，实体和名称的辨析，是治理的末学；钟鼓的声音，鸟羽和兽毛的装饰，是乐教的末学；痛哭流涕披麻戴孝，不同规格的丧服，是哀情的末学。这五种微末之学，必须运作精神，发动心术，然后才随之而来（刻意求之、主动为之）。

【原文】知士无思虑之变则不乐；辩士无谈说之序则不乐；察士无凌谇之事则不乐：皆囿于物者也。招世之士兴朝；中民之士荣官；筋力之士矜难；勇敢之士奋患；兵革之士乐战；枯槁之士宿名；法律之士广治；礼乐之士敬容；仁义之士贵际。农夫无草莱之事则不比；商贾无市井之事则不比；庶人有旦暮之业则劝；百工有器械之巧则壮。钱财不积则贪者忧，权势不尤则夸者悲，势物之徒乐变。遭时有所用，不能无为也。

——《庄子·徐无鬼》

【复观译读】聪明的人没有思虑的机变就不会快乐，善辩的人没有谈说的机会就不会快乐，明察的人没有责难的事端就不会快乐，这都是因为受到了外物的拘役与束缚。招摇于世的人兴作于朝堂，普通民间的人荣耀于官禄，能力卓越的人显达于危难，勇于进取的人奋进于祸患，投身行伍的人乐意于征战，山林隐士托寄于名声，精修律法的人任用于治理，推行礼乐的人庄重于仪容，推崇仁义的人显贵于交际。农夫没有除草耕耘的事便内心不安，商人没有贸易买卖的事会心神不定。百姓只要整天有事做就会勤勉，工匠只要有器械的技巧就会振奋。钱财得不到聚积，贪婪的人就会忧愁不乐；权势得不到强盛，矜骄的人就会悲伤哀叹。投机取巧的人热衷于变故，一遇到机会就会马上行动，不能做到清静无为。

二十、福祸相依，因为失正（58）

我们都荡过秋千，当秋千垂下来位于中正的位置时，就会静止不动，但只要用手把它拨偏，就会左右摇荡，循环往复。好像祸转化成福，福又转化成祸，而无休无止。是什么原因呢？因为它没有处于中正的位置。

因此在失道的人群中，“正复为奇，善复为妖”。他们所认为的“正”，其实并非真正的正，因为持守下去会造成“奇”的结果；他们所认为的“善”，其实并非真正的善，因为坚持下去会造成“妖”的状态。如此你来我往互相成就，又怎能不循环往复？

所以如果天下已然失道，那么即使盛世，也往往孕育着乱世，因为人们在顺境中消磨了自己。乱世往往又会迎来盛世，因为人们在逆境中成长了自己。道不通行，这就始终是一个打不破的魔咒，所谓“天下分久必合，合久必分”，所谓“富不过三代”。

如何破除这个怪圈？唯有“守中”。“守中”，方能得“正”；得“正”，方能成为天下依托的根本，方能得到长治久安。

《中庸》说：“喜怒哀乐之未发谓之中。”未发，故而能统御所有，故而能成为诸情绪向之归附的准绳，故而为“中”。

道生天地万物，它们形态万千而不可能俱备，把握住它们的根源，方为“守中”；山有大小高低而不可能齐一，把握住它们的出处，方为“守中”；人有德才各异而不可能俱足，把握住它们的本源，方为“守中”。

所以老子讲“不争”，而“夫唯不争，故莫能与之争”；讲“无事”，而“以无事取天下”；讲“淡乎其无味”，而天下都依赖寡淡无味的水来调和百味；讲“无为”，而“无为而无不为”。这些实际上都讲的是“守中”，因为守住了“中”的位置，故能成为天下的归依和准绳，故能无往而不胜。

一根线，只要振动起来，脱离于“中”，那么往上的幅度有多高，往下的幅度就有多高。所以内心越是邪恶的人，教训起别人就越是头头是道，因为他能把别人的“恶”考虑得面面俱到。而如果让心思单纯的小孩去教训人，他一定茫然，因为他连想都想不到人能做出哪些恶事，更别说去匡扶了。

所以技术高超的大盗可以摇身一变成为防盗专家；男盗女娼的贼人可以摇身一变成为道德卫士；保家卫国的猛士可以摇身一变成为杀人机器。因此老子说“唯与呵，相去几何？善之与恶，相去若何”，不过是“人之迷也，其日固久矣”。

关联章节

第五十八章

其政闷闷[①]，其民惇惇[②]。其政察察[③]，其邦夬夬[④]。祸，福之所倚[⑤]。福，祸之所伏[⑥]。孰知其极？其无正也。正复为奇[⑦]，善复为妖[⑧]。人之迷也，其日固久矣。是以方而不割[⑨]，廉而不刺[⑩]，直而不肆[⑪]，光而不耀[⑫]。

注释

① 闷闷（mèn mèn）：默不作声，浑浑噩噩的样子，形容政令宽

厚，不扰民众。

② 惇惇：敦厚、朴实。

③ 察察："察"，仔细审视，细致观看；《说文》："察，复审也。""察察"，形容明辨清楚的样子。

④ 夬夬："夬"，指分决、割裂，决裂；"夬夬"，形容分离、断绝的样子，这里指敦厚淳朴被破坏以后，举国上下疏薄不亲、不和不睦的风貌。

⑤ 倚：倚靠，依托；《说文》："倚，依也。"

⑥ 伏：潜藏，埋伏。

⑦ 正复为奇（qí）："正"，有法度的，合于常情的，堂堂中正的；"复"，却、反而，《说文》："行故道也"，原路回返，即反过来的意思；"为"，做、干；"奇"，独特、殊异的，不合常理的，诡变莫测的；"正复为奇"，中正反而造成邪僻。

⑧ 善复为妖："善"，高明的，正当的；"妖"，违反常理的事物或现象，意指妖异的、反常的；"善复为妖"，正当反而造成妖异。

⑨ 方而不割："方"，方正，刚直；"割"，割裂，损害；"方而不割"，指品行端方但不割伤他人。

⑩ 廉而不刺："廉"，有棱角，形容品行刚正，有气节；"廉而不刺"，指品行刚正但不要刺伤他人。

⑪ 直而不肆："直"，不弯曲，直率；"肆"，放肆，恣肆；"直而不肆"，指品行直率但不任性放肆。

⑫ 光而不耀："光"，光明，明亮；"耀"，照耀，耀眼；"光而不耀"，指品行光明但不耀眼夺目。

译文

政令宽厚，国民就朴实；政令严苛，国家就决裂。灾祸，是幸福的依托之所；幸福，是灾祸的伏藏之处。怎么知道尽头在哪里？因为失去了中正。（人们认为的）中正反而造成了邪僻，（人们认为的）正当反而造成了妖异，人们的迷惑，已经有相当长的时日了。因此端方但不要割伤人，刚正但不要刺伤人，直率但不要任性放肆，光明但不要耀眼夺目。

庄子补释

【原文】夫马，陆居则食草饮水，喜则交颈相靡，怒则分背相踶。马知已此矣！夫加之以衡扼，齐之以月题，而马知介倪、闉扼、鸷曼、诡衔、窃辔。故马之知而能至盗者，伯乐之罪也。

——《庄子·马蹄》

【复观译读】马，生活在陆地上，吃草饮水，高兴时颈与颈厮磨，发怒时背对背相踢，马的智巧就只是这样了。等到后来把车衡和颈轭加在它的身上，把月牙形佩饰的辔头戴在它的头上，马就会侧目怒视，曲颈脱轭，猛戾不驯，诡谲地吐出勒口，偷偷地脱掉马辔。所以马的智巧竟能达到与人对抗的地步，这完全是伯乐的罪过。

【原文】夫大道不称，大辩不言，大仁不仁，大廉不嗛，大勇不忮。道昭而不道，言辩而不及，仁常而不成，廉清而不信，勇忮而不成。五者圆而几向方矣！

——《庄子·齐物论》

【复观译读】大道是不称说的，大辩是不言谈的，大仁是不亲爱的，大廉是不谦让的，大勇是不伤害的。道如果明示就不是真道，言如果辩说就不能遍及，仁如果有了常情（亲爱、偏爱等常人之情）就不成仁爱，廉如果清白无瑕就不够真实，勇如果为了伤害就不是真勇。这五种情况，就好像求的是圆却往方去走一样。

二十一、治大国若烹小鲜（60）

《资治通鉴》记载：公元 8 年，王莽篡汉称帝后，改国号为“新”，改长安为常安，作为新朝都城，开始进行全面的社会改革，史称“王莽托古改制”。

王莽仿照《周礼》的制度推行新政，屡次改变币制、更改官制与官名、以王田制为名恢复“井田制”，把盐、铁、酒、币制、山林川泽收归国有。刑罚、礼仪、田宅车服等仪式，不停回复到西周时代的周礼模式。

但王莽的改制不仅未能挽救西汉末年的社会危机，反而使各种矛盾进一步激化。由于政策迂腐不合实情，百姓未蒙其利，先受其害。又朝令夕改，使百姓官吏不知所从，不断引起天下各贵族和平民的不满。到了公元 17 年，全国发生蝗灾、旱灾，饥荒四起，各地农民纷起，形成赤眉、绿林大规模的反抗，新朝迅速灭亡。

老子为什么讲“治大国若烹小鲜”，正是因为国家的政令，对于治下的民众来讲，就是规则。这个规则如果经常发生变化，朝令夕改，民众必然会动荡不安。每一道新规则都要花很长时间去改变和适应，制定的规则越多，更改越频繁，就越容易生乱。就好像煎鱼的时候，不停地翻来翻去，一来二去鱼就被翻烂了。

所以《韩非子》说：“事大众而数摇之，则少成功；藏大器而数徙之，则多败伤；烹小鲜而数挠之，则贼其泽；治大国而数变法，则民苦之。”役使大众而屡屡让他们发生变动，功效就会很小；收藏贵重器物而屡屡加以挪动，损毁就会很大；烹煮小鱼而屡屡加以翻动，就会伤害它的品质；治理大国而屡屡改动法令，百姓就会受到坑害。

道、天、地的规则，什么时候见它改变过，亿万年如一的。如果有一天，太阳忽然不见了，或重力忽然消失了，那地球上会是一幅什么场景?

道的规则力量，是造生出宇宙万物、推动万物生长发展的本源力量。在自然界，无人引导，水自然往低处流；无人开辟，山自然而成山的形状；无人控制，四季自然交替轮换。所以如果懂得顺应自然的运动和变化，就不需要再有大量的人为力量输出，此时也就能达到“无为”的境界。“无为”，则无所不能为。

因此老子说“清静可以为天下正”，因为“我无为而民自化，我好静而民自正，我无事而民自富，我欲不欲而民自朴”。只要不随意生事折腾民众，对民众来说就是福德了，民众自然会自作自化，自富自朴。

安定的社会让人乐于生存而去干正事，爱惜生命而不去做邪事，所以江山永固，国家久安。平安时智慧和清廉的人才能出现，危乱时争夺和贪鄙的人就会蜂起。而一个动荡的社会，一个人心不稳的群体，其创造力和生产力都是非常有限的。因此要“以正治邦”，也就是“为无为，事无事，味无味”，如此才能“以无事取天下”。

天下本无事，而大多是人为自扰生事，然后再去解决它，还自以为有功。不断制造混乱又不断拨乱反正，剥夺了民众再去仁爱他们，这样的“好事”和“功劳”，不要也罢。

关联章节

第六十章

治大国若烹小鲜[①]。以道莅[②]天下，其鬼不神[③]。非[④]其鬼不神也，其神不伤人也。非其神不伤人也，圣人亦弗伤也。夫两不相伤[⑤]，故德交[⑥]归焉。

注释

① 烹小鲜："烹"，一种半煎炸的烹饪方法，《左传》："水火醯醢盐梅，以烹鱼肉。""烹小鲜"，指烹制小鱼。

② 莅：临视，治理。

③ 其鬼不神："鬼"，《说文》："人所归为鬼。"墨子认为，除人死而为鬼者，还有天鬼，有山水鬼神，它们监视人间一切，能公正地进行赏罚，并且具有强大的威力。"神"，灵验，有效用。"其鬼不神"，指鬼神都不再起作用了。

④ 非：高亨认为"非"是"不唯"二字之合音（《老子正诂》），"不唯"，不只是，不仅。

⑤ 两不相（xiāng）伤："相"，表示动作、情况是一方对另一方地，如"相劝""相问"；"两不相伤"，指神灵与圣人都不伤害人。

⑥ 交：一并，一齐；《小尔雅》："俱也"；《广韵》："共也，合也"。

译文

治理大的国家就好像烹制小鱼一样。用道来治理天下，鬼怪都不再起作用了。不仅鬼怪不再起作用，神灵也不能伤害人了。不仅神灵不能伤害人，圣人也不伤害人。神灵与圣人都不伤害人，德就会一并回归于人民了。

庄子补释

【原文】肩吾见狂接舆。狂接舆曰："日中始何以语女？"肩吾曰："告我：君人者以己出经式义度，人孰敢不听而化诸！"狂接舆曰："是欺德也。其于治天下也，犹涉海凿河而使蚊负山也。夫圣人之治也，治外夫？正而后行，确乎能其事者而已矣。且鸟高飞以避矰弋之害，鼷鼠深穴乎神丘之下以避熏凿之患，而曾二虫之无知？"

——《庄子·应帝王》

【复观译读】肩吾拜会狂接舆。狂接舆说："日中始都是怎么和你说的？"肩吾说："他告诉我说，做国君的一定要凭自己的意志来制定法度，人们谁敢不听从而随之改变呢？"狂接舆说："这是欺诳妄为的做法，那样治理天下，就好像徒步下海开凿河道，让蚊虫背负大山一样。圣人治理天下，难道只是外表得到治理吗？他们把天下辅助到正态，而后大道自然就会通行，任人民各尽其所能罢了。鸟儿尚且懂得高飞躲避弓箭的伤害，老鼠尚且知道深藏在社坛底下的洞穴，来避开烟熏铲凿的祸患，难道人民连这两种小动物（生存自理的能力）都比不上吗？"

二十二、下流，才能容纳（61、66）

《史记》记载，汉高祖刘邦夺得天下后，在洛阳南宫举行酒宴。高祖说道："各位列侯、各位将军，不要对朕隐瞒，都来说说这个道理：我能取得天下的原因是什么？项羽失掉天下的原因又是什么呀？"

高起、王陵回答说："陛下派人攻城略地，攻取了城邑、土地就分封给他，与大家同享利益；项羽却不是这样，他对有功的人嫉恨，对贤能的人猜疑，这就是他失去天下的原因。"

高祖说："你们是只知其一，不知其二啊。谈到运筹帷幄之中，决胜千里之外，我不如张良；镇守国家，安抚百姓，供给粮饷，保持运粮道路畅通无阻，我不如萧何；统率百万大军，战必胜，攻必克，我不如韩信。这三位都是人中英杰，而我能够任用他们，这就是我所以能取得天下的原因。项羽虽然有一个范增，却不能信任使用他，这便是项羽所以被我捕捉的原因了。"群臣都心悦诚服。

老子说："江海之所以能为百谷王者，以其善下之。"江海之所以能够成其大，是因为它位置低下，所以能容纳天下溪流来归。水流至低处，再低低不过海底；人行至高处，再高高不过山巅。因为它们最终都需要有根基来承载，否则就会成为无根之水，空中楼阁。

山巅仅能容一人，而山谷可容万人。因此一个人把自己的位置放得越高，其容纳能力就越有限。大地承载万物，圣人承载万民，所以它们都必须"下流"。

因为承载万民，圣人“不敢为天下先”，而是把自身意志居于万民之后，所以能被万民拥戴成为圣人，这就是“退其身而身先”。因为爱惜万民，圣人不与民争，而是把自身行为放在万民之外，所以能被万民爱惜成为圣人，这就是“外其身而身存”。

因此大国以谦下的态度对待小国，就好像大海居于最低处，而成为天下溪流的归宿，故终能让小国归附。小国以谦下的态度对待大国，就好像溪水流向最低处，而能寻找到大海，故终能被大国庇护。“下流”，故而能容纳，故而能被容纳。

所以不论是畜养天下的“王”，还是需要被扶持的“民”；不论是“欲兼畜人”的大国，还是“欲入事人”的小国，都需要“善下”。民不善下，不过子孙祭祀难续罢了，若王不善下，则国家昏乱；国不善下，不过被讨伐无道罢了，若地不善下，则万物难生。

关联章节

第六十一章

大邦者，下流[①]也，天下之牝[②]，天下之交[③]也。牝[④]恒以静胜牡，为其静也，故宜为下。大邦以下小邦，则取小邦。小邦以下大邦，则取于[⑤]大邦。故或下以取，或下而取。故大邦者，不过欲兼畜[⑥]人。小邦者，不过欲入事人[⑦]。夫皆得其欲，则大者宜为下。

注释

① 下流：“流”，本义指水的移动，《说文》：“水行也”；“下流”，指像水一样往下行。

② 天下之牝：“牝”，指雌性，在这里指溪谷，《大戴礼记》：“丘陵

为牡，溪谷为牝。”

③ 交：相会的时候或地方。

④ 牝：指雌性。

⑤ 取于：“取”，得到，获得，《说文》：“取，捕取也。”“取于”指被获得，这里表示取得庇护，获得包容。

⑥ 兼畜：“兼”，合并，兼并，《说文》：“兼，并也。”“畜”，收容，容纳。“兼畜”是一并收容的意思。

⑦ 入事人：“入”，本义指由外到内，进入，这里指参加，加入；“事”，侍奉，被任用；“入事人”，这里指加入大的国家而得到任用。

译文

大的国家，像水一样往下行，成为兼畜天下的溪谷，万物都归往这里。雌性总是用安静来降伏雄性，因为安静，所以适宜处于下位。大的国家用谦下的态度对待小的国家，就能收服小的国家。小的国家用谦下的态度对待大的国家，就能被大的国家所容纳。所以大的国家，不过是想兼并畜养小的国家；小的国家，不过是想被大的国家所容纳。双方都能得偿所愿，大的国家尤其应该处下。

庄子补释

【原文】是故丘山积卑而为高，江河合水而为大，大人合并而为公。是以自外入者，有主而不执；由中出者，有正而不距。四时殊气，天不赐，故岁成；五官殊职，君不私，故国治；文武殊材，大人不赐，故德备；万物殊理，道不私，故无名。无名故无为，无为而无不为。

——《庄子·则阳》

【复观译读】所以说，丘山积聚卑小的土石才成就其高，江河汇聚细小的流水才成就其大，伟大的人物听取众多的意见才成就其公。所以，从外界反映到内心的东西（所见所闻所知），自己虽有主见但并不执着；由内心表达到外界的东西（所言所行所名），即使是正当妥善的也不排斥异见。四季气候不同，大自然不予偏爱，因此一年四季的序列得以形成；各种官职职能不同，国君不予偏私，因此国家得以治理；文采武功资质不同，大人不予偏爱，因此文成武德齐备；万物事理各不相同，大道不予偏私，因此没有被赋予相应的名号（不被贴标签，归类别，定属性）。没有名号也就没有所为，没有所为因而可以无所不为。

第六十六章

江海之所以能为百谷王①者，以其善下之②，是以能为百谷王。是以圣人之欲上民③也，必以其言下之④，其欲先民⑤也，必以其身后之⑥。故居前而民弗害⑦也，居上而民弗重⑧也，天下乐推⑨而弗厌也。非以其无争与？故天下莫能与争。

注释

① 百谷王："百"为概数，指许多的，众多的；"谷"，本义指山间的流水，泛指水流；"王"，《说文》："天下所归往也。""百谷王"指众多水流归往的地方。

② 善下之："善"，高明，妥当；"下之"，指使位置处在低处；"善下之"，指很妥当地处在低下的位置。

③ 上民："上"，使处于上方；"上民"，处在民众的上方，指领导者的地位。

④ 言下之："言"，话语，说的话；"言下之"，指在言语上谦下。

⑤ 先民："先"，使处于前方；"先民"，处在民众的前方，领导、率领的意思。

⑥ 身后之："身"，自身，这里指身份、地位；"后"，使处于后方；"身后之"，指把自身的地位放在后面。

⑦ 害：妨害，损害。

⑧ 重：累，负累。

⑨ 推：举荐，推戴。

译文

江海之所以能成为天下水流的归往之处，因为它妥善地处在低下的位置，所以能成为天下水流的归往之处。因此圣人想要处于民众之上，就必须在言语上处下；想要处于民众之前，就必须在地位上处后。所以圣人处在民众的前面，但民众不会认为受到妨害；圣人处在民众的上面，但民众不会认为受到负累。天下人都乐于推戴他，而不会厌弃他。不正是因为他不与人争吗？所以天下没有谁可以与他相争。

庄子补释

【原文】正考父一命而伛，再命而偻，三命而俯，循墙而走，孰敢不轨！如而夫者，一命而吕巨，再命而于车上儛，三命而名诸父。孰协唐许！

——《庄子·列御寇》

【复观译读】正考父首次被任命为士便躬着背，再次任命为大夫便弯着腰，第三次任命为卿便俯下身子，让开大道顺着墙根走路，像这样谁还敢不守法度！如果是凡夫俗子，首次任命为士就会傲慢矜持，再次任命为大夫就会在车上手舞足蹈，第三次任命为卿就要人称呼叔伯的名号了，像这样谁还会成为唐尧、许由一样谦逊的人呢？

【原文】北宫奢为卫灵公赋敛以为钟，为坛乎郭门之外。三月而成上下之县 。王子庆忌见而问焉，曰："子何术之设？"奢曰："一之间无敢设也。奢闻之：'既雕既琢，复归于朴。'侗乎其无识，傥乎其怠疑。萃乎芒乎，其送往而迎来。来者勿禁，往者勿止。从其强梁，随其曲傅，因其自穷。故朝夕赋敛而毫毛不挫，而况有大涂者乎！"

——《庄子·山木》

【复观译读】北宫奢替卫灵公征集捐款铸造钟器，在城门之外设下祭坛，三个月就造好了上下两层的编钟。王子庆忌看到，就问他："你是用的什么方法？"北宫奢说："精诚专一罢了，不敢有什么其他的方法。我曾听说，'雕琢到至善至美，不过是返归于事物的本真罢了。'纯朴的样子无知无觉，洒脱的样子从容不疑；任大家聚集在一起而并不加以分辨，有离去的就送别，有过来的就迎接；过来的不禁止，离去的不阻留；强横的听从自便，柔顺的加以随应，让他们各自尽其所能。所以虽然整天征集捐款，但人民丝毫不受损伤，更何况是遵循大道的人（不敛赋于民）呢！"

二十三、无为而无不为（63）

据《汉书·霍光传》记载，汉宣帝时期，霍家权势很大，有个叫徐福的人写信劝诫汉宣帝道："霍家掌权的时间太长了，他们的子孙人人封侯，连霍家的女婿都掌握了兵权，权势实在太盛了。您如果不采取措施抑制他们的势力，说不定霍家要走上反叛灭族之路啊！"

汉宣帝把书信丢在一边不予理睬。事隔不久，霍家果然阴谋政变，幸好被人告发，没有造成大害。汉宣帝大怒，咬牙切齿地严令将霍家消灭，重赏告发的人，唯独没有赏赐三次上书的徐福。有人为徐福受到的冷遇愤愤不平，于是上书替徐福抱不平。

上书的人讲了一个"曲突徙薪"的故事：有个人到别人家去玩，看见这家的烟囱是笔直向上的，旁边还堆着不少柴草，就劝告主人说，这种状况很容易发生火灾，应该把烟囱砌成弯曲的，把柴草搬到较远的地方去。主人说烟囱已经砌了几年，都是这个样子，从没有出过事。不久这家真的失火了，附近的人都赶去救火。火灾扑灭了，主人请救火的人到他家去吃酒，却唯独没有请那个提醒他注意火灾的人赴宴。后来经人提醒批评之后，才把那个人请到宴席坐了上位。

汉宣帝觉得这个人说的有道理，就把徐福召进宫予以重赏，还让他当了个郎官。其实徐福得到的回报，要远远低于他的实际功劳。因为相比起来，只不过说了几句话而已，又哪里比得上灭火、平叛的功劳大呢！

老子说："天下之难作于易，天下之大作于细。"天下的难事都是从容易的事开始的，大事都是从小事演变而来的。所以当事情还很安稳的时候就容易把持；当事情征兆都还没有出现的时候就容易谋划；当事情还很脆弱的时候就容易化解；当事情还很微小的时候就容易让它消散。

因此处理困难的问题，要在它还很容易解决的时候就开始处理；治理大的问题，要在局面还没有发展至混乱的时候就开始治理；成就大的功业，要从很小的事情开始做起。圣人从来不会等小事变成大事之后才有所作为，故而最终能取得大的成就。

所以说，真正善于治理国家的人反而不会留下什么值得记录的重大事件，因为国家是太平无事的。真正善于打仗的人反而没有赫赫战功，因为他根本就不会让战争打起来，未战已先胜，不战而屈人之兵。真正善于成大事的人看起来反而无所事事，或者只是在做小事。这就是无为。

而如果想要攫取功劳，最好等到火烧起来，叛乱发动起来以后再处理。但这样一来，损失就更大了。所以说，所谓的功劳、荣誉和名声，又哪里有什么正面的、实际的意义呢？致数誉无誉，善战者无功。

事物在趋势之初的时候，事都还是小事，都还是容易的事。但我们不能因为事情“小”就轻视它，因为“大”都是由“小”发展起来的，只有像对待“大”那样去对待“小”，才能轻松做事，成功做事。

“轻诺必寡信，多易必多难”，如果把什么事情都看得很容易，最终就一定会碰到大的困难；如果轻易对别人许诺，最终就会因不能完成而失信。所以话说太多就显得很廉价，行为太随便就显得很轻浮。

“民之从事也，恒于其成而败之。故慎终若始，则无败事矣。”人们做事，常常在即将成功的时候失败。如果不论是在开始的时候，还是在结束的时候，都能始终如一地谨慎对待，也就不会再有失败的事了。

圣人从事物发展的趋势之初做起，把民众偏离于道的地方纠正过来，辅助万物自然成长。而不敢在事物长成之后，才按照自己的主观意愿去强行施为。这就是“谋之于其兆未生”，在趋势刚刚形成，甚至还没有完全形成的时候，就开始有所行动了。

如此一来，在事物发展过程中，不需要任何作为就可以达到自己想要的结果，因此可以做到不留痕迹。明明有所为，但别人以为你无所为，这就是“无为”。

关联章节

第六十三章

为无为①，事无事②，味无味③。大小④，多少⑤，报怨⑥以德。图⑦难乎其易也，为大乎其细也。天下之难作⑧于易，天下之大作于细。是以圣人终不为大⑨，故能成其大。夫轻诺必寡信，多易必多难。是以圣人犹难之⑩，故终于无难。

注释

① 为无为：可作“为之以无为”；“为”，行事，做事；“无为”，不强行施为，不妄作有为；“为无为”，指用不强行施为来行事。

② 事无事：可作“事之以无事”；“事”，做，治，从事；“无事”，不生事，不滋事；“事无事”，用不滋事来处事。

③ 味无味：可作“味之以无味”；“味”，滋味，味道，作动词为使有味道，调味的意思；“无味”，淡，没有味道；“味无味”，用淡然无味来调味。

④ 大小：可作“大，小之”（郭店楚简《老子》）；“小”，削减，使变小；“大小”，指大削减为小。

⑤ 多少：可作“多，少之”；“少”，削弱，使减少；“多少”，指多减损为少。

⑥ 报怨：“报”，本义指制服、判决罪人，治罪的意思，这里指制裁；“报怨”，制裁怨恨，令其消散。

⑦ 图：谋划，反复考虑。

⑧ 作：产生，兴起，《说文》：“作，起也。”

⑨ 不为大：“为”，做，干；“不为大”，指不做大的事情。

⑩ 犹难（nán）之：“犹”，指踌躇疑惧的样子；“难”，为难的样子，感到困难；“犹难之”，指踌躇为难的样子。

译文

用“无为”来作为，用“无事”来处事，用“无味”来调味。这样大的问题会变小，多的祸乱会变少，深厚之德可以平息怨恨。谋划艰难的事情，要从容易的地方着手；成就大的功业，要从小的地方做起。天下的难事都产生于容易的事；天下的大事都兴起于细微的事。因此圣人从来不追求做大的事情，故而最终能做成大的事情。轻易地许下承诺，必然很少能做到守信；经常用轻忽的态度去处理事情，必然会碰到很多困难。所以圣人做事总是踌躇谨慎，好像面对很难的事情一样，因此最终不会遇到困难。

庄子补释

【原文】人有畏影恶迹而去之走者，举足愈数而迹愈多，走愈疾而影不离身，自以为尚迟，疾走不休，绝力而死。不知处阴以休影，处静以息迹，愚亦甚矣！子审仁义之间，察同异之际，观动静之变，适受与之度，理好恶之情，和喜怒之节，而几于不免矣。谨修而身，慎守其真，还以物与人，则无所累矣。

——《庄子·渔父》

【复观译读】有人害怕影子厌恶足迹，想要避开它们于是逃跑，举步越频繁足迹就越多，跑得越快影子总不离身，自以为还跑得慢了，于是快速奔跑不止，结果力气用尽而死去。不懂得停留在阴暗处（无为而托庇于大道）影子自然就会消失，停留于安静的状态（清静而任物之自然）足迹就会不复存在，这也实在是太愚蠢了！你详究仁义的道理，考察事物的同异，观察动静的变化，掌握取舍的分寸，疏导好恶的情绪，调和喜怒的节度，却仍然几乎不能免于灾祸。认真修养你的身心，谨慎持守你的真性，把多出来的东西还与他人，如此也就没有什么拘系和累害了。

二十四、从零到一与从一到万（64）

阴阳学说在中国源远流长，早在先秦时期，阴阳理论体系就已臻完善，诸子百家即有“阴阳家”。不过有意思的是，我们通常认为的阴阳之象征“太极图”，却直到宋代才托于道士陈抟出现在世人面前。

大儒周敦颐在《太极图说》中说“太极动而生阳，动极而静，静而生阴，静极复动。一动一静，互为其根。分阴分阳，两仪立焉”，认为阴阳是由太极化生而来的。但事实上，无论是概念出现的先后，还是内在逻辑关系上，都必然是先有阴阳，后有太极。

因为描述太极的太极图，本身就是由“阴”（黑）和“阳”（白）构成的。阴阳不先生，又哪里来的太极；阴阳不先知，又从何而知的太极？阴阳未判之时，只是浑沦为一的混沌而已。所以实非太极生阴阳，而是阴阳生太极。

“天下之物生于有，有生于无”，万物生之前，只是“无”，无上也无下，无动也无静，无差别而浑然一体，并没有“阴”或“阳”的状态；没有阴阳，也就没有太极，也就没有“易”。所以阴阳又怎么会成为天地之母，“一阴一阳”又怎么能称之为“道”呢？

归根到底，阴阳与太极都并不是客观独立存在的东西，与“象帝之先”就客观独立存在的道有本质的区别。道，“独立而不改”，并没有动或静的时候，动与静都只能用来形容“有”，而不足以用来形容“道”。

其实无论太极还是阴阳，都只是用于解构实体（“有”）的演化而引用的符号，它们自身不过是依附于万物而存在的一种概念，只是“名”而已。至于最初的物质是如何起源的，最初的能量是如何产生的，最初的生命又是如何诞生的，这就是阴阳解答不了的了。因为“易”，并不具备造生万物的能力，而只是在“有”的基础上进行演化。

“生”，是道独有的特性。“生”与对立之间的相互转化，也是两种完全不同的概念。“小”生“大”，与“小”积累成“大”，天差地别。一粒沙子是沙子，亿万粒沙子还是沙子，本质并没有发生任何改变。然而如果用这亿万粒沙子浇盖成房，就可以说是这沙子生成了这房，因为沙子虽无质变，房却无中生有而成。

老子说：“百仞之高，始于足下。”而荀子说：“不积跬步，无以至千里。”这二者，一个是“始”，源始之意；一个是“积”，积累之意。百仞之高，最重要在于踏出脚下的第一步。因为踏出这第一步，是一个从无到有的质变，就像小鸡出了壳，它就不再是蛋了。

所以“百仞之高，始于足下”，与“千里之行，积于跬步”，意义千差万别；“合抱之木，生于毫末”，而不是“积于毫末”。一棵树苗是树苗，一万棵树苗还是树苗，并不能积累成大树，而只有树苗生长，才会成长为大树。

四季轮换，寒热交替，昼夜相接，这些都只是在阴阳相“易”，而并不是在阴阳相“生”。我们不能说是夏生成了冬，热生成了寒，昼生成了夜。因为这些变化，都只是在它们自身就具备的两端之间，来回转化而已。

但阴阳转化只是“易”，无中生有方为“母”。“易”体现的是在“有”的世界中，万物流转所呈现出来的规律；而“母”体现的是在从“无”到“有”的过程中，生生不息的创造力。

关联章节

第六十四章

其安也，易持也。其未兆[①]也，易谋也。其脆也，易破[②]也。其微也，易散也。为之于其未有也，治之于其未乱也。合抱之木，生于毫末。九层之台，作于羸土[③]。百仞[④]之高，始于足下[⑤]。为之者败之，执[⑥]之者失之。是以圣人无为也，故无败也，无执也，故无失也。民之从事也，恒于其成[⑦]而败之。故慎终若始[⑧]，则无败事矣。是以圣人欲不欲[⑨]，而不贵难得之货。学不学[⑩]，而复众人之所过。能辅万物之自然[⑪]，而弗敢为。

注释

① 未兆："兆"，征兆，事物发生前的征候或迹象；"未兆"，指事物发生的征兆还没有显现。

② 破：使损坏，使分裂，破开。

③ 羸土："羸"，形容贫弱，低劣，《说文》："羸，瘦也。""羸土"，指贫瘠，低下的薄土。

④ 百仞："仞"，古代长度单位，周制八尺，汉制七尺，《说文》："仞，伸臂一寻八尺也。""百仞"，形容极高。

⑤ 足下：脚踩的下面。

⑥ 执：掌握，控制；强调人为的，强力的。

⑦ 其成："成"，事物发展到一定的形态或状况；"其成"，在事物发展到完成的阶段。

⑧ 慎终若始："慎"，谨慎，小心；"终"，终了，结束；"始"，开头，开始；"慎终若始"，像对待开始一样小心谨慎地对待结束。

⑨ 欲不欲：用"不欲"为欲，指用无所欲求的状态去行追求之事。

⑩ 学不学：用“不学”为学，指用不逐取知识的状态去行治学之事。

⑪ 辅万物之自然：“辅”，帮助，佐助；“之”，往，到；“辅万物之自然”，指辅助万物到达自然的状态。

译文

状态安稳，就容易把持。迹象未显，就容易谋划。脆弱的时候，就容易破开。细小的时候，就容易消散。在事情还没有发生时开始行动，在局势还没有混乱时着手治理。环抱的大树，生发于微小的种子。九层的高台，兴作于卑弱的薄土。百仞的高度，起始于脚踩的下方。强行施为，就会失败；强行掌控，就会失去。圣人不强行施为，因此不会失败；不强行掌控，因此不会失去。人们做事情，总是败在事成的阶段。因此，对待事情的终结，也能像对待事情的开始一样谨慎，就不会有失败的事了。所以圣人以“不欲”作为自己想要的状态，而不会看重难得的财货；以“不学”作为自己所学，而让众人从偏斜复归于正态。能辅助万物回归于自然的状态，而不敢妄自作为。

庄子补释

【原文】故形非道不生，生非德不明。存形穷生，立德明道，非王德者邪！荡荡乎！忽然出，勃然动，而万物从之乎！此谓王德之人。视乎冥冥，听乎无声。冥冥之中，独见晓焉；无声之中，独闻和焉。故深之又深而能物焉；神之又神而能精焉。故其与万物接也，至无而供其求，时骋而要其宿。

——《庄子·天地》

【复观译读】 所以说，形体没有道就不能产生，生命没有德就不能昌明。保全形体通达生命，树立真德彰显大道，这不就是至德之人吗？浩瀚伟大啊！不露迹象而出，不显痕迹而动，万物都依从于他，这就是有德的圣人。道，看上去是那么幽深，听起来又是那么寂静。然而幽深之中又能看到光明，无声之中又能听到和鸣。所以幽深又幽深而能造生万物，神妙又神妙而能产生精神。所以道与万物交接，虚寂之极而又能满足万物所需，从不驻留而又能成为万物归宿。

【原文】 且以巧斗力者，始乎阳，常卒乎阴，泰至则多奇巧；以礼饮酒者，始乎治，常卒乎乱，泰至则多奇乐。凡事亦然，始乎谅，常卒乎鄙；其作始也简，其将毕也必巨。

——《庄子·人间世》

【复观译读】 况且用智巧相互争斗的人，开始时明来明往，后来常常就暗地里使阴谋，达到极点时诡计层出不穷。遵守礼节饮酒的人，开始时规规矩矩，后来常常就混乱失仪，达到极点时荒诞放纵无度。无论什么事情恐怕都是这样：开始时相互体谅，到头来相互欺诈；开始时单纯细微，临近结束时便复杂庞大。

二十五、智巧之害（65）

有这样一种现象，麻雀只要一看到树下有人用圆筒状的物体指着它们，马上就会一哄而散；河里的鱼也变得越来越精明，懂得躲避渔网。这些再普通不过，智力再低下不过的动物们，被智巧手段搅扰得久了，都会产生相应的应对方式，又更何况是人呢？

人只要上当一次就会有防备，连老鼠夹子用多了都不再管用。所谓“吃一堑，长一智”，人们一旦开始互相使用智巧，就会在见招拆招的过程中，把大家的智巧水平整体拉升上去。人人狡猾多智，纯朴也就从此消失不见了。

老子说：“以智治邦，邦之贼也，以不智治邦，邦之德也。”何谓“以智治邦”？就是指君主像对付敌人一样，运用智巧来对付国民；像打造工具一样，运用智巧来治理国民；像使用工具一样，运用智巧来驭使国民。

鸟儿变得狡猾难以捕获了，是什么原因？民众变得刁滑难以治理了，又是什么原因？鸟儿如果仍然像以前一样呆呆傻傻，可能就有灭族之祸；民众如果仍然像以前一样淳朴真实，可能就难以生存。

智巧一旦在社会中发展起来，大家就会彼此猜疑，相互算计，智巧也就成了保障生存的必要条件，民众也就永远别想重归淳朴。社会上欺诈的手段太多，让每个人都得不到安全感，淳朴的人甚至难以生存，我们能说这不是国家的灾祸吗？

“聪明”的人，不会走大路，因为他们总觉得自己能找到更为便捷的小路。他们也不会守规矩，因为守规矩不能体现出他们的“聪明”。所以国家崇尚智巧，也就等于是在鼓动民众破坏规则，投机取巧。

因此善于以道治国的圣人，不是挑逗大家互相争斗，而是“使民不争”，防止争斗启发智巧。不是去教唆民众变得聪明有智，而是让民众保持淳朴真实，防止朴实被伪诈打破。在民众智巧将开未开之时，就“镇之以无名之朴”。如果等到人人伪诈，智巧百出的时候才想让民众重归淳朴，就已经为时太晚了。

关联章节

第六十五章

故曰：为道者[①]非以明民[②]也，将以愚之[③]也。民之难治也，以其智也。故以智治邦，邦之贼[④]也，以不智[⑤]治邦，邦之德[⑥]也。恒知此两者，亦稽式[⑦]也。恒知稽式，此谓玄德[⑧]。玄德深矣，远矣，与物反[⑨]矣，乃至大顺[⑩]。

注释

① 为道者：“为”，做，行事；“为道者”，行道之人，指用道来行事的人。

② 明民：“明”，明察，明智；“明民”，指令民众变得明智。

③ 愚之：“愚”，本义指傻、笨，这里指敦厚，朴实；“愚之”，指令其变得敦朴。

④ 贼：指危害，败坏，《说文》：“贼，败也。”在先秦两汉时期，贼指作乱祸害国家危害民众的人。

⑤ 不智：不明智，不明察。

⑥ 德：恩惠，恩德。

⑦ 稽式：准则，法式，可取法的范式。

⑧ 玄德："玄"指幽深，幽远，深远；"玄德"指最深层次的德。

⑨ 反：相反的，对立的。

⑩ 大顺："顺"，本义指朝着同一个方向，引申指顺从、顺应；"大顺"，天地万物莫不顺从于道，因此这里指归顺于道。

译文

所以说，用道治理国家的君王，不会让民众开启机心，而是让他们处于浑然不觉的无知状态。民众之所以难以治理，是因为他们智巧很多。因此用智巧机心来治理国家，是国家的灾祸，用愚人之心来治理国家，是国家的福德。深刻地认知这两者，也就知道了治国的法则。持久地贯彻这个法则，就是最深远的德。最深远的德，深不可测而又广远长久，与万物的欲求是相反的方向，这样才能平复它们的偏差，辅助它们归顺于道。

庄子补释

【原文】上诚好知而无道，则天下大乱矣！何以知其然邪？夫弓弩毕弋机变之知多，则鸟乱于上矣；钩饵罔罟罾笱之知多，则鱼乱于水矣；削格罗落罝罘之知多，则兽乱于泽矣；知诈渐毒、颉滑坚白、解垢同异之变多，则俗惑于辩矣。故天下每每大乱，罪在于好知。

——《庄子·胠箧》

【复观译读】统治者喜好智巧而不遵从大道，那么天下必定会大乱啊！怎么知道是这样的呢？弓弩、鸟网、弋箭、机关之类的智巧多了，那么鸟儿就只会在空中乱飞；钩饵、渔网、鱼笼之类的智巧多了，那么鱼儿就只会在水里乱游；木栅、兽栏、兽网之类的智巧多了，那么野兽就只会在草泽里乱窜；智伪巧诈的欺骗之言、奸猾狡黠的坚白之说、言辞诡诈的同异之论等权变之术多了，那么世俗的人就只会被诡辩所迷惑。所以天下常常大乱，罪过就在于喜好智巧。

二十六、简朴之美（80）

我们常说，要“简单生活”，在简单中知足常乐。拥有简单的心态，简单地活着，看起来应该是最简单的事吧，但做到的人有多少？难的不是难，反而恰恰是简单。

韩非子说：“非常安定的社会，法律就像早晨的露水，纯洁质朴不杂乱，人们心里没有积怨，嘴里没有牢骚怪话。所以战车军马不在遥远的道路上劳累拖垮，战旗不在辽阔的沼泽里乱舞，百姓不会丧命于敌寇，英雄猛士不会短命于战旗之下；豪俊杰士不会在青史上留名，不会在青铜器上记录功劳，记载大事的史册也是空的。所以说，没有什么比简朴更有利的了，没有什么比安定更有福气的了。”（《韩非子·大体》）

这样一个简单朴实的社会，人们心无积怨，安于当下的状态，正如老子所说“民重死而远徙”；战车军马不奔驰，英雄猛士不丧命，正如老子所说“有舟车，无所乘之。有甲兵，无所陈之”；青铜器上不用记录功劳，正如老子所说“有十百人之器而毋用”；记载大事的史册也是空的，正如老子所说“民复结绳而用之”。

这样一个安定祥和的社会，又怎能不让人心生向往，不召而自来归附呢？桃李不言，下自成蹊；大地不言，万物归依。桃李和大地，都是无欲不求而“无事”的，但万物却不召而自来，这就是老子所说的“以无事取天下”。

最简单的事情，莫过于“无事”了；然而最困难的事情，也莫过于

"无事"了。因为把那简单纯粹的本源丢失了。

我们都曾经历过婴儿时代的忘我、混沌、不知不觉的生活状态，作为成人的我们要想达到这种状态，不是求益，而是为损；不是前行，而是返本——从物欲世界返回到我们的内心世界；从别人眼中的"我"返回到内在的"真我"。

老子说"为学者日益，闻道者日损"。致力于学习者，掌握的知识会越积累越多；而致力于修道者，把持的东西却会越来越少。知识是表象，是枝叶，枝叶当然繁茂；道是本质，是根源，所以很简单。唯有减损掉这些复杂的表象，才能透过现象看到真正的本质。

所以，道是把复杂的问题简单化，从千变万化的表象中，找出它那圆融而唯一不变的本质。大道至简，真正的道，已经简化至没有形状，没有大小，没有声音，没有味道，无影无形，唯恍唯忽，但它却是天下万物共同的本源。

道，它无名无形无象，是任何语言都无法完整描述的。如果强为之容，也只能寄托于物，寓之于言，它的运用也只能"存乎一心"，而无任何具体法。道，是简单中的至简，而简单，就很容易依托；复杂，就很难掌握。

所以心思复杂的人往往容易迷茫，心思简单的人却总是能一心一意。不变的规律很简单，造就的表象却千变万化，然而要想从千变万化的表象中总结出它的规律，就会很难。这便是简单的好处，复杂的坏处。

大树开枝散叶，它的本源不过是一颗简单的种子；天下事物万千，它们的本源是更为简单的道。返本，就是要从复杂返回到简单，把握这个简单的本源，把握这至简的大道，而不是继续没头没脑地生长，充当末端。

关联章节

第八十章

小邦寡民①，使②有十百人之器③而毋用，使民重死④而远徙⑤。有舟车，无所乘之。有甲兵，无所陈⑥之。使民复结绳⑦而用之。甘其食，美其服，乐其俗，安其居。邻邦相望，鸡狗之声相闻，民至老死，不相往来。

注释

① 小邦寡民："小邦"，小国家，小城邑；"寡民"，指百姓很少；"小邦寡民"，指小的国家，百姓数量很少。

② 使：让，以至于。

③ 十百人之器：需要十人、百人共同操作的大型器具。

④ 重死："重"，看重，重视，以之为重；"死"，丧失生命；"重死"，以死生之事为重，这里指看重生命，重视养护生命。

⑤ 远徙："远"，指远离，避开；"徙"，迁移、转移；"远徙"指避开迁移，远离颠沛流离的意思。

⑥ 陈：排列，摆设。

⑦ 结绳：把两根绳子扎接起来，是文字产生之前人们用来记数、记事、传递信息的方法。

译文

国家很小，民众很少。以至有多人操作的大型器具也无人使用，让民众看重死亡而不流动迁徙。有船只车辆，但是没有人乘坐。有衣甲兵器，但是不知道用来对付谁。让民众回归到可结绳来记事的简单生活。民众以其食为甘，以其服为美，以其俗为乐，以其居为安。邻国之间互相看得到，鸡鸣狗叫互相听得到，但两国的民众却直到老死，都不互相往来。

庄子补释

【原文】子独不知至德之世乎？昔者容成氏、大庭氏、伯皇氏、中央氏、栗陆氏、骊畜氏、轩辕氏、赫胥氏、尊卢氏、祝融氏、伏羲氏、神农氏，当是时也，民结绳而用之。甘其食，美其服，乐其俗，安其居，邻国相望，鸡狗之音相闻，民至老死而不相往来。若此之时，则至治已。今遂至使民延颈举踵，曰“某所有贤者”，赢粮而趣之，则内弃其亲而外去其主之事，足迹接乎诸侯之境，车轨结乎千里之外。则是上好知之过也！

——《庄子·胠箧》

【复观译读】你就不知道那盛德的时代吗？从前容成氏、大庭氏、伯皇氏、中央氏、栗陆氏、骊畜氏、轩辕氏、赫胥氏、尊卢氏、祝融氏、伏羲氏、神农氏，在那个时代，人民用结绳的方法来记事，以当前的饮食为美味，以当下的衣服为美观，以时下的风俗为欢乐，以如今的居所为安适，相邻的国家相互看得见，鸡狗之声相互听得到，百姓直至老死也不相互往来。像这样的时代，就可说是真正的大治之世了。而今竟然使百姓伸长脖颈踮起脚跟说，“某个地方出了圣贤”，于是带着干粮急忙赶去，家里抛弃了亲人，外边丢弃了职责，足迹出入于诸侯的国境，车辙交错于千里之外，这就是统治者喜好圣智的过错。

【原文】 故至德之世，其行填填，其视颠颠。当是时也，山无蹊隧，泽无舟梁；万物群生，连属其乡；禽兽成群，草木遂长。是故禽兽可系羁而游，鸟鹊之巢可攀援而窥。夫至德之世，同与禽兽居，族与万物并。恶乎知君子小人哉！同乎无知，其德不离；同乎无欲，是谓素朴。素朴而民性得矣。

——《庄子·马蹄》

【复观译读】 所以在盛德的时代，人们的行动稳重而不急迫，人们的目光专一而不游移。正是在这个时代，山里没有捷径和隧道，水上没有舟船和桥梁，万物共同生活，居所相并相连，禽兽成群结队，草木自然生长。因此禽兽可以用绳子牵引着游玩，鸟鹊的巢穴可以攀登上去探望。在那盛德的时代，人们和禽兽共同居住，人类与万物聚合并存，哪里知道什么君子小人呢！人们都混沌无知，真德就不会丧失；人们都清静无欲，这就叫浑素、质朴。呈现出浑素、质朴，人们的天性也就得以保持。

二十七、“长生”的秘密（81、7）

一个空碗，如果什么也不装，它就永远是活的，可以随时发挥作用的。但如果把它装满东西，它也就死了，从此固定了。道就是这样一个最大的容器，最大的“碗”，怎么装都装不满，怎么用都用不完，所以老子说：“道盅，而用之或不盈。”

但人和空碗不一样。空碗我们可以永远不用，而人一出生，就不由自主开始成长，成长的过程是主动且不可逆转的。所以说，人从一出生开始，就同时踏上了死亡的旅程。如何在这个过程中顺顺利利，活到自己的天赋寿数，这是道家的一个重要研究内容。

有人说，道家养生是逆天争命，是在与天地斗，这其实是一种误解。命是争不来的，一张纸片一旦点燃，最终就一定会燃烧殆尽。不过区别在于，火焰在下，它会加速燃烧；火焰在上，它会缓慢燃烧。我们认为现在的平均寿命才是天赋寿数，这只不过是局限于当下而得出来的常识，并不能代表事实就是如此。

庄子说：“道与之貌，天与之形，不以好恶内伤其身，常因自然而不益生也。”（《庄子 · 德充符》）上天赋予你的寿数，你自己不损伤它，其实就已经是在养生了。至于身体操劳过度之后的各种滋补，心神损耗之后的各种修养，就像纸片燃烧过后才想办法亡羊补牢一样，它是庄子所说的“益生”，而非“养生”。

庄子和老子都不提倡“益生”，因为于事无补。想要通过增益进补来延长自己的天赋寿命，甚至返老还童，这才是真正的逆天争命，是一种违背自然的怪诞现象，老子称之为“益生曰祥”。那如何才能让自己的生命长久？

我们常说“优胜劣汰”“适者生存”，人没有蟑螂那么强的适应能力，是人太低劣吗？即使人类灭绝，山石仍在，是石头更优胜吗？人优胜的地方并不在于“适应”，而在于具备更为宽广的“德”。有“德”故能畜养万物，故能广，恰如天地。

老子说：“天长地久。天地之所以能长且久者，以其不自生也，故能长生。”天地以虚空畜养万物，万物不绝而天地长久存在；圣人以至德泽被民众，民众代代相承而圣人长久存在；父母以慈德养育子孙，子孙后代绵延不绝而父母长久存在。天地、圣人、父母为何能得以长生，因为他们具备了“生生”之德。“死而不亡者”，方为“寿”。

因此，“圣人无积，既以为人，己愈有。既以予人矣，己愈多”。圣人就像“母”一样成就他人，国君就像“母”一样成就国民。故而我们可以看到，那些能被众人拥护的人，往往都是无私的人；那些能取得大的成就的人，往往都是善于成就别人的人。

关联章节

第八十一章

信言①不美，美言②不信。知者③不博，博者④不知。善者⑤不多，多者⑥不善。圣人无积⑦，既以为人⑧，己愈有。既以予人矣，己愈多。故天之道⑨，利而不害。人之道⑩，为而弗争。

注释

① 信言：“信”诚实，真诚，不欺骗，《说文》：“信，诚也。”“信言”，指真实可信的语言。

② 美言：“美”，漂亮，好看，这里指好听；“美言”，指华美好听的语言。

③ 知（zhī）者：“知”，知道，明白；“知者”，指知道（道）的人。

④ 博者：“博”，宽广，广博；“博者”，知识广博的人。

⑤ 善者：“善”，指高明、美好、圆满；“善者”指行事高明的有道之人。

⑥ 多者：“多”，本义指数量大，引申为“超出、过分”，这里指积累至有余；“多者”，追求积敛无度的人，欲求过重的人。

⑦ 无积：“积”，聚积，累积；“无积”指不聚积，不积敛无度。

⑧ 为（wéi）人：“为”，做，行事；“为人”，行事于人，指通过自己的作为令他人有所得，即成就人的意思。

⑨ 天之道：“天”，天然的，自然的，如“天理”；道先天地生，在天地还没有出现的时候就已经在了，天地万物出现之后，遵循这个自然之道而呈现的规则，是谓“天之道”。

⑩ 人之道：指遵循人为行事而呈现的规则。

译文

真实的言语不华美，华美的言语不真实。对道有所认知的人，不会追求见闻广博；追求见闻广博的人，对道没有认知。有道之人，不会求多；求多的人，不是有道之人。圣人不会积累成多，而是都用来成就他人，自己就越富有；都拿来给予他人，自己就越富足。所以天道的规则，是有利于万物而不侵害；人为的规则，是有所作为而不相争。

庄子补释

【原文】古之真人，知者不得说，美人不得滥，盗人不得劫，伏戏、黄帝不得友。死生亦大矣，而无变乎己，况爵禄乎！若然者，其神经乎大山而无介，入乎渊泉而不濡，处卑细而不惫，充满天地，既以与人己愈有。

——《庄子·田子方》

【复观译读】古时的真人，智者不能游说他，美色不能淫乱他，强盗不能劫持他，伏羲、黄帝这样的帝王也不能宠络他。死生也算得上是大事了，而不能使他自己有所改变，更何况是官爵奉禄的得失呢！像这样的人，他的精神越过大山而无障碍，进入深渊而不沾湿，处于卑下的地位而不疲困，其德充塞天地之间，都拿来给予别人而自己更加富有。

【原文】德人者，居无思，行无虑，不藏是非美恶。四海之内共利之之谓悦，共给之之谓安。怊乎若婴儿之失其母也，傥乎若行而失其道也。财用有余而不知其所自来，饮食取足而不知其所从，此谓德人之容。

——《庄子·天地》

【复观译读】有德的人，安居时没有想法，行动时没有考虑，心中没有是非好坏的念头。四海之内，人人都得到利益就是他的喜悦，人人都得到奉养便是他的安定。怅然的样子好像婴儿失去了母亲，失意的样子好像行路迷失了方向。财货有余却不知道自哪里来，饮食充足却不知道从哪里出，这就是有德之人的仪态。

第七章

天长地久。天地之所以能长且久者，以其不自生①也，故能长生。是以圣人退其身②而身先，外其身③而身存④。不以其无私与？故能成其私⑤。

注释

① 自生："生"，本义指草木从土中萌发，这里指生长，生发；"自生"，由"自"而生发，即用自身的力量去生发万物。

② 退其身："退"，向后移动，退却；"退其身"，指把自身（意志）放在百姓的后面，以百姓的意志为先，以百姓之心为心。

③ 外其身："外"，外面，范围之外的；"外其身"，指把自身（作为）放在百姓的外面，不妄作干涉，不强行施为。

④ 存：本义是问候，《说文》："存，恤问也。"这里指关注、留意，即关心和爱戴的意思。

⑤ 成其私："成"，成就，使人达到目的；"私"，个人的，自己的；"成其私"，指成就了他自己。

译文

天地长远恒久。天地之所以能够长久，正是因为天地不自己去生发万物，所以才能得以长久。所以圣人把自身（意志）放在百姓的后面而不强施于人，因而能得到众人的追随；把自身（作为）放在百姓的外面而不妄作有为，因而能得到众人的爱戴。这不正是因为圣人没有自己的私欲吗？反而成就了他自己。

庄子补释

【原文】故古之王天下者，知虽落天地，不自虑也；辩虽雕万物，不自说也；能虽穷海内，不自为也。天不产而万物化，地不长而万物育，帝王无为而天下功。故曰莫神于天，莫富于地，莫大于帝王。故曰帝王之德配天地。此乘天地驰万物，而用人群之道也。

——《庄子·天道》

【复观译读】所以，古时统治天下的人，智慧即使能通天彻地，也从不亲自去思虑；辩才即使能克应万物，也从不亲自去言说；才干即使能穷究海内，也从不亲自去做。上天并不亲自创造而万物自然演化，大地并不亲自生产而万物自然繁育，帝王无为而天下自然得到治理。所以说没有什么比上天更为神妙，没有什么比大地更为富饶，没有什么比帝王更为伟大。所以说帝王的德行与天地相合，这就是效法天地驾驭万物而任用天下人的办法。

二十八、老子的“三宝”（67）

老子说：“我恒有三宝，持而宝之。一曰慈，二曰俭，三曰不敢为天下先。夫慈，故能勇，俭，故能广，不敢为天下先，故能为成事长。”

“俭”，是少欲的意思，是不放纵的意思。少欲的人，他们不会被外物所驱使，不会因利而贪得，因欲而妄作，所以能够积累至很多很富有。

“不敢为天下先”，是不争的意思，是不把自己的意志凌驾于天下人之上的意思。不争的人，不强施于人，故而不会对他人造成困扰和伤害，能让人得以自然发展，因此能够得到大家的推崇，可以成为众人的官长。

“夫慈，故能勇。”小时候学过名为《麻雀》的课文，说作者带着一只猎狗打猎回来，在路上碰到一只还不会飞的小麻雀。当猎狗上前想要吃掉小麻雀的时候，老麻雀从树上飞下来，冲着猎狗尖叫，扎煞起全身的羽毛准备与猎狗搏斗，结果把庞大的猎狗都给吓退了。

母亲为了保护子女可以不顾一切，意图伤害他人的人，和意图保护自己的爱人免受伤害的人，总是后者能勇于前者。母亲为了保护自己的孩子，不但能爆发出让人无法理解的意志和力量，甚至能够舍弃自己的生命，但却很少有人舍弃自己的性命也要去伤害他人。

所以越是懂得培育幼小、守护根基的人群，就越是难以战胜，因为有“慈”，因为有母性之“德”，这种“德”甚至能超越人求生的本能。而越是互相算计、互相伤害的人群，就越是容易征服，因为他们丧失了“慈”，故而不会存在真正的“勇”。因此“天将建之，如以慈垣之”，上天将要成就一个人，就会让他心中恒有慈念。

如果舍其慈，勇于伤人；舍其俭，贪得无厌；舍其啬，滥施无度；舍其后，处处争先，这样的人，就算能够风光一时，最终也必会给自己招来无穷的祸患。无德之人，即使金玉满堂，也不过是勾魂夺命的祸端；即使权倾天下，也不过是招灾引祸的根源。

道理很简单，能做到的人却很少。因为天下人都说我讲的道太大（不着边）了，大到不像任何一个具体的东西，大到没有任何具体的形象，大到没有任何具体的用处。

然而正是因为它不像任何一个具体的东西，才能博大无边；正是因为它没有任何具体的形象，才能衍生出变化万千；正是因为它没有任何具体的用处，才能妙用无穷。如果像具体的东西，也就有了局限性；如果有具体的形象，也就有了边界限制；如果有具体的用处，它的作用也就被固定了，早就变得很渺小了。

关联章节

第六十七章

天下皆谓我大①，大而不肖②。夫唯不肖，故能大。若肖，久矣其细③也夫。我恒有三宝，持而宝之④。一曰慈，二曰俭，三曰不敢为天下先⑤。夫慈，故能勇，俭，故能广，不敢为天下先，故能为成事长⑥。今舍其慈，且⑦勇，舍其俭，且广，舍其后，且先，则必死矣。夫慈，以战则胜，以守则固。天将建⑧之，如⑨以慈垣⑩之。

注释

① 大：广泛，宽泛，形容博大无边。

② 不肖："肖"，指相像，相似；"不肖"，指不与之相像，不相匹配的意思。

③ 细：微小，细小，与"大"相对,《说文》："细，微也。"

④ 宝之：珍爱它，珍视它。

⑤ 天下先："先"，次序在前的，与"后"相对；"天下先"，次序排在天下的前面。

⑥ 成事长（zhǎng）："成事"，事情完成，事情做成功；"长"，领导人，负责人；"成事长"，指领导大家把事情做成功的人。

⑦ 且：取，拿。王弼说："且，犹取也。"

⑧ 建：建树，建立。

⑨ 如：这才，然后。

⑩ 垣：筑墙围绕。

译文

天下人都说我太宽泛（不着边）了，宽泛到不像任何具体的东西。正是因为不像任何具体的东西，才能博大无边，如果和具体的东西相像，那早就很渺小了。我一直都有三样宝贝，持守而珍重着，第一个叫作"慈"，第二个叫作"俭"，第三个叫作"不敢为天下先"。慈，所以能具备大勇；俭，所以能成就宽广；不敢为天下先，所以能领导大家有所成就。如今舍弃了慈，而求勇敢；舍弃了俭，而求广博；舍弃了后，而求居前，这样就必然会走向灭亡。慈，用以作战则无不能胜，用于防守则无不能固。所以上天将要成就一个人，然后才会让他恒有慈德。

庄子补释

【原文】惠子谓庄子曰："吾有大树，人谓之樗。其大本拥肿而不中绳墨，其小枝卷曲而不中规矩，立之途，匠者不顾。今子之言大而无用，众所同去也。"庄子曰："子独不见狸狌乎？卑身而伏，以候敖者；东西跳梁，不辟高下；中于机辟，死于罔罟。今夫斄牛，其大若垂天之云。此能为大矣，而不能执鼠。今子有大树，患其无用，何不树之于无何有之乡，广莫之野，彷徨乎无为其侧，逍遥乎寝卧其下。不夭斤斧，物无害者，无所可用，安所困苦哉！"

——《庄子·逍遥游》

【复观译读】惠子对庄子说："我有一棵大树，别人称它为'樗'。它的树干全是木瘤，绳墨都无法取直；它的树枝弯弯曲曲，圆规无法取圆，尺矩无法取角。它生长在路边，木匠看都不看一眼。现在你的言论，（就像这棵大树一样）大而无用，大家都懒得理你。"庄子说："你就没看到猫和黄鼠狼吗？低伏着身子，狩猎出游的小动物；东跑西蹦，上窜下跳，结果往往触动机关，死在罗网之中（智巧为小用，会被更大的智巧针对克制）。再看那斄牛，庞大的身体就像遮天的云，它能发挥大的功用，却不能逮老鼠（无用有大用，而不发挥小的用处）。现在你有这样一棵大树，还发愁它没有用。为什么不把它栽种在'无何有之乡'，放置于'广莫之野'上，不离'无为'左右，'逍遥'地躺卧在树下休息。这样的大树，不会被刀斧砍掉，不会被外物侵害，正是因为没有什么用处，又哪里来的困苦呢？"

【原文】庄子将死，弟子欲厚葬之。庄子曰："吾以天地为棺椁，以日月为连璧，星辰为珠玑，万物为赍送。吾葬具岂不备邪？何以加此！"弟子曰："吾恐乌鸢之食夫子也。"庄子曰："在上为乌鸢食，在下为蝼蚁食，夺彼与此，何其偏也。"

——《庄子·列御寇》

【复观译读】庄子快要死了，弟子们打算厚葬他。庄子说："我用天地作为棺椁，用日月作为双璧，用星辰作为随珠，用万物作为陪葬品。我的丧葬用品难道还不齐全吗？还有能比这规格更高的吗？"弟子们说："我们担心乌鸦和老鹰吃掉你啊！"庄子说："天葬让乌鸦和老鹰吃，土葬让蝼蛄和蚂蚁吃，从乌鸦老鹰那里夺过来给蝼蛄蚂蚁，为什么这样偏心呢！"

二十九、勇于“不敢”（69、73）

老子说“不敢为天下先”，原意是指不敢站在天下人的前面号令天下，不敢把个人的主观意志凌驾于天下人之上。而我们现在所认知的“敢为天下先”，却是指敢于尝试，敢于挑战。意义虽已发生改变，但这种行为仍然是道家所忌讳的。

老子说：“勇于敢则杀，勇于不敢则活。”“敢”字，《说文》的解释为“敢，进取也”，毫不畏惧地进而取之，即“敢”。而“取”的本义，是指杀敌割下耳朵记功。所以古人的“进取”要面临非常大的危险，“勇于进取”，也就意味着不顾性命强行为之。

对于一件会危及生命的事情，无所畏惧而挺身犯险，这就是“敢”。《韩非子》说：“羿拿着拉弦工具带着皮质袖套，拉开弓来射箭时，连关系疏远的越人都敢争着为他举靶。小孩子拉弓射箭时，连慈母都会躲进屋里关起门来。所以说：可以肯定没有危险时，就连越人也不怀疑羿会射到自己；不能肯定没有危险时，就连慈母也要躲避张弓射箭的孩子。”

“不敢”，是面对未知情况下的小心谨慎，是不轻易以身犯险。面对一条未知的路，正确的做法当然是看明了再走，而不是无所顾忌地勇敢往前冲。轻易拿经验去换“智慧”，拿行动去得“教训”，有时需要付出的代价就会大到让人难以承受。

因此越是大的领导者，就越是要勇于“不敢”，越是要“知常”而后动，因为他的决策决定的不只是他个人的命运，而是千千万万人的命运。

故而善于用兵的人，他们领军作战都会非常小心，小心到好像在主人家里做宾客，小心到好像背后无援无计可施，所以从来都不敢肆无忌惮。不敢主动去进攻，而总像是在被动防守；不敢进取一寸，而宁愿退后一尺。正如老子所说：“用兵有言曰：吾不敢为主而为客，吾不敢进寸而退尺。是谓行无行，攘无臂，执无兵，乃无敌矣。”只有做到像这样的“不敢”，才能达到“无敌”的地步。

勇猛精进，不知收敛的人就会招来杀身之祸；小心谨慎，不敢为天下先的人却可以无敌于天下。这两者，一个给自己招来灾祸，一个有利于自身。上天为什么会这么讨厌“勇于敢”者，谁知道其中的缘故呢？

我只知道，天道的行事方式是：低调，不与任何事物正面交锋，却总是能取得胜利；收敛，不用到处宣扬，却有很多人遵从于它；无为，不用征召，天下万物自来归附；自然，一切都展示得明明白白，却没有人能谋算得了它。

关联章节

第六十九章

用兵有言曰：吾不敢为主①而为客②，吾不敢进寸而退尺。是谓行无行③，攘无臂④，执无兵⑤，乃无敌⑥矣。祸莫大于无适⑦，无适近亡吾宝⑧矣。故称兵相若⑨，则哀者⑩胜矣。

注释

① 主：与“宾”相对，指邀请并接待宾客的人，这里指拥有决定权、拥有主动权的人。

② 客：与“主”相对，指外来的人，这里指听从对方、顺从对方的人。

③ 行（xíng）无行（háng）：“行”，指走路、行进；“无行”，指没有队列，不成行列（直排为行，横排为列）；“行无行”，指行军不成行列。

④ 攘无臂：“攘臂”，指捋起袖子露出胳膊，群情振奋之意；“攘无臂”，指无人振奋，这里形容情绪平淡，不高昂。

⑤ 执无兵：“执”，拿着，持有；“兵”，武器，兵器；“执无兵”，指手上没有拿着兵器。

⑥ 乃无敌：“乃”，于是，就；“无敌”，没有敌手，没有对手；“乃无敌”，指这样就没有对手了。

⑦ 无适：“适”，本义指切合，恰当，要做到恰当就不能过度，引申指节制；“无适”，指不节制。

⑧ 近亡吾宝：“近”，将近，差不多；“亡”，失去，丢失；“宝”，指代道；“近亡吾宝”，指差一点就让我丧失了道。

⑨ 称（chēng）兵相若：“称兵”，指兴兵，采取军事行动，《礼记·月令》：“是月也，不可以称兵，称兵必天殃。”“若”，相当，等同；“称兵相若”，指采取军事行动的双方兵力相当。

⑩ 哀者：“哀”，本义指怜悯，《说文》：“哀，闵也。”有悲悯之心，是因为心中有慈；“哀者”，指心怀悲悯的一方，以杀人为悲哀的一方。

译文

用兵的人说过这样的话，我不敢主动进犯而是被动防守，我不敢前进一寸而是后退一尺。这就是说，行军不成阵列，士气不得提振，手中不拿兵器，这样便能天下无敌了。最大的祸患，是不知道节制，不知道节制几乎让我丧失了“道”。所以当采取军事行动的双方兵力相当的时候，心怀悲悯的一方获胜。

庄子补释

【原文】大王亶父居邠，狄人攻之；事之以皮帛而不受，事之以犬马而不受，事之以珠玉而不受，狄人之所求者土地也。大王亶父曰：“与人之兄居而却杀其弟，与人之父居而杀其子，吾不忍也。子皆勉居矣！为吾臣与为狄人臣奚以异！且吾闻之，不以所用养害所养。”因杖筴而去之。民相连而从之，遂成国于岐山之下。

——《庄子·让王》

【复观译读】大王亶父（周朝的始祖，周文王的祖父）居住在邠地，狄人前来攻打，敬献兽皮和布帛狄人不愿意接受，敬献猎犬和宝马狄人也不愿意接受，敬献珠宝和玉器狄人仍不愿意接受，狄人所希望得到的是邠地的土地。大王亶父说：“跟别人的兄长住在一起却让他的弟弟被杀害，跟别人的父亲住在一起却让他的子女被杀害，我不忍心这样做。你们都尽力生存吧！做我的臣民跟做狄人的臣民有什么不同！而且我还听说，不要为了争夺用以养生的土地而伤害它所养育的人民（不要存地而失人）。”于是拄着拐杖离开了邠地。邠地的百姓人车相连跟随着他，在岐山之下建立起一个新的国家。

第七十三章

勇于敢[①]则杀，勇于不敢则活。此两者，或利或害。天之所恶，孰知其故？天之道[②]，不战而善胜，不言[③]而善应[④]，不召[⑤]而自来，坦而善谋。

天网恢恢[⑥]，疏而不失。

注释

① 敢：《说文》："敢，进取也。"毫不畏惧地进而取之，即"敢"字义。

② 天之道："天"，天然的，自然的，如"天理"；道先天地生，在天地还没有出现的时候就已经在了，天地万物出现之后，遵循这个自然之道而呈现的规则，是谓"天之道"。

③ 言：政令，号令，这里作动词，指发布政令，发号施令。

④ 应：接受，同意，遵守执行。

⑤ 召（zhào）：召唤，呼唤，叫人来。

⑥ 天网恢恢："天网"，形容天道规则如罗网；"恢恢"，形容宽阔广大的样子；"天网恢恢"，指天道规则看上去非常宽松。

译文

勇于进犯就会身死，勇于退让则会存活。这两种行为，一个让人得益，一个让人受害。上天好像尤其厌恶刚强，谁知道这是什么缘故呢？天道的规律，是不征战而能得到胜利，不下令而能得到遵行，不征召而能使万物自来归附，坦荡而善于谋算。天道的规则就如同一张宽大的网，网眼虽然稀疏，但却没有谁能钻得过去。

庄子补释

【原文】吴王浮于江，登乎狙之山，众狙见之，恂然弃而走，逃于深蓁。有一狙焉，委蛇攫搔，见巧乎王。王射之，敏给搏捷矢。王命相者趋射之，狙执死。

——《庄子·徐无鬼》

【复观译读】吴王泛舟于长江，登上猕猴聚居的山岭。猴群看见吴王的队伍，惊惶地四散奔逃，躲进了丛林的深处。却唯独有一只猴子没有跑，它身形灵活地抓住树枝跳来跳去，在吴王面前显示它的灵巧。吴王用箭射它，它身手敏捷地接住飞速射来的利箭。于是吴王下令随从打猎的人一起上前射箭，猴子躲避不及抱树而死。

【原文】仲尼曰："神龟能见梦于元君，而不能避余且之网；知能七十二钻而无遗筴，不能避刳肠之患。如是，则知有所困，神有所不及也。虽有至知，万人谋之。鱼不畏网而畏鹈鹕。去小知而大知明，去善而自善矣。婴儿生无石师而能言，与能言者处也。"

——《庄子·外物》

【复观译读】孔子说："神龟能托梦给宋元君求救，却不能躲避余且的渔网；它的灵智能占卜七十二卦无不应验，却不能逃避挖肠的祸患。如此看来，灵智也有穷困的时候，神通也有不应的地方。就算有最高的机智，也挡不住万人的谋算。鱼不知道害怕渔网，却会害怕鹈鹕（鱼的小聪明只知道躲避鸟的捕杀，却看不到那个'天网'的厉害，这是因为有小聪明的蒙蔽，而让它无缘于真正的大道）。去除小的聪明，大的智慧才会显现；去掉人为的善，真正的善才会呈现。婴儿生来没有大师教而能说话，这是和会说话的人在一起的缘故。"

三十、欲望的边界（71）

有人说欲望是促进人类社会发展的最大动力，其实大谬。人类社会的进步与发展，依托于不断的发现和创新，但“欲望”对这个过程不但很难有助益，反而还有很强的阻碍作用。所以现实是：充斥欲望的社会，总是创造力低下；放纵欲望的群体，必然难出智者。

古人在夏天不会有吹空调的欲望，因为他出于当下的欲望，会被他处于当下的思维所局限，换句话来说就是“想都想不到”。就像农夫会觉得皇帝每天都吃大白馒头，拿着金斧头砍柴，而皇帝会觉得农夫没粮食为什么不吃肉一样。

因为欲望的产生，对于当事人来说，一定是不超出他当下思维的，也就是会被他自身所局限。所以当人被欲望控制时，便只能局限在自己的思维里左奔右突，生出种种智巧和花样，而无法实现自我突破。

突破面向的是未知，需要跨越到认知边界以外；而欲望起源于有知，只不过是在认知的边界内辗转徘徊。突破与创新，需要混沌自然的心境，需要在静定中生出的智慧，而不是被欲望激发的智巧。

我们常认为是“求知欲”激发了创造力，但人之所以会有求知的欲望，是因为知道自己不知道，而知道自己不知道，这本身就在认知边界之内。

真正的认知边界之外，是不知道自己不知道。所以古人不会有学习计算机的欲望，因为他们不知道自己不知道，这便是面向未知。因此古人如果发明出计算机，这是创造性的突破；而我们学习计算机，只不过是求知于已知。

因此老子说："知不知，尚矣。不知不知，病矣。"如果始终不能突破自己的认知边界，不知道有自己的认知所不能及的东西，这就是被自身局限住了。只有达到自己的认知边界，知道了边界外的那些原本不知道自己不知道的东西，这才算是得到了进步与提升。

当个体能认知到自己的局限之所在时，那么这个局限对他来说就不再是局限。正如井底之蛙如果能认知到自己是在井底，那么它的思维也就同时触及了井外的世界。

关联章节

第七十一章

知不知①，尚②矣。不知不知③，病④矣。是以圣人之不病，以其病病⑤，是以不病。

注释

① 知（zhī）不知（zhī）："知"，知道，明白；"不知"，不能得以为知所识，不能落于知识的存在；"知不知"，指知道有不能得以被思维所认知的存在。

② 尚：本义指增加、超出，这里指得到进步与提升。

③ 不知（zhī）不知（zhī）：指不知道有不能得以被思维所认知的存在。

④ 病：本义为"困"，被限制而无法摆脱，困苦、困扰的意思。

⑤ 病病："病"指担忧，忧虑，以之为患的意思；"病病"，指把被困扰、被限制当成是弊病，而尽力克服。

译文

知道自己有所不能知，这是得到了提升。不知道自己有所不能知，这是陷入了困顿。所以圣人不会有困顿，是因为把被局限所困当成是弊病，故而不会有困顿。

庄子补释

【原文】故知止其所不知，至矣。孰知不言之辩，不道之道？若有能知，此之谓天府。注焉而不满，酌焉而不竭，而不知其所由来，此之谓葆光。

——《庄子·齐物论》

【复观译读】所以懂得停止在自己所不能知晓的领域边界，这就是认知的极点。谁能真正知道不用言语的辩说、不用说明的道理呢？假如有谁能知道，这就叫到达了自然的府库。无论注入多少东西它也不会满盈，无论取出多少东西它也不会枯竭，而且也不知这些东西出自哪里，这就叫潜藏不露的光明。

【原文】南荣趎曰："里人有病，里人问之，病者能言其病，然其病，病者犹未病也。若趎之闻大道，譬犹饮药以加病也。"

——《庄子·庚桑楚》

【复观译读】南荣趎说："邻里的人生了病，乡邻们询问他，生病的人能够说清楚自己的病情，知道病的来由，那他就算不上是生了重病。像我这样听闻大道，就好比吃了药反而加重了病情。"

三十一、己有所欲，勿施于人（72）

孔子说："己所不欲，勿施于人。"其实无论是己所不欲，还是己所甚欲，都不能施加于人。关键只在于"勿施"，而不在于欲或不欲。

《庄子·至乐》中有这样一个故事：从前，一只海鸟飞到鲁国都城郊外停息下来，鲁国国君让人把海鸟接到太庙里供养献酒，奏"九韶"之乐使它高兴，用"太牢"作为膳食。海鸟竟眼花缭乱忧心伤悲，不敢吃一块肉，不敢饮一杯酒，三天就死了。

鲁国国君很爱这只鸟，他用自己认为的最高规格的方法来养鸟，结果却把鸟给养死了。这就是"己有所欲，即施于人"的结果。如同鲁国国君供养海鸟一样，我们把自己认为"好"的东西施加于人，自认为一片好心，得到的却往往是排斥与反抗。

老子正是看穿了这一点，才尤其反对用仁、义、忠、孝等自定义为"高尚"的行为去施加于人，绑架人心。助纣为虐又何尝不是忠？杀妻待客又何尝不是义？斩杀自己眼中的"恶人"又何尝不是善？埋儿奉母、亲亲相隐又何尝不是孝？

打着扬善的幌子去杀人，仍然是对人施加暴力；打着忠孝的幌子去欺骗他人，仍然是对人的欺骗；打着仁义的幌子去伤害他人，仍然是对人的伤害。这些野蛮伪诈的行径，并不会因为你自认为出发点是好的，就变成文明的、崇高的，都仍然是对人的摧残。

欺骗永远都不值得提倡，伤害永远都不值得赞美，战争永远都不值得歌颂。因此仁、义、忠、孝虽然被人人称赞为高尚，但如果利用它的“高尚”去束缚和压迫他人，剥夺和伤害他人，那么这“高尚”就等于“罪恶”。

在人的天性中，最坚定的本能就是生存。有智慧的生命，生存对于他们来说包括自身的生存和血脉的延续。所以“爱”这种情感，最纯粹地体现在父母和子女之间。我们常提倡子女要爱自己的父母，但很少提倡父母要爱自己的子女。为何？因为这是不需要提倡的，它是一种保障本体延续的本能，自然存在于天性中。

因此任何想要剥夺他人生命的行为，都会引起最强烈的反弹。而正因为每个人求生的本能都很坚定，当统治者倒行逆施，让人们活不下去的时候，人们就会以死相拼——“民之不畏威，则大威将至矣”。

《史记》记载：秦二世元年七月，朝廷征发贫民调派去驻守渔阳，驻扎在大泽乡。陈胜、吴广都被编入谪戍的队伍里面，担任戍守队伍的小头目。恰巧遇到天下大雨，道路不通，估计已经误期。误了期限，按律都应当斩首。陈胜、吴广于是商量说：“即使现在逃跑也是死，发动起义也是死，同样是死，为国事而死，可以吗？”

既然横竖都是一死，又为什么不死在反抗中呢？死中求活，说不定尚有一线生机。于是强大到不可一世的秦国，就倒在了区区刑徒的挣扎求命之举上。

第七十二章

民之不畏威[①]，则大威将至矣。毋狭[②]其所居，毋厌[③]其所生。夫唯弗厌[④]，是以不厌[⑤]。是以圣人自知而不自见[⑥]也，自爱而不自贵[⑦]也，故去彼取此。

注释

① 威：采取某种行动以展示力量或声势，进行威逼、胁迫。

② 狭：窄，不宽阔。

③ 厌（yā）：压迫、抑制。

④ 弗厌（yā）：不压迫，不抑制。

⑤ 厌（yàn）：嫌恶，憎恶。

⑥ 自见（jiàn）：指用自己的成见去认知事物，以自己的成见（意志）为准则。

⑦ 自贵："贵"，高位，地位高；"自贵"，指用自己的姿态去凌驾别人，以自己为高贵，自作高贵的意思。

译文

当民众不再畏惧强权威压的时候，大的威胁就要到来了。不要让民众的居处越来越狭小，不要让民众的生存越来越窘迫。只有不压迫民众，民众才不会憎恶。所以圣人有自知之明，而不会用自己的意志施加于人；圣人爱惜自身，而不会自作高贵。因此去除后者（自见、自贵），而取用前者（自知、自爱）。

庄子补释

【原文】兽死不择音，气息茀然于是并生心厉。剋核太至，则必有不肖之心应之而不知其然也。苟为不知其然也，孰知其所终！故法言曰："无迁令，无劝成。过度益也。"迁令劝成殆事。美成在久，恶成不及改，可不慎与！

——《庄子·人间世》

【复观译读】野兽临死的时候就会胡乱叫唤，气息急促而心生最凶厉的恶念；凡事过分逼迫，对方必然就会兴起不正当的歹心来报复，而且自己还不知道是怎么回事。如果这只是下意识的反应、不自觉的行为，那谁能知道它的终点在哪里呢（这种对压迫的反抗无法被阻止）？所以古语说："不要有强行改变他人的命令，不要有强求他人得来的成功，过度就成了多余。"强行的命令，强求的成功，只会坏事。成就好事需要很长的时间，成就坏事却来不及悔改，能不谨慎吗！

三十二、治乱在于治本（74、79）

橘生淮南为橘，生淮北则为枳，人却想让它生于淮北仍然为橘。无法顺应自然，就去想方设法修改品种。然而即使能改得了人的行为，也改不了人心；即使能改得了人心，也改不了与生俱来的天性。后天人为的“教化”并不具备遗传性，但这天赋本性却是刻在基因里的。正如“野火烧不尽”，回归本我的呼唤，代代相承，总有一天会冲破一切束缚，这个趋势无法阻挡。

所以使用强力手段来维护自己的统治也是行不通的。如果强力手段有用的话，如果民众一直都很惧怕死亡的话，那么对于那些敢于反抗的人，就把他们抓来杀掉，还有谁敢再去作乱？如果这种手段真有用，我们也就不会有这么频繁的朝代更迭了。

民众之所以连死都不怕了，是因为统治者剥削得太过厉害，以至于百姓都没有了活路，正是因为求活，才会不怕死。所以拿死亡来威胁民众是没有用的，自有自然规律来除去那些必死的人，而不是由统治者来决定谁当死谁不当死。把自己当成万民主宰，随自己的主观意愿而杀人，最终就会伤到自己的手。

所以有德的圣人治国，不会谩骂百姓狡诈，不会责怪商人贪利，因为这些问题的根源都不在民众，而在于统治者自身。

民众之所以会挨饿，是因为统治者征收了太多的苛捐杂税。民众之所以难以治理，是因为统治者推崇有为治国。所以圣人并不会去指责他们的过错，圣人只会从源头上找到问题并解决问题，而不会等到事情发生之后追责于人。

老子说：“和大怨，必有余怨，焉可以为善？”当社会发生问题时，强力压制，只会让民众越发不满；怀柔和解，也只是治标不治本。因为无论如何和解，也无法回到之前无怨时的状态了。“破镜难重圆”，终会留下裂痕。

所以如果不从根本上找出问题，如果不能在问题发生之前就解决问题，就会埋下祸乱的隐患，十分不明智，不能称之为“善”。

故而有德的圣人治理问题的源头，无德的人等问题已经发生了以后才开始论是非，追过错。然而即使动了大手术，却往往治标不治本。当问题越积越重的时候，当民众不再畏惧统治者的威压的时候，反对统治者的大威胁就要来了。

关联章节

第七十四章

若民恒且①不畏死，奈何以杀惧②之也？若民恒且畏死，而为奇者③，吾得而杀之，夫孰敢矣。若民恒且必畏死④，则恒有司杀者⑤。夫代司杀者杀，是代大匠⑥斫⑦也。夫代大匠斫者，则希⑧不伤其手矣。

注释

① 恒且：“恒”，持久，长久；“且”，又，而且；“恒且”，指持久保持一个状态。

② 惧：恐吓，使害怕。

③ 为奇（qí）者："为"，做，干；"奇"，独特、殊异的，不合常理的；"为奇者"，指行偏邪诡异之事的人，形容违法乱禁者；王弼说："诡异乱群谓之奇也。"

④ 必畏死："必"，一定，必定；"必畏死"，必定害怕死亡。

⑤ 司杀者："司"，掌管，职掌；"司杀者"，掌管死亡的人，负责使生物失去生命的存在，指代"道"。

⑥ 大匠：对在某种技艺上造诣极高的人的称呼，这里指"道"。

⑦ 斫：砍，削。

⑧ 希：罕见，稀少。

译文

如果民众一直都是不害怕死亡的，那又何必用死亡来恐吓他们呢？如果民众一直以来都是害怕死亡的，对于违法乱禁者，我抓来杀掉，又还有谁敢进犯作乱呢？就算民众一直以来都是害怕死亡的，那也从来都有专门掌管死亡的存在。代替掌管死亡的存在来杀人，就好像代替技术高明的工匠砍削木头一样。代替技术高明的工匠砍削木头，那么很少有不伤到自己手的。

庄子补释

【原文】及至伯乐，曰："我善治马。"烧之，剔之，刻之，雒之，连之以羁馽，编之以皂栈，马之死者十二三矣；饥之，渴之，驰之，骤之，整之，齐之，前有橛饰之患，而后有鞭筴之威，而马之死者已过半矣。陶者曰："我善治埴，圆者中规，方者中矩。"匠人曰："我善治木，曲者中钩，直者应绳。"夫埴木之性，岂欲中规矩钩绳哉？然且世世称之曰

“伯乐善治马”而“陶匠善治埴木”，此亦治天下者之过也。

——《庄子·马蹄》

【复观译读】等到世上出了伯乐，说：“我善于管理马。”于是灼烧马毛，修剪马鬃，凿削蹄甲，烙制印记，用络头和绊绳来拴连它们，用马槽和马床来编排它们，这样一来马就死掉十分之二三了。饿着它们，渴着它们，驱驰它们，奔纵它们，让它们步伐整齐，行动划一，前面有口衔和马络的限制，后面有皮鞭和竹条的威逼，这样一来马就死掉超过半数了。陶匠说：“我最善于整治黏土，我用黏土制成的器皿，圆的合乎圆规，方的应于角尺。”木匠说：“我最善于整治木材，我用木材制成的器皿，弯的合于钩弧，直的合于墨线。”黏土和木材的本性难道就是希望去迎合圆规、角尺、钩弧、墨线吗？然而还世世代代称赞他们说，“伯乐善于管理马”，“陶匠、木匠善于整治黏土和木材”，这也是统治者的过错啊！

第七十九章

和①大怨，必有余怨，焉可以为善②？是以圣人执右契③，而不以责④于人。故有德司契⑤，无德司彻⑥。夫天道无亲，恒与⑦善人⑧。

注释

① 和（hé）：本义指调和乐声，使音乐和谐，引申指协调冲突，使融洽。

② 为（wéi）善：“为”，是；“善”，圆满的，美好的；“为善”，是圆满的。

③ 右契：指右券；《礼记·曲礼上》：“献粟者执右契。”郑玄注：

“契，券要也。右为尊。”债权人执右券，用以向负债者责取。

④ 责：索要，责取，《说文》：“责，求也。”

⑤ 司契：“司”，主管，掌管；“契”，契约，契券；“司契”，指掌管契券。

⑥ 司彻：“彻”，周代的田税制度；“司彻”，指掌管税收。

⑦ 与（yǔ）：交往，交好。

⑧ 善人：“善”，指高明、美好、圆满；“善人”指行事高明的有道之人。

译文

调和大的怨恨，必然有余怨不能消除，又怎么能说是妥善的处理方法呢？所以圣人持有契券，但从不向人讨还。有德之人就像契券的保管人一样，持有但不去讨还；无德之人就像掌管税收的税吏一般，分毫都不能差少。天道不会特别亲近谁，但它从来都只和善人在一起。

庄子补释

【原文】故知天乐者，无天怨，无人非，无物累，无鬼责。故曰：“其动也天，其静也地，一心定而王天下；其鬼不祟，其魂不疲，一心定而万物服。”言以虚静推于天地，通于万物，此之谓天乐。天乐者，圣人之心，以畜天下也。

——《庄子·天道》

【复观译读】所以通晓天乐的人，没有来自上天的厌恶，没有来自世人的非议，没有来自外物的累害，没有来自鬼神的责难。所以说：“动作合乎自然，安静犹如大地，内心安定专一而天下归从；体魄没有病恙，神魂不会疲惫，内心安定专一而万物臣服。”把空虚宁静推及天地，通达于万物，这就叫天乐。所谓天乐，就是圣人的用心，在于畜养天下万物。

三十三、敬畏自然，敬畏生命（75）

20世纪初的美国曾经发布过一个“猎狼护鹿”政策。美国亚利桑那州北部的凯巴伯森林里，大约有四千只鹿在林间出没，狼是鹿的大敌。美国总统罗斯福想让凯巴伯森林里的鹿得到有效的保护，繁殖得更多一些。于是他宣布凯巴伯森林为全国狩猎保护区，并决定由政府雇请猎人到那里去消灭狼。

经过25年的猎捕，有六千多头狼先后毙命。森林中其他以鹿为捕食对象的野兽（如豹子）也被猎杀了很多。很快，森林中的鹿增多了，总数超过了十万只。但是一切能被鹿吃的食物都难逃厄运，森林中的绿色植被一天天在减少，大地露出的枯黄一天天在扩大。

灾难终于降临，先是饥饿造成鹿的大量死亡，接着又是疾病流行，无数只鹿消失了踪影。两年之后，鹿群的总量由十万只锐减到四万只。到1942年，整个凯巴伯森林中只剩下八千只病鹿在苟延残喘。

罗斯福无论如何也没想到，他下令捕杀的恶狼，居然也是森林的保护者，这与人们对狼和鹿的认识似乎是相悖的。任何一个民族，凡是以动物为题材的童话，狼几乎永远担着一个欺负弱小的恶名。狼是凶残的，所以要消灭；鹿是善良的，所以要保护。

但是在凯巴伯森林中发生的这一系列故事说明，仅仅根据人类自身的片面认识去判定动物的善恶益害，有时就会犯下严重的错误。森林中既需要鹿，也需要狼。人们必须尊重动物乃至整个生物界中的这种相互关系。尊重它，也就是尊重“自然”。

我们常说“人定胜天”，强行用自己的意志去改造大自然，试图让它按照我们的意愿来运作发展，但结局却总是失败。就像统治者掌握强权与资源，无不追求千秋万代繁荣昌盛，但却总是撑不过三百年一样。

天地之间自有其规则存在，不以我们的意志为转移。处于这规则之下，我们就好像被关进了一个大笼子，老子称其为“天网”——“天网恢恢，疏而不失”。这个精密无比的大笼子，既可以把它看成牢房，也可以把它看成孕育和保护我们的母体。但不论是犯人还是胎儿，都得遵守这笼子里的规矩，才能顺顺利利活到出狱，或是出生的那一天。

守规矩，最重要的就是不妄为。道行天下，“无有入于无间”，无处不在，并不需要用自己个体的力量去“替天行道”，自有道来行道。我们要做的，只是把偏离道的部分重新纠正回“中”，也就是道所在的位置，而后自有道去通行。

老子说“辅万物之自然”，这个“自然”并不是完全无约束的意思。树木自由成长，但并不会长得奇形怪状，超出“树”的形象范畴，因为它们看似自由，实际上在成长过程中，都有自己的依凭和准则。

万物不是道，而只是道、天、地规则制约下的产物。因此万物“自然”的状态，其实是指万物得以顺应生来就被赋予的天性而不背弃，所成就的一种状态。“辅万物之自然”，则是指不破坏它们的这种状态，或者辅助已经“不自然”的它们重新回复到这个状态。

关联章节

第七十五章

人之饥也，以其取①食税②之多也，是以饥。百姓之不治③也，以其上[4]有以为[5]也，是以不治。民之轻死[6]，以其求生之厚[7]也，是以轻死。夫唯无以生为[8]者，是贤贵生[9]。

注释

① 取：拿出，取出。

② 食税："食"，粮食；"食税"指粮食之税，古代征收粮食作为税赋。

③ 不治：不能治理，不能达到安定的状态。

④ 上：尊崇，崇尚。

⑤ 有以为："以"，目的在于；"为"，指作为、行动；"有以为"，指有目的而作为。

⑥ 轻死："轻"，轻视，看轻；"死"，丧失生命，死亡；"轻死"，指轻视死亡，不顾性命。

⑦ 求生之厚："生"，本义指滋生，滋长，这里指生发、荣养自身；"厚"，形容程度深，重；"求生之厚"，指追求荣养自身的欲望太过深重了。

⑧ 无以生为：不以荣养自身为目的而作为。

⑨ 贤贵生："贤"，本义指掌握钱财、善于理财的人，这里取掌握、擅长的意思；"贵生"，珍重生命，重视生命；"贤贵生"，指掌握了珍重生命的精髓。

译文

人们之所以饥饿，是因为拿出了太多的粮食来上税，因此才会饥饿。百姓之所以不能治理，是因为他们崇尚锐意进取，因此不能治理。民众之所以轻视死亡，是因为追求厚养生命太过了，因此才会轻视死亡。只有不以厚养生命为务的人，才是真正掌握了珍重生命的精髓。

庄子补释

【原文】黄帝之治天下，使民心一。民有其亲死不哭而民不非也。尧之治天下，使民心亲。民有为其亲杀其杀而民不非也。舜之治天下，使民心竞。民孕妇十月生子，子生五月而能言，不至乎孩而始谁，则人始有夭矣。禹之治天下，使民心变，人有心而兵有顺，杀盗非杀人。自为种而“天下”耳。是以天下大骇，儒墨皆起。其作始有伦，而今乎妇女，何言哉！

——《庄子·天运》

【复观译读】黄帝治理天下，使百姓淳厚专一，有谁死了双亲并不哭泣，人们也不会加以非议。唐尧治理天下，使百姓相亲相爱，各自亲爱自己的亲人而有差别地对待他人，人们同样也不会非议。虞舜治理天下，使百姓心存竞争，怀孕的妇女十个月生下婴儿，婴儿生下来五个月就开口说话，不等长成孩童就开始懂得人事，于是开始出现夭折短命的现象。夏禹治理天下，使百姓心存机诈，人有机诈之心而把用兵（纷争、战争）当成理所当然，认为杀死盗贼不算杀人，各自为尊而肆虐于天下，所以天下大受惊扰，儒家、墨家都纷纷而起。刚开始（有为）治理天下的时候还有伦有理，可是到如今却天下大乱，又还有什么可说的呢！

【原文】一蝉，方得美荫而忘其身，螳螂执翳而搏之，见得而忘其形；

异鹊从而利之，见利而忘其真。庄周怵然曰："噫！物固相累，二类相召也！"捐弹而反走，虞人逐而谇之。

——《庄子·山木》

【复观译读】一只蝉，正在享受树荫而遗忘了自身的安危；一只螳螂用树叶做掩护，正打算扑上去捕捉蝉，眼见即将得手而遗忘了自己的形体；怪鹊抓住机会紧随其后，眼看即将得利而遗忘了自己的性命。庄子看了警惕地说："啊，万物原本是这样相互牵累的，同样的累害也在相互召引！"于是马上扔掉弹弓转身快步离开，看守栗园的人在后面追着责骂他。

三十四、柔弱胜刚强（76、78、36）

老子崇尚柔弱，因为柔弱代表了旺盛的生命力。生命刚开始时，正是生命力最强的时候，而这时的生命特征就是柔弱。“物壮而老”，事物成长到强硬了，也就行将就木了。所以“木强则恒”，树木如果失去了柔韧软弱的属性，也就成了坚强刚硬的枯死之木。

人活着的时候，身体是柔弱的，死了以后就会变得僵硬；草木活着的时候是柔弱的，死了之后就会变得枯槁坚硬。柔弱，方能具有生生不息的变化，失去了这种变化的特性，也就是死亡。所以坚强的状态是死亡的表现，而柔弱的状态是具有生机的表现。

中国的内家拳，包括太极、形意、八卦在内，都是养生效果很好的拳种，但锻炼方式都不是以一味强健肌肉为目的。相反，僵硬的肌肉是一种不健康的象征。所以习练内家拳有成的人，全身的肌肉就好像棉花一样柔软。

内家拳的技击性同样也非常强，爆发力非常刚猛，不过它的“刚”是建立在“柔”的基础上。没有身体的柔和坚韧、上下贯通，也就没有内家拳刚猛无俦的发力，这便是柔弱“生”刚强。

柔弱具有生生之德，所以母生子，雌（胜）生雄，柔弱（胜）生刚强，深渊生养大鱼，国之利器不可脱离本源而轻易示人。因为具备了“母”的德性，“复守其母”，占据了“母”的位置，故而能把握住天下的根本。

草木之柔弱可以变为枯槁，人之柔弱可以变为僵硬，但天下万物之至柔——水，永远都是那么生机勃勃。老子说：“天下莫柔弱于水，而攻坚强者莫之能胜也，以其无以易之也。”它柔弱的状态不会因为什么而发生改变，故能成为天下生命之源。

“上善似水”，在自然界万物中，最接近道的莫过于水了。水的品性是：柔弱，安静，无欲而不争；水的处事方式是：下流，待时而动，顺势而为。水，安然而居，淡然无味，又合老子所说“为无为，事无事，味无味”，故“几于道”。

水因为柔弱，所以形态变化万千，能在任何尖锐锋利的事物上纵横驰骋，而不会受到伤害。如果自身一味刚强，还要以刚强在天下纵横驰骋，结果便是自取灭亡。

事实上，强者十有其九都是自取灭亡，败在自己手里的：西楚霸王项羽，勇猛无双，兵多将广，然而却自恃其能刚愎自用，有谋士范增而不能用，最终兵败乌江自刎。汉武帝雄才大略，然而好大喜功，穷兵黩武，最终拖垮了整个帝国的经济，而不得不在晚年发布罪己诏，承认自己的错误。诸葛亮智谋超群，然而事无巨细，亲力亲为，最终病死。

老子说：“将欲翕之，必固张之。将欲弱之，必固强之。将欲去之，必固举之。将欲夺之，必固予之。是谓微明。柔弱胜强。”对于这些强横的人，你要强力发挥，我就顺着你，再帮你多加一把力。而这多出来的一把力，就破坏了你自身的平衡，你便承受不住了。

所以将要收缩的东西，必然是因为它已经扩张得太大了；将要衰弱的东西，必然是因为它已经强盛得太过了；将要被去除的东西，必然是因为它已经存在得太久了；将要被夺取失去的，必然是因为它已经被给予得太多了。

因此想要收缩它，就先让它扩张；想要削弱它，就先让它强盛；想要去除它，就先让它兴起；想要夺取它，就先给予它。上述方法，都是很容易让人忽视的道理，这就叫作“微明”。

关联章节

第七十六章

人之生[①]也柔弱，其死也筋仞坚强[②]。万物草木之生也柔脆[③]，其死也枯槁[④]。故曰：坚强者死之徒[⑤]也，柔弱微细生之徒也。兵强则不胜，木强则恒[⑥]。强大居下[⑦]，柔弱微细居上[⑧]。

注释

① 人之生：“生”，指活着，有生命的；“人之生”，指人在活着的时候。

② 坚强：强硬，僵硬。

③ 柔脆：“脆”，容易破碎的；“柔脆”，指柔弱而容易破碎的。

④ 枯槁：干枯，枯萎。

⑤ 徒：同一类别。

⑥ 恒：持久，不改变。

⑦ 居下：“居”，占据，属于；“下”，下乘的，下等的；“居下”，指属于下等的。

⑧ 居上：“上”，上乘的，上等的；“居上”，指属于上等的。

译文

人活着时身体柔弱，但死了就筋骨僵硬，变得坚强了。包括草木在内的万物，活着的时候都是柔软而脆弱的，死了以后就变得干枯强硬。所以说，坚强的东西归属于死的那一类，而柔弱微小的东西，归属于生的那一类。军队逞强就不能胜利，树木强硬就会失去生机。所以强大的东西属于下乘的，而柔弱微小的东西属于上乘的。

庄子补释

【原文】汝不知夫螳螂乎？怒其臂以当车辙，不知其不胜任也，是其才之美者也。戒之，慎之，积伐而美者以犯之，几矣！汝不知夫养虎者乎？不敢以生物与之，为其杀之之怒也；不敢以全物与之，为其决之之怒也。时其饥饱，达其怒心。虎之与人异类，而媚养己者，顺也；故其杀者，逆也。

——《庄子·人间世》

【复观译读】你不知道那螳螂吗？它奋起手臂去阻挡车轮，不知道自己根本不可能做到，这是因为太过得意自己的力量。要警惕啊，要小心！你如果一直夸耀自己得意的才能而去触犯他，这就和螳螂差不多了。你不知道那养虎的人吗？他从不敢用活物去喂养老虎，因为担心扑杀活物会激起老虎的凶性；他也从不敢用完整的动物去喂养老虎，因为担心撕裂动物会诱发老虎的凶性。注意顺应它饥饱的状态，疏导它凶残的本性。老虎虽不同于人类，却驯服于喂养它的人，这是因为顺应了它的天性。而被老虎咬死的人，是因为违逆了它的天性。

第七十八章

天下莫柔弱于水，而攻[①]坚强者莫之能胜也，以其无以易[②]之也。柔之胜刚，弱之胜强，天下莫弗知也，而莫能行也。故圣人之言云，曰：受邦之垢[3]，是谓社稷之主。受邦之不祥[4]，是为天下之王。正言若反[5]。

注释

① 攻：攻击，打击，《说文》：“攻，击也。”

② 易：改变，更改。

③ 受邦之垢：“受”，本义指接受东西，这里指容纳，忍受；“垢”，耻辱；“受邦之垢”，指能忍受国家带来的屈辱。

④ 受邦之不祥：“不祥”，不吉利，灾殃；“受邦之不祥”，指能忍受国家带来的灾殃。

⑤ 正言若反：“正”，有法度的，这里指合于道的；“反”，相反的，对立的；“正言若反”，指合于道的话听起来好像说反了一样。

译文

天下没有比水更柔弱的，但是攻克坚强的东西却没有谁能胜过它。因为它的柔弱没有什么能够改变。柔战胜刚硬，弱战胜强横，天下没有人不知道这个道理，但是却没有谁能做得到。所以圣人的话是这么说的：能够承担国家的屈辱，才可以说是国家的君主；能够承担国家的不祥，才可以说是天下的君王。合于道的话，听着就好像说反了一样。

庄子补释

【原文】蛇谓风曰：“予动吾脊胁而行，则有似也。今子蓬蓬然起于北海，蓬蓬然入于南海，而似无有，何也？”风曰：“然，予蓬蓬然起于北海而入于南海也，然而指我则胜我，鰌我亦胜我。虽然，夫折大木，蜚大屋者，唯我能也。”故以众小不胜为大胜也。为大胜者，唯圣人能之。

——《庄子·秋水》

【复观译读】蛇对风说：“我扭动脊柱和腰胁来行进，还是像有脚行走的样子。如今你呼呼地从北海刮起，又呼呼地刮到南海，却没有行走的形迹，这是为什么呢？”风说：“是的，我呼呼地从北海刮到南海。可是人们用手指向我挥舞就能胜我，用腿脚向我踢踏也能胜我。然而折断大树、掀翻高大的房屋，却又只有我能做到。”这就是用众多不能胜过小的力量来取得大的胜利。像这样来获取大的胜利，只有圣人才能做到。

第三十六章

将欲翕①之，必固张②之。将欲弱之，必固强之。将欲去③之，必固举④之。将欲夺之，必固予之。是谓微明⑤。柔弱胜强。鱼不可脱于渊⑥，邦利器不可以示人⑦。

注释

① 翕：闭合，收拢。

② 张：张开，打开。

③ 去：去掉，除去。

④ 举：推举，举荐。

⑤ 微明：“微”，本义指隐秘地行走，形容难以察觉；《说文》：“微，隐行也。”第十四章说：“视之而弗见，名之曰微。”“明”，光亮，引申指道理显现；“微明”，指难以察觉的道理。

⑥ 渊：深潭，深水。

⑦ 示人：“示”，显示，展示；“示人”，展示于人，呈现人前。

译文

将要收拢的，必然是原本已经得到了扩张。将要削弱的，必然是原本已经得到了加强。将要去除的，必然是原本已经得到了推举。将要剥夺的，必然是原本已经得到了给予。这是很容易被忽视的道理。持守柔弱，更好过逞刚强。大鱼不能脱离深渊，国家的利器，不能随意示人逞威。

庄子补释

【原文】夫函车之兽，介而离山，则不免于网罟之患；吞舟之鱼，荡而失水，则蚁能苦之。故鸟兽不厌高，鱼鳖不厌深。夫全其形生之人，藏其身也，不厌深眇而已矣！

——《庄子·庚桑楚》

【复观译读】口能含车的巨兽，独自离开山野，那就难免有落于罗网的忧患；口能吞舟的大鱼，一旦荡出水流，小小的蚂蚁也会使它困苦不堪。所以鸟兽不厌山高，鱼鳖不厌水深。保全身形修养天性的人，敛藏自己的身形，不厌幽深高远罢了。

三十五、道可道，非恒道（1）

我们常说“眼见为实”，其实眼见也并非是实。同样的事物，在不同光线下会呈现出不同的形象，到底哪个形象才是真实？同样的世界，在人的眼中和动物的眼中各不相同，谁的眼中才是真实世界？

有句话叫“凡所有相（象），皆是虚妄”。光线和声音一样，都只是一种媒介，用以传递真实世界的信息。但是经过它们传递而呈现出来的音声形象，却并非就是这真实世界的真实模样。语言和文字，也同样只是一种媒介。所以我们用语言描述出来的“道”，并不是那个真实的“道”本身，这就是“道可道也，非恒道也”。

语言的表达能力是非常有限的，我们常说“难以用语言来形容”。相信老子在面对这无名无形无象的大道之时，他的心中也一定有这样的感慨。但他还是留下了五千言，并且提醒众人：我说出来的道，并不是那个真正的道，要想得道，你就必须亲自发现它。

有这样一个笑话：古希腊哲学家柏拉图把人定义为“双足的无毛动物”，于是另外一个哲学家狄奥根尼就把一只鸡的羽毛全部拔光，拎到讲桌上说：“这就是柏拉图所说的人。”柏拉图无言以对，只好另作补充，把人的定义修改为：“人是没有羽毛的，有扁平指甲的两脚动物。”然而这样的定义，能算得上是对人的完美诠释吗？

“人”只是一个名词，用以指代和我们一样的生物。我们都知道人，所以一说“人”这个名词，马上就能调用自己意识里对人的认知，自行把“人”这个概念补充完整。但是，如果是在描述一种我们谁也不知道的生物呢？此时名字就不再具有指代性，而只能通过语言描述来建立对这种生物的认知。

不过很显然，我们并不能凭借柏拉图的描述来建立对人这种生物的正确认知。“没有羽毛的，有扁平指甲的两脚动物”，一百个人用这个定义能想象出一百种各不相同的生物。

同样，老子写了五千言来描述道，我们能否通过他的描述来建立对道的正确认知呢？很难。通过他的描述所认知的“道”与真实的“道”可能天差地远，就像那只无毛鸡和人一样。

“白马非马”，正是“名”的自演绎结果与其“实”之间所产生的矛盾和冲突。所以用文字描述的事实可以被人演绎成巧妙的文字游戏；用光影传递的形象可以被人演绎成高明的视觉欺骗。被万物外在的“名”“象”所迷惑所束缚，也就已经与其本体相差甚远矣！

“名”本为“实”之末，却能被反用来诘难和限制“实”；“象”本是“体”之映射，却能被反用来决定和制约“体”。所以“道之华”反而被人看成真道；“愚之首”反而被人看成聪明；“大智”反而被人当成“愚”；“大巧”反而被人当成“拙”，也就不足为怪了。

关联章节

第一章

道可道[①]也，非恒道[②]也。名可名[③]也，非恒名[④]也。无名[⑤]，万物之始也。有名，万物之母也。故恒无欲[⑥]也，以观其妙，恒有欲也，以观其所徼[⑦]。两者同出，异名同谓[⑧]，玄之又玄[⑨]，众妙之门[⑩]。

注释

① 道可道:“道”，指天地万物自然运作而呈现的规则;“可道”，可以言说;“道可道”，指道是可以言说的。

② 非恒道:“恒”，指恒久，永恒;“非恒道”，不是那个先天地而生的恒久常存的道。

③ 名可名:“名”，指名字，人或事物的名称，用来代表它自身;“可名”，可以命名，可以定义;“名可名”，指名称是可以被定义的。

④ 非恒名：指不是那个可以等同于事物本身的名称；与事物本身相等同，也就意味着这个名称是恒定不变的，是谓“恒名”。

⑤ 无名：指没有名称；有实方有名，无名也就意味着还没有任何实的出现。

⑥ 无欲:“欲”，指欲求，想要达到某种目的或得到某种东西的要求;“无欲”，指不存在这些要求，没有想要达到的目的，没有想要得到的东西。

⑦ 徼：指边界，边境。

⑧ 谓：指报告，讲诉，说明。

⑨ 玄之又玄:“玄”，本义指染丝晾晒时打的丝结，这种丝结就像两股绳搓在一起一样，呈“8”字形双螺旋结构；这样的结构可以一直缠绕下去，只要长度足够，就没有终结，所以叫“玄之又玄”。

⑩ 众妙之门:“妙”，精妙，微妙，精微深奥的事理;“门”，途径，诀窍;“众妙之门”，指众多奥妙事理的门径。

译文

道是可以被言说的，但可以言说的道，并不是那个恒久常存的道。

名是可以被定义的，但可以定义的名，并不是那个恒久常存的名。无形无名，是造生万物的起始；有形有名，是孕育万物的母体。因此守住无欲的状态，来察知从无生有之妙；守住有欲的状态，来察知万物成形之徼。有欲无欲，同出于人；有名无名，同出于道。它们虽然定义不一样，可讲诉的都是同一个道理。它们互相缠绕，来回切换，无限延伸。这种“玄”之又“玄”的形态是我们认知天下万物、认知“道”的门径，也是道生天下万物的神妙之门。

庄子补释

【原文】天地与我并生，而万物与我为一。既已为一矣，且得有言乎？既已谓之一矣，且得无言乎？一与言为二，二与一为三。自此以往，巧历不能得，而况其凡乎！故自无适有，以至于三，而况自有适有乎！无适焉，因是已！夫道未始有封，言未始有常，为是而有畛也。

——《庄子·齐物论》

【复观译读】天地与我同源而生，万物与我混同为一。既然天地万物俱为一体，又有什么言论可以说呢？既然已经认为它们俱为一体，又怎么能说没有言论可以说呢？可以言说的一体和对一体的言论，这就是二了，二再加上那个无可言说的一体，这就是三了。自一而化为三之后，就算用巧妙的方法计算也不能再得到那个一了，更何况是不会计算的普通人呢！所以从无到有，就已经有三个名称了，更何况是从有而到万物呢！并没有终点可以到达，而只是顺应自然的变化罢了。大道不曾有过固定的边界，言语不曾有过定论的时候，只是因为作用于不同的情况而有了分界。

三十六、前行与返本（2）

朋友给我讲了这样一个寓言故事：

从前有一只与众不同、善于思考的蚂蚱，它冥思苦想了七七四十九日，终于决定做一件蚂蚱家族从来没有做过的事：学习勤奋刻苦的屎壳郎。他找到了一个大粪坑之后，便带着眷属们，不停地往下挖。经过了一代又一代的努力，这个粪坑，已经挖得非常深了。

到了第六代蚂蚱的时候，在洞底，流传着这样一个传说：这个深洞，其实是一座四面合围的山，叫作香粪山，这是世界上最高的山。山顶高耸入云，从来没有蚂蚱爬上去过。蚂蚱们的宿命，就是继续往深处挖这个粪坑。

后来出现一只蚂蚱，它认为蚂蚱吃粪是不对的，吃粪是屎壳郎的事。它开始沿着粪坑使劲往上爬，爬到胡须都白了的时候，终于从洞里出来了。蚂蚱站在洞口，放声大笑。

路过的一只蚂蚁问："你笑什么？"蚂蚱边笑边说："我成功了，我成功了，我爬上了世界上最高的山！"蚂蚁说："哪有什么山？"蚂蚱说："这里不是？我刚刚爬上了世界上最高的香粪山！"说着，指指脚下。

蚂蚁瞥了一眼，道："那是从你爷爷的爷爷就开始挖的一个粪坑而已，哪是什么香粪山！你现在不过是爬出了你爷爷挖的粪坑，正好好地站在了平地上。"蚂蚱仔细看看四周，花草树木，远山溪谷，一切都很明媚，想来蚂蚁说的不假。于是收起傲色，低头默默爬开了。

与《庄子》和《黄帝内经》中描述的上古有道之人相比，我们现在的修行，不过就像上文描写的那只蚂蚱一样，在爬自己祖祖辈辈挖出来的香粪山而已。爬出洞口，真正的修行才刚刚开始；“复归于婴儿”，也不过才刚刚恢复为一个“真人”。

所以很多人在追求了一生之后才发现，原来自由自在地做自己，才是最终极的追求。小时候我们期盼长大，但往往在长大之后才发现，原来小时候的快乐和幸福，才是真正的快乐和幸福。

老子说“复归于婴儿”。婴儿，也就是“赤子”的状态是被老子所推崇的。与成人眼中是非分明的世界不同，婴儿眼中的世界是浑然一体的、没有被个人主观所拆分的完整世界。婴儿无知无欲，没有美丑、尊卑、贵贱的意识，也不会因为自己的主观心而对外界附加诸如喜爱、悲伤、痛恨等情绪，因此他们眼中的世界才是客观的世界。

婴儿没有美丑的概念，所以不会以相貌取人；婴儿没有善恶的概念，所以行为自然而心中没有牵绊；婴儿没有鬼神的概念，所以晚上睡觉也不会有噩梦侵扰。我们长大以后，知道的东西越多，活得反而越愁苦，因为负累太多。

我们心中有了爱美之念，就会受到“丑”的牵绊；我们心中有了攀高之念，就会受到“下”的牵绊。老子说：“有，无之相生也。难，易之相成也。长，短之相形也。高，下之相盈也。音，声之相和也。先，后之相随，恒也。”不能正确认知其中的规律，却恃高而凌下，恃贵而凌贱，争先而恐后，就会造成人心失衡。

人心失衡，就容易催生出“强其志”的争斗文化。从上智下愚之分、“见贤思齐，发愤忘食”开始，励志争先、拼命强求，成了一个经久不衰的热话题；从高下贵贱之别、“君子”“小人”之争开始，互相争斗、争做人上人，成了一个固定不变的主旋律。

在这种社会文化的影响下，人们脑袋里装的是“人上人”“出人头地”的不平等思想。所以当自己弱时被人欺压，自己强时欺压他人，对人们来说都是理所当然。弱者虽然被欺压，但并不意味着他们就愿意平等，因为他们也有“媳妇熬成婆”的那一天，然后再去欺压他人。

当奴役、伤害、不平等成为大部分人都认可的既定现实时，无论谁出头，都仍然会继续奴役、伤害、不平等，这就是文化造成的死循环。唯有“复归于婴儿”，用道还原人心、人性、人情的本来面目，让人重新恢复到初始就有的健康状态，才有解脱的可能。

关联章节

第二章

天下皆知美、为美①，恶已②。皆知善③，斯不善矣④。有，无之相生⑤也。难，易之相成也。长，短之相形⑥也。高，下之相盈⑦也。音，声之相和⑧也。先，后之相随，恒也。是以圣人居无为之事⑨，行不言之教。万物作而弗始⑩也，为而弗恃⑪也，成功而弗居⑫也。夫唯弗居，是以弗去。

注释

① 知美、为美：“知”，本义是谈论和传授经验，使他人知道；“美”，很好，美好；“知美”，指谈论与传播美。“为”，做、从事；“为美”，指造作美。

② 恶已：“恶”，不好，丑恶；“已”，表示程度，相当于太、过，如“不为已甚”；“恶已”，指恶太多了。

③ 知善：“善”，好的、妥当的；“知善”，指谈论并传播什么才是善。

④ 斯不善矣：“斯”，这，这里；“不善”，不良，不妥的；“矣”，指已然发生，表示完成时态；“斯不善矣”，指这里不善就已经存在了，到处都是、很普遍了。

⑤ 相（xiāng）生：指由此而造生出彼。

⑥ 相形：“形”，使之现形，显露；“相形”，指由此而显形出彼，构成、形成了对方。

⑦ 相盈：“盈”，盛满，充满；“相盈”，指由此而充满成彼，造就、成就了对方。

⑧ 相和（hé）：“和”，本义指调和乐声，使音乐和谐；“相和”，指由此而和谐成彼，造成、产生了对方。

⑨ 居无为之事：“居”，治理，处理；“居无为之事”，指用无为来处理事情。

⑩ 始：滋生，滋长。

⑪ 恃：依靠，依赖。

⑫ 居：占据，占有。

译文

天下都在谈论美、造作美的时候，恶就已经太过深重了。天下都在谈论善的时候，不善就已经很普遍了。“有”是由“无”生成的；“难”是由“易”演化的；“长”是由“短”形成的；“高”是由“下”积满而成的；“音”是由“声”应和而起的；“先”是由“后”随从才有的。这是一个恒定不变的规律。所以圣人以无为的方式行事，以不言的方式设教。万物欣欣向荣而不干涉它们，成就万物而不依赖它们，建立功业也不去占有。只有不去占有，成功才会一直相随，而不会离去。

【原文】是非之彰也，道之所以亏也。道之所以亏，爱之所以成。果且有成与亏乎哉？果且无成与亏乎哉？有成与亏，故昭氏之鼓琴也；无成与亏，故昭氏之不鼓琴也。

——《庄子·齐物论》

【复观译读】是与非的观念一旦显现，对道的认知也就产生了缺损。对道的认知出现亏损，偏私之爱也就因此形成。果真有形成与缺损吗？（以大道的视角来看天下，无论天下如何演化，于大道而言都是没有成与缺的）果真没有形成与缺损吗？（以人的视角来看天下，天下人产生了偏私之情，天下有道的状态也就出现了缺损）有形成与缺损，所以昭文才能弹琴奏乐。（打破有道的状态，人们才会开始制作礼乐，正如“失道而后德”。）没有形成与缺损，昭文就不能弹琴奏乐。（天下有道，人们就用不着制作礼乐，“朴散”，才有“器”。）

【原文】爱民，害民之始也；为义偃兵，造兵之本也。君自此为之，则殆不成。凡成美，恶器也。君虽为仁义，几且伪哉！形固造形，成固有伐，变固外战。君亦必无盛鹤列于丽谯之间，无徒骥于锱坛之宫，无藏逆于得，无以巧胜人，无以谋胜人，无以战胜人。

——《庄子·徐无鬼》

【复观译读】（打着“仁”的名义去）爱护人民，其实是祸害人民的开始；打着“义”的旗号去止息战争，其实是发动征战的由头。你如果从这些方面来行动，恐怕不会有什么成效。凡是可以成就美的，也必会招引恶来汇聚；你虽然以施行仁义为名，却更接近于作伪。形态固定了就会出现仿造，成就固定了就会出现夸言，机变固定了就会出现败战。你一定不要盛大地像鹤群一样列阵于高楼前，不要集结步兵骑士在锱坛的宫殿，不要包藏祸心贪求得到，不要用智巧去胜人，不要用谋划去胜人，不要用战争去胜人。

三十七、索求与放手（3）

《吕氏春秋》记录了一个“子贡赎人”的故事。春秋时期，鲁国制定了一道法律，如果鲁国人在外国看见同胞被卖为奴婢，只要他们肯出钱把人赎回来，那么回到鲁国后，国家就会给他们以补偿和奖励。这道法律执行了很多年，很多流落他乡的鲁国人因此得以重返故国。

孔子有一个弟子叫子贡，他是个很有钱的商人，他从国外赎回来很多鲁国人，但却拒绝国家的补偿和奖励，因为他自认为不需要这笔钱，情愿为国分担赎人的负累。但孔子却大骂子贡不止，说子贡此举伤天害理，祸害了无数落难的鲁国同胞。

孔子说，子贡的所作所为，固然为他自己赢得了更高的赞扬，但同时也拔高了大家对“仁义”的要求。以后那些赎人之后去向国家要钱的人，不但可能再也得不到大家的称赞，甚至还会被国人嘲笑，责问他们为什么不像子贡一样为国分忧。自子贡之后，很多人就会对落难的同胞装作看不见了，更多的鲁国人将因此而不能返乡。

孔子大骂子贡，但却没有想过正是因为他到处宣扬“仁义”，才会造成这种畸形现象的产生。如果鲁国人只是出于本心，想要救助落难的同胞，那赎人之后要或不要国家的补助，又有什么关系呢？并不会有损他们救人的本意。

但孔子却为这救人的行为附加上了“仁义”的荣誉，并让所有人都知道这是一种“仁义”之举。于是人们的本心变了，只是出于追求“仁义”的目的才去帮助同胞。因此，当这种行为不能再让他们得到“仁义”的荣誉名号，甚至还会得到“不仁义”的指责时，哪怕是对同胞有再造之恩德，他们也不会去做了。

因为有了“仁义”的荣誉奖赏，结果却让人们把赎回本国奴隶的爱心，变成了功利心。所以《庄子·天运》中，老子才会严厉批评孔子宣扬仁义的行为，说他这样是在人间播糠扬尘迷乱人眼，让人失去本心而把功利当成目的，把名利当成追求，颠倒上下四方而视、而行。

《增广贤文》说：“为善急人知，善处即是恶根。”《朱子家训》说：“善欲人见，不是真善。”最好的品性，是自然而然呈现的，而不是带有目的性去做作的。所以真正的行善，是不觉得自己在行善，有心做出行善之举时，也就同时丧失其善。真正的仁义，是不知道自己的行为是仁义，有心做出仁义之举时，也就同时丧失其仁义。

《墨子》说，从前晋文公喜欢士人穿不好的衣服，所以文公的臣下都穿着母羊皮缝的裘，围着牛皮带来挂佩剑，头戴熟绢做的帽子。从前楚灵王喜欢细腰之人，所以灵王的臣下就吃一顿饭来节食，吸一口气然后才系上腰带，扶着墙然后才站得起来。等到一年，朝廷之臣都饥瘦得面有黄黑之色。从前越王勾践喜爱士兵勇猛，所以他的臣下争先恐后，一场普通的训练都死亡一百多人。

假如不把士人穿不好的衣服当成高尚，仍然衣着简朴的士人才是真正的高尚；假如不把细腰当成美，仍然细腰之人才是天生的美；假如不把勇猛当成值得推崇的表现，仍然勇猛之人才是真正的猛士。

无意之中，方存真意。真正的美，往往在无意之中发现，刻意去造作，就不美了。有人把幸福比作手中的沙子，越想要紧紧抓住，就越会失去，世间万物又何尝不是如此。越是刻意而为就会失去自然，越不自然就越会有差失，最终完全偏离本初，甚至适得其反。

关联章节

第三章

不上贤[①]，使民不争。不贵难得之货[②]，使民不为盗。不见可欲[③]，使民不乱。是以圣人之治也，虚其心[④]，实其腹[⑤]，弱其志[⑥]，强其骨[⑦]。恒使民无知无欲[⑧]也，使夫智[⑨]不敢。弗为而已，则无不治矣。

注释

① 上贤："上"，本义指高处，上面，这里作动词用，意为使处于高处；"贤"，有才能的人；"上贤"，意思是使有才能的人处在高处。

② 难得之货："货"，财物，金钱珠玉布帛的总称；"难得之货"，指很难得到的珍稀财物。

③ 可欲：指足以引起欲念的事物。

④ 虚其心："虚"，使空出，使空无；"心"，思虑，主观意念；"虚其心"，指让思虑变少，让内心清虚。

⑤ 实其腹："实"，使充实，使饱满；"腹"，本义指肚子、内腹，这里指事物的根本；"实其腹"，指让腹内饱满，让根本充实。

⑥ 弱其志："弱"，使削弱，使减损；"志"，意欲，要有所作为的意愿或决心；"弱其志"，指让志欲意气减弱。

⑦ 强其骨："强"，使强大，使强健；"骨"，根骨，在躯体中起支撑作用的根基；"强其骨"，指让根基强健。

⑧ 无知无欲："知"，知觉，觉察，如《荀子》："草木有生而无知。""欲"，指欲求，想要达到某种目的或得到某种东西的要求；"无知

无欲”，指达到无知觉、无欲求的状态。

⑨ 智：聪明人，智士。

译文

不拔高贤人的地位，使民众不互相争斗。不看重难得的财货，使民众不偷不盗。不展现容易诱发欲望的东西，使民众不作乱。所以圣人治理天下，让民众内心清虚，而根本充实；让民众意气柔弱，而根基强健。总是让民众处于质朴自然而不妄为的状态，让那些善于使用智巧的人不敢有所行动。用无为之道治国，天下就没有治理不好的国家。

庄子补释

【原文】举贤则民相轧，任知则民相盗。之数物者，不足以厚民。民之于利甚勤，子有杀父，臣有杀君，正昼为盗，日中穴阫。吾语女，大乱之本，必生于尧、舜之间，其末存乎千世之后。千世之后，其必有人与人相食者也！

——《庄子·庚桑楚》

【复观译读】标举贤能人民就会互相伤害，任用圣智百姓就会互相欺诈。这几种做法，都不足以惠泽人民。人们对于追求私利向来十分迫切，（为了私利）有儿子杀了父亲，有臣子杀了国君，大白天抢劫，光天化日下挖墙打洞。我告诉你，天下大乱的根源，必定是产生于尧舜的时代，而它的流毒和遗害一定会留存于千年之后。千年之后，还必将会出现人吃人的情况！

【原文】且若亦知夫德之所荡而知之所为出乎哉？德荡乎名，知出乎争。名也者，相札也；知也者争之器也。二者凶器，非所以尽行也。且德厚信矼，未达人气；名闻不争，未达人心。而强以仁义绳墨之言术暴人之前者，是以人恶有其美也，命之曰灾人。灾人者，人必反灾之。

——《庄子·人间世》

【复观译读】你懂得德为什么败坏，智巧为什么显露吗？德的败坏在于追求名声，智巧的显露在于争胜逞能。名声是互相倾轧的原因，智巧是互相争斗的工具。二者都是凶厉之器，不可以将它们推行于世。况且德行敦厚而诚信坚实，并不是受人欢迎的（人的习气是喜欢机巧，好抄近路）；名声远扬而不争高下，并不是人心喜欢的（人心喜争）。如果强行用仁义和规范之类的言辞陈述于人前，这就是用别人的过错来彰显自己的美德，这就叫带来灾害的人。带来灾害的人，别人一定会先谋害他。

三十八、遵道而行（4、32）

道，导也。我们行路，都知道要顺着道走，道直行，我也直行，道转弯，我也转弯，所以道起着引导的作用。我们行路，同样也知道不要脱离了平坦的大道，因为容易跌进路边的泥潭沟坑，所以道起着限制的作用。同时具备引导和限制的性质，是为规则。

因此道虽然无象无形，但它所表现出来所被我们认知到的，是一种独立运行而不会被任何意志所改变的规则。或者换言之，道是这种规则的制定者，正是道的运行演化出这种规则。遵守这种规则，天地万物才得以产生；遵守这种规则，天地万物才得以生生不息。

老子说："始制有名，名亦既有，夫亦将知止，知止所以不殆。"始，是开始，源始，万物初生之际；制，是制度，是规则；名，是定义，是成形，是落实、存在。所以这句话的意思是说，万物初生之时，针对它们的管理制度也就形成了，人们也就应该知道适可而止，不要去违背它，这样才不会遭受失败。

规则之所以为规则，正是因为它有维护自身的力量存在，如果违背规则，就会遭到这种力量的惩罚。道是恒定不变的规则，那么它维护自身的力量又在哪里呢？

没有人规定我们必须按时作息，也确实有很多人不按时作息，但这样做会损害身体。这些我们根本不觉得是规则的规则，它们维护自己的力量就来源于遵守者自身，一旦违反，其行为就会被自身所排斥。

这种杜绝了维护力量单独存在，而是把它潜藏在每个遵守者自身之中的规则，也就是老子所说的“太上，下知有之”。最高级的规则，甚至让人难以觉察到它的存在，而只是把它当成一种自然现象，“我自然”而已。

自然界是万物遵从于道而形成的大环境，并不存在什么明文法令。但没有人命令而雨露自均。天不觉得自己高高在上而尊贵，地不觉得自己处下承载万物而卑贱；乌龟生活在烂泥中而不被认为是粗鄙，知了餐风饮露而不被认为是高洁。遵从道，则天地万物对你友善；背弃道，则天地万物视你为仇寇。

故而道并不需要专门的力量来维护自己的规则，因为它直接把这种权力和力量下放到了万物之中。因此我们要做的，是弄懂这种规则，避免违背它而行，避免遭受它的妨害，而尽量得到它的扶持。

关联章节

第四章

道盅①，而用之又弗盈②也。渊③呵，似万物之宗④。挫其锐⑤，解其纷⑥，和其光⑦，同其尘⑧。湛⑨呵，似或存。吾不知其谁之子也，象帝⑩之先。

注释

① 盅：空虚，《说文解字》：“盅，器虚也。”

② 盈：充满，充塞。

③ 渊：深邃，深远。

④ 宗：本义指宗庙，引申指祖先、祖宗，这里指根本。

⑤ 锐：尖锐，锐利。

⑥ 纷：杂乱，纷乱。

⑦ 和其光："和"，指调和，调治；"其"，他的，他们的，这里指万物的；"和其光"，指把万物的光芒调治到柔和。

⑧ 同其尘："同"，指齐一，统一；"尘"，微尘，这里指不同的事物在微观之下其实并无区别，如同微尘与微尘；"同其尘"，指把万物与微尘相统为齐一。

⑨ 湛：清澈透明。

⑩ 象帝："象"，指形状，样子，这里指有形之物；"帝"，宗主，始祖；"象帝"，指有形之物的始祖。

译文

道就好像一个空虚的容器一样，但它的作用无穷无尽，因为这个容器永远也不会盈满。它是那么幽深啊，好像万物的宗主。它挫去万物锋锐的棱角，理顺万物的纷乱与杂扰，把万物的光芒调至柔和，把万物与微尘相统一。它是那么澄澈啊，若隐若存。我不知道它是由谁所生的，只知道在最早的有形之物出现以前，它就已经存在了。

庄子补释

【原文】物物者与物无际，而物有际者，所谓物际者也。不际之际，际之不际者也。谓盈虚衰杀，彼为盈虚非盈虚，彼为衰杀非衰杀，彼为本末非本末，彼为积散非积散也。

——《庄子·知北游》

【复观译读】造生万物的道和万物并无界限，而物与物有界限，是说在物的范围内存在的界限。一个是互相不存在界限但是本质有区别（道与物），一个是互相存在界限但是本质没有区别（物与物）。至于说盈满、空虚、衰弱、消减，道的运行产生了盈虚但自身没有盈虚，道的运行产生了衰杀但自身没有衰杀，道的运行产生了始终但自身没有始终，道的运行产生了聚散但自身没有聚散。

【原文】天下之水，莫大于海：万川归之，不知何时止而不盈；尾闾泄之，不知何时已而不虚；春秋不变，水旱不知。此其过江河之流，不可为量数。

——《庄子·秋水》

【复观译读】天下的水域，没有比海更大的了。万千条水流归向大海从不停止，可大海却不会满溢出来；海底的海眼泄漏海水从不停止，可大海却不曾有所不足；无论春天还是秋天，大海都不会有所增减；无论干旱还是洪涝，大海也不会受到影响。这说明它的容量超过江河的水流，不能用数量来计算。

第三十二章

道恒无名①，朴唯小②，而天下弗敢臣③。侯王若能守之，万物将自宾④。天地相合⑤，以雨甘露，民莫之令而自均焉。始制有名⑥，名亦既有，夫亦将知止，知止所以不殆。譬⑦道之在天下也，犹小谷⑧之与江海也。

注释

① 无名：指没有名称，没有名号；名与实对应，无名也就意味着没有实体。

② 朴唯小："朴"，质朴，本义指没有加工过的木材，《说文》："朴，木素也。""唯"，只是，表达肯定之义；"小"，指低微；"朴唯小"，指质朴表现出来只是非常低微。

③ 臣：统率，使之服从而成为附属。

④ 自宾："宾"，服从，归顺；"自宾"，指自行归顺。

⑤ 合：交合，结合。

⑥ 始制有名："始"，最初，在最开始的时候；"制"，本义指规定，这里指法规，制度；"名"，名字，名称，名依据于实，名字有了也就意味着实已经存在；"始制有名"，指最初始的那个制度已经存在了。

⑦ 譬：比喻，打比方。

⑧ 小谷：小溪流，小水流。

译文

道从来都是没有名字的，质朴表现得很低微，可天下都不敢让它臣服。侯王如果能够持守于朴，万物都将自行归从。地气升腾于天而降下雨露，没有人发号施令但自行分布均匀。万物始生即有规制形成，规制既然已经有了，人也应当知道适可而止，不违逆它就不会遭受失败。如果把道在天下比作江海，那么万物的规制就好像小溪流，统归于江海。

庄子补释

【原文】天地有大美而不言，四时有明法而不议，万物有成理而不说。圣人者，原天地之美而达万物之理。是故至人无为，大圣不作，观于天地之谓也。今彼神明至精，与彼百化。物已死生方圆，莫知其根也。扁然而万物，自古以固存。六合为巨，未离其内；秋豪为小，待之成体；天下莫不沉浮，终身不故；阴阳四时运行，各得其序；惛然若亡而存；油然不形而神；万物畜而不知：此之谓本根，可以观于天矣！

——《庄子·知北游》

【复观译读】天地有博大的美德而不表达，四季有明确的规律而不议论，万物有确定的道理而不言说。圣哲的人，探究天地的大美而通达万物的道理，所以至人顺应自然而不自施为，圣人遵从规律而不自妄为，这就是说取法于天地。如今天地运化精微，变化万物，万物有死、生、方、圆种种变化，却没有谁知晓变化的根本。万物蓬勃生长，自古以来就自然存在。六合算是巨大的，却始终超不出道的范围；秋毫算是渺小的，也要依赖道才能得以成形。天下万物无时不在变化，始终不会驻留，阴阳四时一直都在运行，各自都有自身的序列。混沌暗昧好像并不存在却又无处不在，生机勃勃而不露形迹但是神妙莫测，万物都被它畜养而不自觉。这就叫作本根，（得到它）可以取法于自然了。

三十九、“无极”之道（6）

《墨子》中记录了墨家的一个辩论，非常有意思。墨家提倡“兼爱”，于是有人提出反对意见，认为人的数量是不是无穷还不知道，又怎么能说什么兼爱呢？

墨家反驳道：假如我们的土地是有穷的，那么居住的人数肯定也是有穷的。假如我们的土地是无穷的，如果人住不满，说明人数是有穷的；如果人住满了，那就说明土地不是无穷的。也就是说，无论土地是有穷还是无穷，居住的人数肯定是有穷的。那么同理，无论空间是有穷还是无穷，物质肯定也是有穷的。

“有极”，是指有极限，“无极”，是指没有极限。我们的世界，是一个有限世界，任何以实体存身于我们这个世界的事物，都是有极限的。那什么样的东西才是没有极限，才可以被称为“无极”呢？

假如有一块无限大的幕布，我从上面割一块下来，被割掉一块之后的布与之前的布相比，是不是变小了？如果是变小了，又怎么能说它无限大？如果没有变小，那我割下来的是什么？幕布被我切割出一个洞，如果幕布无限大，为什么却到达不了这个洞？

所以说，只要前后有差别、有变化，可以被分割，能被外物侵入其中的东西，必然都是有极限的。唯有独立不改，无可分割，浑然一体而无间的东西，才有可能是无穷的，也就是“无极”。由更小单位构成的整体，必然可以被分割成这组成单位，所以“无极”没有最小组成单位，而是浑然一体。

《庄子·秋水》说："无形者，数之所不能分也；不可围者，数之所不能穷也。"至大的事物，是不可以拆分来以数计的。"无极"就是这样一种事物：它没有起始，没有终结，否则就会有始、终之差，而相当于能被时间拆分。它没有最小组成单位，也没有大小之分、上下之别。那么很显然，它是不能作为有形有象的实体，出现在我们这个世界中的。

我们的世界是一个"有"的世界，置身于"有"的世界，就必然要被"有"的规则所限制，只有具备了"有"的属性才能事实存在。或有形，或有质，或有声，或有味，等等。

"有"，它可以被衡量，有极限，所以用有形有象的"象"来指代它。"象帝"，是指"有"之始，由它而始，造就了我们的现实世界。"天下之物生于有，有生于无"，相对于"有"来说，"无"才是我们这个世界的本源。"大象"，则是指超脱了"有"的限制，重新返回到自己的本源，"无"。"无"即为"无极"。

《庄子·知北游》中记录了这样的问答：

东郭子向庄子请教："所谓道，究竟存在于什么地方呢？"庄子说："道无所不在。"

东郭子说："必定得指出具体存在的地方才可以吧？"庄子说："在蝼蚁之中。"

东郭子说："怎么处在这样低下卑微的地方？"庄子说："在稊稗之中。"

东郭子说："怎么越发低下了呢？"庄子说："在砖瓦之中。"

东郭子说："怎么越来越低下呢？"庄子说："在大小便之中。"东郭子无语了。

不论是蝼蚁、稊稗，还是砖瓦、屎溺中的道，都并非道的本体。因为蝼蚁、稊稗可以分别存在，但道是不可割裂的。蝼蚁灭绝，道就不在了吗？道就缺失了吗？所以道在蝼蚁，但又不在蝼蚁。

道，如同神龙，上可以腾身九天，下可以潜藏九幽；贵可以为天下之王，贱可以屈身于屎溺，无处不在。道无处不在，但又哪里都不在，迎之不见其首，随之不见其后，从来也没有人能指出它的本体在什么地方。而正是因为它的本体没有固定的驻处，它才能无处不在。

我们的意识也是一种无极。它可以无限大，也可以无限小；没有起始（我们谁也找不到自己意识的初始状态），没有终结（我们谁也找不到自己意识的终结状态）；无法分割；没有最小组成单位，所以它也是一种无极。

但如果我们在内心中有强烈的“我”之意识存在，甚至更进一步划分出“敌”“我”来互相争斗，如此一来，思想就不再圆融，内心就不再浑沦，也就不再具备无极的特性，而变成“有极”，变成“物”了。

“物”，也就是老子所说的“器”，这类人是不可能得道的。因为他们的意识与道缺乏最基本的共性，无法与道建立起沟通以产生共鸣。我们之所以可以“得道”，可以进入源始“无极”世界，正是因为我们的意识与道同属无极，所以可以产生感应，可以混而为一。只有同为“无极”的意识才能认知“无极”。因此，我们要想知“道”，就必须运用“不思之思”“无知之知”来觉知。

故而人与天地自然交感，用心而不用窍。因为七窍会把万物拆分成互不相干的部分，而心不会。七窍只是我们获取外界信息的一个通道，通过这个通道，我们探寻到了万物的本源大道，也就不能再执迷于物了。

关联章节

第六章

谷神不死[1]，是谓玄牝[2]。玄牝之门，是谓天地之根[3]。绵绵[4]呵若存，用之不堇[5]。

注释

① 谷神不死：“谷”，指山谷，两山之间狭长而有出口的低地，在这里代表空虚；“神”，指精神的存在，精神是拥有自己的法则并时刻运转不停的；“谷神不死”，指空虚的运行永不停歇。

② 玄牝：“玄”，神妙，玄奥；“牝”，指雌性，这里指具备生育之能的母体；“玄牝”，指玄奥的生育母体。

③ 根：事物的本源，根本。

④ 绵绵：“绵”，指像丝一样延续不断；“绵绵”，形容细微而连续不断的样子。

⑤ 堇：不足，不够。

译文

空虚永存，运行不止，这就是玄奥的母体。这个母体的生育之门，是天地得以产生的根源。它的运行就像丝一样细微，而又连绵不断，无论怎么使用，都不会竭尽。

庄子补释

【原文】 且夫博之不必知，辩之不必慧，圣人以断之矣！若夫益之而不加益，损之而不加损者，圣人之所保也。渊渊乎其若海，魏魏乎其终则复始也。运量万物而不匮。则君子之道，彼其外与！万物皆往资焉而不匮。此其道与！

——《庄子·知北游》

【复观译读】博学并不一定有真知，善辩并不一定有灼见，圣人因而舍弃这种做法。至于得到增益而自身不见扩充，得到损耗而自身不见减少，那便是圣人所要持守的东西。渊深莫测就好像大海，崇高无上没有终结也没有开始，运化承载万物也不会不足。如此看来，所谓的君子之道，不过只是些皮毛罢了。万物全都从它这里得到资助，而它从来不会减损匮乏，这就是道啊！

四十、顺势而为（8、27）

《列子》中记载了这样一个故事：战国时期，鲁国有一个姓施的老人，他有两个儿子，一个喜欢儒学，另一个爱好兵法。喜欢儒学的那个儿子知识渊博，后来他凭着一套以德治国的学说成功游说了齐王，得到了齐王的器重，还成了王子们的老师。那个爱好兵法的儿子精通用兵之道，后来他去了楚国，向楚王纵谈法治，楚王非常赞赏他的见解，于是委任他为军政大臣。

住在施老家旁边的邻居孟老，也有两个儿子，而且与施家的儿子所学相同。孟家父子见施老的家业越来越兴盛，十分羡慕，父子三人于是上门请教求官的门径。施家的两个儿子将其中的奥妙都告诉了他们。孟家父子得知事情缘由后，非常高兴。

于是，孟老将两个儿子都送走了，其中一个去了秦国，对秦王大谈以礼治天下的益处。秦王越听越心烦，最后竟然大怒，斥责他说："当今诸侯混战，弱肉强食，军事和经济实力尤为重要。如果只是用仁义治国，这和让我束手待毙有什么区别啊？简直是笑话！"说罢，便下令将孟老的这个儿子施以宫刑，然后逐出国境。

孟老的另一个儿子去了卫国，对卫侯大谈法治和用兵之道。卫侯听后，一脸严肃地对他说道："我深知自己的国家实力微薄，在这个大国征战的严峻形势下，能够得以保全的最佳策略则是服从大国，爱护更小的国家，这才能让卫国平安无事。如果借助武力，大国以为我要对抗它，小国以为我要吞并它，四面树敌后，你想我还能安稳地坐在这里吗？”说完，便命人砍去孟老的这个儿子的一只脚，并派人把他送回鲁国。

秦王和卫侯不能说不爱才，但他们爱的只是符合自己国情的才，就像水泊爱游鱼，高山爱走兽一样。凤凰鸟落入荆棘丛中也会寸步难行，鱼儿上了岸也就只能苟延残喘，所以人也要学会顺应形势，择地而从之。孟老的两个儿子正是因为没有看清天下大势，盲目而行，所以才会遭受到如此劫难。

“势”，看不见摸不着。形象一点地说，它就好像一个弯弯曲曲的通道，沿着道走，顺风顺水；横冲直撞，头破血流。而这个通道，有的地方狭窄，有的地方扭曲，所以要想安然通过，还得练就一身柔顺功夫。随方就圆，遇低则屈，遇高则展，遇孔则入。

这时柔弱的好处就体现出来了。天下最柔弱的东西，在最坚硬的事物之间纵横驰骋也不会受到伤害；柔弱到无形无质，就可以出入各种没有空隙的地方也不会受到阻碍。因为柔弱，所以自身不用输出力量；因为柔弱，所以无孔不入而不会受到阻碍；因为柔弱，所以顺应形势而不强行。

个人的力量有限，言传身教的范围有限，所以唯有借助万物自身本有的力量，借助民众自身本有的智慧和本能的向往，借助事物自身本来就有的成长趋势，才能最终获得大的成就。这就是柔弱的益处，顺势而为的好处。

为了尽可能得到“势”的帮助，道家特别注重“顺势而为”。顺势而为的最高境界是“无为”：看不到车轮痕迹，人已远行千里；不见行医施药，病尚未生已自去；没有发生战争，敌人已自动降伏。

善于行走的人，没有车轮痕迹。有了车轮痕迹，有了脚印，视为强行。如何做到不强行，唯有顺应自然之势：有流水，则顺水而下；有强风，则御风而行，故可以做到不留痕迹，谓之“善行”。善行者，顺其势而自然成，甚至不用亲自动手，从而给人一种“什么也没干”的错觉，但其实他已经什么都做了。这就是“无为”的境界。

人只是宇宙中一个渺小的个体，我们所处的外部环境，包括我们存身的宇宙，并不是静止不变的，它们自身也在不断运动和变化。它们的运动和变化对我们来说，就是不可阻挡的“势”。

天地万物，都是自然而然在运动着的，都会自行去寻找最适合自己的位置。顺势而为，就是让物待在最适合它待的地方，让人待在最能让他发挥才干的岗位，让事发生在它最应该发生的时机。“辅万物之自然，而弗敢为”，而不敢凭自己的意愿随意去处置它们。

老子说：“圣人恒善救人，而无弃人。物无弃材，是谓袭明。”道生天地万物，但无一被弃之物，无一无用之物。天生地长之物，不会存在“废材”，也没有“废物”。它们各自安然地处在适合自己的位置上，自由自在地生存着，而不用担心被抛弃。

关联章节

第八章

上善[①]似水。水善利万物而有静[②]，居众人之所恶，故几于[③]道矣。居善地[④]，心善渊，予善天[⑤]，言善信，政善治[⑥]，事善能[⑦]，动善时。夫唯不争，故无尤[⑧]。

注释

① 上善：“上”，指上乘的、上等的，高品质的；“善”，指高明、美

好、圆满；“上善”，指最上乘的高明，接近于道的状态。

② 有静：“有”，指呈现，发生；“静”，指安静，宁静；“有静”，指呈现安静。

③ 几（jī）于：“几”，接近；“几于”指接近于。

④ 居善地：“居”，居住；“地”，陆地，地面；“居善地”，指最高明的居住，在于依托大地。

⑤ 予善天：“予”，给予，使别人得到；“天”，天然，自然发生；“予善天”，指最高明的给予，在于顺天应时。

⑥ 政善治：“政”，主持政事；“治”，社会安定，太平无事；“政善治”，指最高明的为政，在于安定无为。

⑦ 事善能：“事”，做事，从事；“能”，胜任，善于；“事善能”，指最高明的做事，在于擅长并胜任。

⑧ 无尤：“尤”，过失，罪过；“无尤”，没有过失。

译文

最上乘的“善”就好像水一样。水之“善”在于，有利于万物而又安然守静，处在众人都厌恶的地方，所以与道很接近了。居住之“善”，在于依托大地。用心之“善”，在于渊博宽广。施与之“善”，在于顺天应物。言语之“善”，在于坦诚有信。为政之“善”，在于安定无为。处事之“善”，在于发挥所长。行动之“善”，在于把握时机。正因为不争，所以从来不会有过失。

庄子补释

【原文】圣人之静也，非曰静也善，故静也；万物无足以铙心者，故静也。水静则明烛须眉，平中准，大匠取法焉。水静犹明，而况精神！圣人之心静乎！天地之鉴也，万物之镜也。

——《庄子·天道》

【复观译读】圣人的内心清静，并不是说清静是好的才去追求清静；万物都不能动摇和扰乱他的内心，所以才呈现出清静。水在静止时便能清晰地照见人的须眉，水的平面合乎准则，高明的工匠会取之为平准。水平静下来尚且清明澄澈，又何况是人的精神！圣人的内心清静，可以作为天地的明鉴，可以作为万物的明镜。

【原文】人莫鉴于流水而鉴于止水，唯止能止众止。受命于地，唯松柏独也正，在冬夏青青；受命于天，唯舜独也正，幸能正生，以正众生。夫保始之征，不惧之实；勇士一人，雄入于九军。

——《庄子·德充符》

【复观译读】人不会在流动的水面照见自己，而是会面向静止的水面，只有静止的事物才能使别的事物也静止下来。树木受命于地，但只有松树、柏树得其中正，无论冬夏都郁郁常青；人受命于天，但只有虞舜得其中正。幸而他们都得到了中正，因而能端正众生的品行。所以只要保有天地正德，就不会畏惧万物（万物服从于正德）；勇士只身一人，也敢称雄于千军万马（千军听命于统帅）。

第二十七章

善行者无辙迹，善言者无瑕谪[①]，善数者[②]不以筹策[③]。善闭者无关钥[④]

而不可启也，善结者无绳约[5]而不可解也。是以圣人恒善救人[6]，而无弃人。物无弃材，是谓袭明[7]。故善人[8]，善人之师，不善人，善人之资也。不贵其师，不爱其资，唯智乎大迷[9]，是谓妙要[10]。

注释

① 瑕谪："瑕"，玉上面的斑点，比喻缺点或过失；"谪"，指摘，责备；"瑕谪"，指存在可被指摘的过失。

② 善数（shǔ）者："善"，擅长，善于；"数"，计算，计数；"善数者"，指善于计算的人。

③ 筹策：竹筹，筹码，古时计算用具。

④ 关钥（yuè）："关"，本义指门闩，闩门的横木；"钥"，本义指上穿横闩下插地上的直木；"关钥"，指封闭门户的横木门闩和直木锁钥。

⑤ 绳约："约"，指环束，缠束，《说文》："约，缠束也。""绳约"，指用绳子缠束的索结。

⑥ 救人：救助人，这里指纠正人的过失，令其回归正位。

⑦ 袭明："袭"，照样做，因袭；"明"，指代道；"袭明"，指遵循道而为。

⑧ 善人："善"，指高明、美好、圆满；"善人"指行事高明的有道之人。

⑨ 智乎大迷："智"，指聪明；"乎"，相当于"于"；"大迷"，大的迷惑；"智乎大迷"，指大迷惑中的小聪明。

⑩ 妙要："妙"，精妙，微妙，精微深奥的事理；"要"，要点，纲要；"妙要"，指微妙道理的要点。

译文

善于行走的人，不会留下车辙马迹。善于言说的人，不会留下疏漏过失。善于计算的人，不会依赖使用筹码。善于闭藏的人，不使用门闩插销别人也打不开。善于束缚的人，不使用绳索捆束别人也解不开。因此圣人总是善于救人，而不会抛弃人。万物都能各得其用而不被遗弃，这就可以称得上是沿用了道。所以有道之人，可为有道之人的师友；无道之人，可为有道之人的资材。不珍视自己的师友，不爱惜自己的资材，终不过只是大糊涂中的小聪明而已，这是个精深微妙的道理。

庄子补释

【原文】夫列子御风而行，泠然善也。旬有五日而后反。彼于致福者，未数数然也。此虽免乎行，犹有所待者也。若夫乘天地之正，而御六气之辩，以游无穷者，彼且恶乎待哉？故曰：至人无己，神人无功，圣人无名。

——《庄子·逍遥游》

【复观译读】列子御风飞行，飘飘然驾轻就熟，一直飞了十五天才返回。但是他对于致福之道，仍然不算高明。虽然御风飞行可以免除步行的劳苦，还是有所依凭。如果可以顺应天地的规律，把握六气的变化，而游于无穷的界域，又还需要凭借什么呢？所以说，至人不会凭借外物而寄立自我，神人不会凭借有为而建立功劳，圣人不会凭借赞誉而成就名声。

【原文】且夫待钩绳规矩而正者，是削其性者也；待绳约胶漆而固

者，是侵其德者也；屈折礼乐，呴俞仁义，以慰天下之心者，此失其常然也。天下有常然。常然者，曲者不以钩，直者不以绳，圆者不以规，方者不以矩，附离不以胶漆，约束不以纆索。故天下诱然皆生，而不知其所以生；同焉皆得，而不知其所以得。故古今不二，不可亏也。

——《庄子·骈拇》

【复观译读】况且用规矩准绳来矫正事物，是伤害了事物的天性；用绳索、粘胶来加固事物，是侵害了事物的本然；用礼乐来引导，用仁义来爱抚，用以安慰天下人心，这就是违背了（人）本然的常态。天下事物都有自己的本然常态，这种本然常态是指：曲的不用钩，直的不用绳，圆的不用规，方的不用矩，黏合的不用胶漆，捆束的不用绳索。所以，天下事物都在自然地生长，而不知道生的缘故，万物各自本然地存在，而不知道存在的缘故。故而古今都是一样的道理，不可以有所违背。

【原文】百年之木，破为牺尊，青黄而文之，其断在沟中。比牺尊于沟中之断，则美恶有间矣，其于失性一也。跖与曾、史，行义有间矣，然其失性均也。

——《庄子·天地》

【复观译读】百年的大树，伐倒破开做成精美的酒器，再用青黄色彩描绘花纹，而余下的断木抛弃在山沟里。做成酒器的木料比起弃置在山沟里的木料，美好与丑恶就有了差别，不过对于丧失本性来看是一样的。盗跖与曾参、史鱼，行为名义上虽然存在差别，然而他们失却真性却也是一样的。

四十一、涵育德行（9、15）

我们通过一个人的言行，往往能看出这个人德行如何。如果把“道”看作一个人，那么他也同样能言能行。这天籁地籁之音声，正是道之所言；这日月山川之变更，正是道之所行。故而从此中，就能看出道之德性。

道之德性，决定了它具有自己的演化方向。就好像水趋下，火向上，而道，主生发。所以道之德，我也称它为“母德”，“物得以生谓之德”（《庄子·天地》）。能让母亲甘愿生养子女、培育子女者；能让万物得以生，继而生生不息者，即为此德。

据《史记》记载，春秋时期的名臣范蠡，在越王勾践最失意的时候不离不弃，全力辅佐，最终帮助勾践复兴越国吞并吴国，一雪会稽之耻。在成功地兴一国灭一国，被尊为上将军之后，范蠡急流勇退，弃官经商。其间三次经商成巨富，三次散尽家财，还曾入齐为相三年，自号陶朱公。世人誉之：“忠以为国，智以保身，商以致富，成名天下。”

范蠡追求的并不是财富或地位，并不为外物所累，却为社会创造了辉煌的价值。范蠡留给后人多部治国之策与兵法，经商方面就著有《致富奇书》《陶朱公商经》，还有世界上最早的养鱼专著《养鱼经》。

范蠡为官以治国牧民为能，经济民生为上；经商又多涉养殖生产，诚信为先。他三次富过千金，每次又都施济天下，但不久又迅速再致千金，正因为他是有德的善人。

有德之人，自在行走于世间，就能为世人带来自由、和谐、不争和生机。有德者之所以为天下贵，正是因为他与世无争、无害；与人无拘、无碍；能让自己所到之处，都充满生机与活力。

因此我们身处大自然，也会感受到自由、和谐、无争、生机勃勃，这自由、和谐、无争和生机，就是万物遵从于道而呈现出来的状态。水遵从自己的德性自在流行，而能滋润万物；道遵循自己的德性自在运行，而能生养万物。

如果遵从于道，就应该沿着它的演化方向，追随它前进的脚步，而不应该仅仅持守道之方术，只把道当成一种方法论，当成工具来使用。《道德经》为什么会被一些人解读成阴谋论，原因就在于他们眼中只有“道术”，而没有“道德”。

关联章节

第九章

持而盈之①，不若其已②。揣而锐之③，不可长保也。金玉盈室，莫之守也。贵富而骄，自遗咎④也。功遂身退⑤，天之道⑥也。

注释

① 持而盈之：“持”，拿着，握住；“盈”，充满，盈满，《说文》：“盈，满器也。”“持而盈之”，指拿着一直让它充满。

② 已：停止，如“鸡鸣不已”。

③ 揣（zhuī）而锐之：“揣”，捶击，锻打；“锐”，使锋利，使尖锐；“揣而锐之”，指不停锻打使其尖锐。

④ 自遗（yí）咎：“遗”，留下，招来，如《史记·项羽本纪》：“今释弗击，此所谓‘养虎自遗患’也。”“咎”，过失，罪过；“自遗咎”，指自己给自己招来罪过。

⑤ 功遂身退：“遂”，顺利完成，成功；“退”，向后移动，退却；“功遂身退”，指大功告成以后，抽身而退。

⑥ 天之道：“天”，天然的，自然的，如“天理”；道先天地生，在天地还没有出现的时候就已经在了，天地万物出现之后，遵循这个自然之道而呈现的规则，是谓“天之道”。

译文

把持至盈满，不如停止下来。锻打至尖锐，无法保持长久。金玉填满屋子，不能守护得住。富贵而骄纵，徒留祸端。功业成就了，事情做成了，就不要再牢牢把持，而是退去放下，这才是符合天道的做法。

庄子补释

【原文】以富为是者，不能让禄；以显为是者，不能让名。亲权者，不能与人柄，操之则栗，舍之则悲，而一无所鉴，以窥其所不休者，是天之戮民也。怨、恩、取、与、谏、教、生杀八者，正之器也，唯循大变无所湮者为能用之。故曰：正者，正也。其心以为不然者，天门弗开矣。

——《庄子·天运》

【复观译读】把富有当作目标的人，不会让人以利禄；把显赫当作目标的人，不会让人以名声；把权势当作目标的人，不会授人以权柄。掌握了利禄、名声和权势便唯恐丧失而整日胆战心惊，放弃又会悲苦不堪，而且心中没有一点明见，眼睛只盯住自己追逐不休的东西，这样的人只能算是被上天所刑戮的人。怨恨、恩惠、获取、施与、谏诤、教化、生存、杀戮，这八种都只是用来端正他人的工具，只有遵循自然变化而无所滞碍的人才能运用它。所以说，使人端正的，首先要自己端正。内心认为不是这样，那么连通大道的门户就永远不可能对他打开。

第十五章

古之善为道者①，微妙玄达②，深不可识③。夫唯不可识，故强为之容④。曰：豫⑤呵其若冬涉水，犹⑥呵其若畏四邻，严⑦呵其若客，涣⑧呵其若凌释，敦呵其若朴，浑呵其若浊，旷呵其若谷。浊而静之，徐清。安以重之⑨，徐生。保此道不欲盈，夫唯不欲盈，是以能敝而不成⑩。

注释

① 善为道者：“善”，擅长，善于；“为”，做，从事；“善为道者”，指善于从事道的人。

② 微妙玄达：“微妙”，指精深玄奥而难以捉摸；“达”，通达事理，见识高远；“微妙玄达”，指精深玄妙而又无比通达。

③ 识（shí）：知道，懂得，能辨别。

④ 容：面貌，相貌。

⑤ 豫：迟疑不决的样子，形容小心。

⑥ 犹：踌躇疑惧的样子，形容谨慎。

⑦ 严：郑重，庄重的样子，形容沉稳。

⑧ 涣：消融，涣散的样子，形容不羁。

⑨ 安以重（zhòng）之：“安”，指平静，稳定；“重”，指加重，增

加；“安以重之”，指保持并不断加固加重安定的状态；《说文》对“重”字的描述是：“重，厚也。从壬，东声。王者安土不迁之意。”安定于故土而不迁移，即“安以重之”。

⑩ 敝而不成：“敝”，指陈旧、破败，形容故旧之物，这里指本根故土；“成”，做完，完结；“敝而不成”，指保守本根的状态一直不完结，也就是始终持守本根的意思。

译文

古时善于以道行事的人，玄妙不可言，通达不可测，幽深而难以认知。正是因为难以认知，所以只能勉强形容他的面貌。他小心审慎的样子就好像严冬冒着寒冷履冰过河；他迟疑戒惕的样子就好像害怕四方邻国前来围攻；他庄重肃穆的样子就好像自己在做宾客；他涣散不羁的样子就好像冰凌将要消融；他敦厚朴实的样子就好像没有雕琢的素材；他浑素天真的样子就好像江河的浑水；他静寂幽远的样子就好像空旷的山谷。奔流的浊水安静下来以后，就会徐徐澄清。万物在安稳沉静的状态下，就会有生机萌发。持守这个道理的人不会追求盈满，只有不追求盈满，才能不与母本分离，而得以守住自己的根。

庄子补释

【原文】古之真人，其状义而不朋，若不足而不承；与乎其觚而不坚也，张乎其虚而不华也；邴邴乎其似喜也，崔崔乎其不得已也，滀乎进我色也，与乎止我德也，广乎其似世也，謷乎其未可制也，连乎其似好闭也，悗乎忘其言也。

——《庄子·大宗师》

【复观译读】古时候的“真人”，处世只求适宜而不朋比（不随波逐流，不预设立场），好像能力不足而不负担外物（无为而啬，不为物累），待人接物端方而不偏执，为人行事虚怀而不浮华；欣欣然的样子好像内心和悦，不得已的样子好像身不由己，神色谦和令人愿意接近，德行宽厚让人乐于归依；精神宽广好像容纳世界，自在不羁好像不受拘束，闷闷的样子好像生性沉默，无心的样子好像忘了言语。

四十二、守住根本（12）

从出生到死去，有十分之三的人是自然死亡，得了善终；有十分之三的人是遭受意外身亡，比如刀兵灾劫，天灾人祸等意外死亡；还有十分之三的人，本来可以得到善终，却自己找死，以其妄动所致。

为何要妄动？欲望过多。被主观欲求控制了头脑，往往就容易失去本心清明，以致看不清形势，入死地而不自知，这正是导致他们横死的原因。

人生在世，一定要懂得“取舍”。我们自身不过是渺小且被重重限制的个体，生活在这茫茫宇宙中，万物芸芸，你来我往，如果不懂得“取舍”，又该怎么在这复杂之极的大环境中生存下去呢？

娱乐和吃饭都是我们想要的，但吃饭才是根本。因为缺乏娱乐并不会致命，而且过度娱乐会让人“心发狂”，与修身养性以益寿延年的宗旨相悖，所以“为腹而不为目”。“为腹”，才是守住了自己的根本。

“燕处超若”很潇洒，但要有辎重和房屋作为基础，否则也就超然不起来；鲜花着锦很荣耀，但要有厚实的底蕴作为基础，否则也只是华而不实。所以宁愿踩在厚重的大地上，也不愿轻飘飘飞上枝头；宁愿潜藏于深渊，也不愿勇敢立在风口浪尖。因为厚和实，才是自己得以立足的根本。

老子说：“故善人，善人之师，不善人，善人之资也。”人之所以可以有“资”可用，正是因为有那些不善人；国君之所以为国君，正是因为有拥戴他的万民。所以这万千普通民众，才是国君的根本，国君应该爱惜他们，而不是轻贱他们，想方设法地算计他们。

老子说："必贵而以贱为本，必高矣而以下为基。"树以根为本，延伸出万千枝叶，叶延伸至高处，仍需落而归根。故而树叶大多一年就会轮换一次，难以长久，因为偏离根本过远。即使狂风暴雨，也不可能持久，因为偏离根本过远的行为持续越久，承受的天道打压之力就会越强。所以，刚强、锐利、偏激、敢为天下先，这些都是被天道所厌恶的，是不可取的。行为失去法度，不合于道，就会早早地消亡。

故而天道虽然无亲，但看起来却好像有所喜，有所恶。不但"恒与善人"，而且"勇于敢则杀，勇于不敢则活"。谁知道其中的缘故呢？其实并非天道有所喜恶，人靠近火就会被灼烧，是火厌恶人吗？"天之所恶"，这个"恶"，只是人的主观感受，而与天无关。

行为悖道了，自然会感到自己被道厌弃。因此"勇于敢"者，就像放牧时跑得过远的大羊，会被鞭子圈回；"勇于不敢"者，就像放牧时柔弱不争的小羊，会被培育扶持。关键就在于是否守住了自己的根本，守住了道。

关联章节

第十二章

五色[①]使人目盲[②]。驰骋田猎[③]使人心发狂[④]。难得之货，使人之行妨[⑤]。五味使人之口爽[⑥]。五音使人之耳聋[⑦]。是以圣人之治也，为腹不为目[⑧]，故去彼取此。

注释

① 五色：指青、黄、赤、白、黑五色，这里泛指各种绚丽的色彩。

② 目盲：眼睛看不见东西，指丧失视力，对事物不能辨认。

③ 驰骋田猎："驰骋"，指骑马奔跑；"田猎"，指打猎，狩猎；"驰骋田猎"，指骑马奔驰追逐猎物。

④ 心发狂："狂"，本指精神失常，引申指纵情任性或放荡骄恣的态度；"心发狂"，指内心狂乱难收。

⑤ 行妨："行"，在路上走，《说文》："行，人之步趋也。""妨"，阻碍，伤害；"行妨"，指阻碍在路（道）上行走。

⑥ 口爽："爽"，指差错，失误；"口爽"，指味觉出差错，失灵。

⑦ 耳聋："聋"，指丧失听觉能力，《说文》："聋，无闻也。""耳聋"，指听觉丧失，听而不闻。

⑧ 为（wéi）腹不为（wéi）目："为"，做，从事；"腹"，本义指肚子、内腹，这里指事物的根本；"目"，本义指眼睛，入眼所见，这里指事物的表象；"为腹不为目"，指从事经营根本而不是追逐浮华。

译文

绚丽色彩，会让人视力受损，不能正确地辨识事物。纵情追逐猎物，会让人心态受损，心浮气躁而狂乱难收。难得的稀有财货，会妨碍人行正道。厚味佳肴，会让人味觉受损，失去品味淡然的能力。美妙乐曲，会损害人的听力，让人听而不闻，昏聩莫名。因此圣人治理天下，只会注重经营民众赖以生存的根本，而不会偏向于声色浮华。所以摒弃那些让人偏离正道的物欲，而是取本守根。

【原文】且夫失性有五：一曰五色乱目，使目不明；二曰五声乱耳，使耳不聪；三曰五臭熏鼻，困惾中颡；四曰五味浊口，使口厉爽；五曰趣舍滑心，使性飞扬。此五者，皆生之害也。而杨、墨乃始离跂自以为得，非吾所谓得也。夫得者困，可以为得乎？则鸠鸮之在于笼也，亦可以为得矣。

——《庄子·天地》

【复观译读】丧失真性有五种情况：一是五色扰乱视觉，使眼睛看不明晰；二是五乐扰乱听觉，使耳朵听不真切；三是五味熏扰嗅觉，壅塞鼻腔上冲额顶；四是五味污秽味觉，使味觉严重差失；五是欲念迷乱心神，使心性浮躁难安。这五种情况，都是生命的祸害。而杨朱、墨翟却奋力追求自以为有所得，不过这并不是我所说的得。得到了反而被其所困，也能说是有所得吗？那斑鸠鸮鸟关在笼中，也可以说是自得了。

【原文】故曰：风之过，河也有损焉；日之过，河也有损焉；请只风与日相与守河，而河以为未始其撄也，恃源而往者也。故水之守土也审，影之守人也审，物之守物也审。故目之于明也殆，耳之于聪也殆，心之于殉也殆，凡能其于府也殆，殆之成也不给改。祸之长也兹萃，其反也缘功，其果也待久。而人以为己宝，不亦悲乎！故有亡国戮民无已，不知问是也。

——《庄子·徐无鬼》

【复观译读】所以说，风吹过河面河水就会减损，太阳照在河上河水也会减损，如果风和太阳一起吹晒在河上，而河水却并不认为受到干扰，那是靠着源头之水从不断流。所以，水守住了泥土也就安定下来（土有大地做本源），影子守住了人也就安定下来（人有处所为依托），事物守住了有本源的事物也就安定下来。所以，眼睛一味地向外追求远视也就危险了，耳朵一味地向外追求敏听也就危险了，心思一味地向外追求外物也就危险了。凡是才能从内心深处显露出来就会危险，危险形成已经来不及悔改。灾祸的滋长迅速增多与聚集，返归本性却为功名所牵累，要取得成就便需要时长日久。可人们却把以上所述（目明、耳聪、心殉）看作自己最宝贵的，不是很可悲吗？因此国家败亡、人民被害从未中断，这是不知道追寻根由的结果。

四十三、充实根基（13、26）

《战国策》记载了这样一个故事：靖郭君田婴准备在封地修筑城防工事，有个门客用“海大鱼”三个字劝谏他：“你没有听说过海里的大鱼吗？渔网钓钩对它无能为力，但如果因为得意忘形离开了水域，那么蝼蚁也能随意摆布它。

“以此相比，齐国也就如同殿下的水，如果你拥有齐国的保护，又何必在封地修筑城防呢？如果你失去了齐国的保护，就算你把封地的城墙筑得跟天一样高，又有什么用呢？”于是田婴停止了修城的事。

老子说“鱼不可脱于渊”，否则很容易被人捕去；君不可脱离于民众，否则很容易遭受危险。在人群中彰显自己，拔高自己的位置，就好像鱼跳出水面，脱离了自己居住的深渊一样。“居其华而不居其实”，就会给自己带来灾祸，因为失去了立足存身的根本。

人要想生存，吃饱饭是根本，而不是声色犬马，驰骋娱乐。看一个人终日活得自由自在，游山玩水轻松愉快，那是因为他有立身之本。“是以君子终日行，不离其辎重。唯有环观，燕处则超若。”

君子，在古代指地位高的人，他们为何行走在外必带辎重？因为在旅途中，不可能随时随地获得补给，所以需要随身携带。否则饭都吃不上，有再多的难得之货、声色娱乐，又有什么用？因此圣人之治，是让百姓丰衣足食、身体强健，这才是百姓的立身之本。

万事万物皆有其本源。道是造生天地万物的母亲，所以是万物所亲近的最终归属，是万物之“本”。作为万物本源的道，对万物都有吸引其归附的力量，因而有道之人，人们也将自行归附于他，在他这里可以得到依托。

但如果把自己的“美”建立在别人的“恶”上；把自己的“贵”建立在别人的“贱”上；通过宣扬自己光鲜亮丽，从而衬托出对方阴暗粗鄙；通过宣扬自己尊贵，从而彰显出对方卑贱，庄子形容这样的人为“灾人”：“灾人者，人必反灾之。”（《庄子·人间世》）

夏桀杀了敢于直谏的关龙逢，商纣王杀了力谏的叔叔比干。这些人之所以被杀，正是因为他们的道德修养高，并且彰显出来。他们越显得自己道德修养高尚，就越显得君王粗鄙残忍，君王就越容不下他们。所以关龙逢和比干，因为他们显露在外的美德而死。

庄子认为，他们之所以会因美德而死，正是因为他们的德还未修养到家，还只处于老子所说的“下德不失德，是以无德”状态，而没能达到“光而不耀”“含德不施”的“道”的境界。所以楚狂人虽然形容孔子像“凤凰”，但却劝他原路返回，不要在人前宣扬自己的德行，更不要人为划出一条道路让人们去遵循，因为这样做很危险。

显露在外的，往往只是浮华的细枝末端，如同冰山一角。真正的高人，就像庞大的鱼一样藏身于渊，不因利而出，不为名而显，“和其光，同其尘”，守其“中”，逍遥自在，而游于道“盅”。

关联章节

第十三章

宠辱若惊[①]，贵大患[②]若身[③]。何谓宠辱若惊？宠之为下[④]，得之若惊，失之若惊，是谓宠辱若惊。何谓贵大患若身？吾所以有大患者，为吾有身也，及吾无身[5]，有何患？故贵为身[6]于为天下[7]，若可以托天下[8]矣。爱以身为天下[9]，如何以寄天下[10]？

注释

① 宠辱若惊：“宠”，宠爱，恩宠，古人把得到上位者的宠爱视为荣耀，如“承天宠”，因此“宠”又有显荣的意思；“辱”，《说文》：“失耕时，於封畺上戮之也。”因为误农事而被羞辱示众，引申为因过错而遭受折辱；“若”，如同，好像；“宠辱若惊”，指得到恩宠和受到折辱都如同惊吓。

② 贵大患：“贵”，看重，重视；“大患”，指大的忧虑、忧患；“贵大患”，指特别看重大的忧虑，其实是过于患得患失的意思。

③ 若身：“若”，如同，好像；“若身”，如同自己的身体（性命）。

④ 为（wéi）下：“为”，于，在；“为下”，指处在下位。

⑤ 及吾无身：“及”，至，达到；“及吾无身”，指等到我丧失身体的时候。

⑥ 贵为（wéi）身：“贵”，看重，重视；“为”，做，从事；“贵为身”，指看重从事治理身体的事。

⑦ 为（wéi）天下：“为”，做，从事；“为天下”，指从事治理天下的事。

⑧ 托天下：“托”，本义指用手掌承着东西，泛指承托；“托天下”，指承托起天下。

⑨ 爱以身为（wéi）天下：“爱”，本义是喜爱、爱好，意为对人或事有深挚的感情；“以身”，用自己的身体；“爱以身为天下”，指喜欢用自己的身体从事治理天下的事，意为对“为天下”这件事有深挚的感情，

甚至超过了自己的性命。

⑩ 寄天下："寄"，委托，托付；"寄天下"，指把天下委托给我，寄放在我这里。

译文

受到恩宠或折辱都如同惊吓，重视大的忧患如同自己的性命。什么叫"宠辱若惊"呢？受宠是因为把自身放在下位，因此得到来自上位的恩宠就会惊喜，失去了又是惊恐，这叫"宠辱若惊"。什么叫"重视大的忧患如同自己的性命"呢？我之所以有大的忧患，正是因为我有自己的身体，如果连身体都丧失了，又还有什么可忧患的呢！所以把养护自身看得比治理天下更重要，这样就可以承托起天下了。喜好不顾惜自身而治理天下，这样拿什么来寄放天下？

庄子补释

【原文】肩吾问于孙叔敖曰："子三为令尹而不荣华，三去之而无忧色。吾始也疑子，今视子之鼻间栩栩然，子之用心独奈何？"孙叔敖曰："吾何以过人哉！吾以其来不可却也，其去不可止也。吾以为得失之非我也，而无忧色而已矣。我何以过人哉！且不知其在彼乎？其在我乎？其在彼邪亡乎我，在我邪亡乎彼。方将踌躇，方将四顾，何暇至乎人贵人贱哉！"

——《庄子·田子方》

【复观译读】肩吾问孙叔敖说："您三次做令尹而不显荣于人前，三次被免职也没有忧愁之色。我最初也不相信您，现在见您呼吸轻松舒畅，您的心里是怎样想的呢？”孙叔敖说：“我哪有什么过人之处啊！我认为它既然来了就无法推辞，它离去了也无法阻止，我认为得或失都并非取决于我，而没有忧愁之色罢了。我哪里有什么过人之处啊！况且不知权势富贵是在令尹（这个职位）呢，还是在我自身？如果是在令尹，那就与我不相干；如果在我自身，那就与令尹不相干。（官职得失对于我来说）就好像这时在驻足沉思，那时在张望四顾一样自然，又哪里能涉及人的尊贵与卑贱呢！”

【原文】韩魏相与争侵地，子华子见昭僖侯，昭僖侯有忧色。子华子曰：“今使天下书铭于君之前，书之言曰：‘左手攫之则右手废，右手攫之则左手废。然而攫之者必有天下。’君能攫之乎？”昭僖侯曰：“寡人不攫也。”子华子曰：“甚善！自是观之，两臂重于天下也。身亦重于两臂。韩之轻于天下亦远矣！今之所争者，其轻于韩又远。君固愁身伤生以忧戚不得也。”

——《庄子·让王》

【复观译读】韩国和魏国互相争夺土地。子华子见到昭僖侯，昭僖侯面有忧色。子华子说：“现在让天下人在你面前写下誓约，誓约这样写：‘左手夺到它就砍去右手，右手夺到它就砍去左手，然而夺到它的人可以得到天下。’你愿意去夺取吗？”昭僖侯说：“我不愿意夺取。”子华子说：“很好，这样看来，两只手比天下重要，而身体又比两只手臂重要。韩国远比天下为轻，现在韩魏两国所争夺的，又远比韩国为轻。你又何必因为担心得不到而忧愁，反倒伤了自己（最为贵重）的身体呢？”

【原文】尧以天下让许由，许由不受。又让于子州支父，子州支父曰："以我为天子，犹之可也。虽然，我适有幽忧之病，方且治之，未暇治天下也。"夫天下至重也，而不以害其生，又况他物乎！唯无以天下为者可以托天下也。舜让天下于子州支伯，子州支伯曰："予适有幽忧之病，方且治之，未暇治天下也。"故天下大器也，而不以易生。此有道者之所以异乎俗者也。

——《庄子·让王》

【复观译读】尧把天下让给许由，许由不接受。又让给子州支父，子州支父说："让我来做天子，也是可以的。不过，我正患有很深很重的顽疾，准备好好治一治，没有空闲来治理天下。"天下是最贵重的事物了，也并不因此而妨害自己的生命，又更何况是别的什么东西呢？只有不以治理天下为要务的人，才可以把天下托付给他。舜让天下给子州支伯，子州支伯说："我正患有很深很重的顽疾，准备好好治一治，没有空闲来治理天下。"所以天下是最贵重的东西了，却不能用它来交换生命，这就是有道的人和俗人大不一样的原因。

第二十六章

重为轻根①，静为躁君②。是以君子终日行③，不离其辎重④。唯有环观⑤，燕处⑥则超若⑦。若何万乘之王⑧，而以身轻于天下⑨？轻则失本⑩，躁则失君。

注释

① 根：事物的本源，根本。

② 君：指主宰，掌控者。

③ 君子终日行："君子"，先秦时多指"君王之子"，强调地位的崇高；"终日"，整天，形容持久，一直的意思；"君子终日行"，指地位高的人终日行走在外。

④ 辎重：古代泛指人们外出时携带的包裹箱笼，后多指军队携行的物资。

⑤ 环观（guàn）："环"，围绕，包围；"观"，指朝廷宫门外高台上修筑的一种观望台，具有军事防御作用；"环观"，指防御工事环绕四周。

⑥ 燕处：指闲居，悠闲雅居的意思。

⑦ 超若：超然，超脱的样子。

⑧ 万乘（shèng）之王："乘"，配有一定数量兵士的兵车；"万乘之王"，指拥有万辆兵车的君王。

⑨ 以身轻于天下："以身"，用自己的身体；"轻"，轻易，随便，不慎重；"于"，在，表范围；"以身轻于天下"，指用自己的身体轻率地在天下（行事）。

⑩ 本：根本，本源。

译文

重是轻的根本，静是躁的主宰。所以君子终日在外行走不离开辎重，只有辎重随身，营寨环绕，才能闲居而表现出很悠然的样子。为什么拥有万辆兵车的君王，却轻率地凭自身在天下行事呢？过于轻浮，就会失去根本；过于躁动，就会失去依托。

庄子补释

【原文】道之真以治身，其绪余以为国家，其土苴以治天下。由此观之，帝王之功，圣人之余事也，非所以完身养生也。今世俗之君子，多危身弃生以殉物，岂不悲哉！凡圣人之动作也，必察其所以之与其所以为。今且有人于此，以随侯之珠，弹千仞之雀，世必笑之。是何也？则其所用者重而所要者轻也。夫生者岂特随侯之重哉！

——《庄子·让王》

【复观译读】大道的精华用来治理身体，大道的残余用来治理国家，大道的糟粕用来治理天下。由此看来，帝王的功业，只不过是圣人的闲余之事，不是能够保全形体、修养生命的。如今世俗的君子，大多危害身体、抛弃真性来追逐外物，这难道不可悲吗！大凡圣人有所动作，必定要审察他达到的目标以及使用的方式。如果有这样的人，用珍贵的隋侯之珠去打飞得很高的麻雀，世人一定会笑话他，这是为什么呢？是因为他所使用的东西贵重，而想要得到的东西轻微。而生命难道只有隋侯之珠那么珍贵吗！

四十四、“道”大无名（14、21、25）

道，老子说它“寂兮寥兮”，没有声音，没有形象；庄子说它无为无形，自本自根，所以很难描述。不过再无影无形的事物，只要我们的意识能够接收得到，就可以把它形象化，比如“风”，比如“气”。而道在我们意识中的形象，是一种恍恍惚惚的存在。

老子是这么说的：“道之物，唯恍唯忽。忽呵恍呵，中有象呵。恍呵忽呵，中有物呵。幽呵冥呵，中有情呵。其情甚真，其中有信。”

“道”这个东西啊，看起来恍恍惚惚的似在非在。恍恍惚惚，其中又能感知到它的形象；恍恍惚惚，它的形象越来越丰满、充实。它是那么幽深啊，深远而不可测，但其中又存在可以让人知晓的实情；这个“情”真实不虚，因为其中对应着固定不变的规律。

因此“道”在老子看来，是一个恍惚的存在，但又真实不虚，是可以让人觉知到的。老子又补充道：“视之而弗见，名之曰微。听之而弗闻，名之曰希。揩之而弗得，名之曰夷。三者不可致诘，故混而为一。一者，其上不皦，其下不昧。绳绳不可名也，复归于无物。是谓无状之状，无物之象，是谓忽恍。随而不见其后，迎而不见其首。”

看也看不见，叫作“微”；听也听不到，叫作“希”；摸也摸不着，叫作“夷”。这三者之间的区别很难说得清，因此把它们混而为“一”来讲。

这个“一”，往上看它并不光明，往下看它也并不昏暗，反复探究也不能给出一个具体的描述，所以只能把它归结为“无”的存在。

这个“无”，并不是说它就等于“没有”，它只是拥有没有形状的形状，没有形体的形象。所以我们去感受它，也只能得到一个“恍忽”的状态。面对着它，不知道它来自何方；跟随着它，不知道它将要去向何处。

而《文始真经》里是这么描述“道”的：“是道也，其来无今，其往无古，其高无盖，其低无载，其大无外，其小无内，其外无物，其内无人，其近无我，其远无彼。不可析，不可合，不可喻，不可思。惟其浑沦，所以为道。”

这个“道”啊，它来到的地方并不是当下；它过往的地方也并非远古；它往上没有顶盖，往下没有承载；它的大，没有外围；它的小，没有内在。没有任何东西能越过它而到达外面，也没有任何人能进入它而到达里面；它靠近，与你不分彼此；它远去，不存在他人。不可分割，不可整合，不可比拟，不可思辨。正因为它浑然一体，所以才是“道”。

因此老子用“大”来形容它：“有物混成，先天地生。寂呵寥呵，独立而不改，可以为天地母。吾未知其名，字之曰道，吾强为之名曰大。”

有个东西浑然一体，在天地形成之前就已经存在了。它寂然无声地运行着，始终如一地运转着，而永不停息。它的运行造就了宇宙万物，是天地得以产生的根本。我不知道它叫什么名字，勉强称呼它为“道”，勉强形容它为“大”。

“道”之大，莫可名状。老子说：“大方无隅，大器免成，大音希声，大象无形，道褒无名。”“大象”为何无形，因为无论多大的形象，只要它有了形状，也就同时有了限制。我们只需要沿着它的形状再外延一下，就能得出一个比它还要大的“象”，又怎么能称它为“大”呢？所以最大的“象”，是没有形状的。

我们谱乐，可以把声调按“宫、商、角、徵、羽”描述出来，而音有了声调，也就同时有了限制，不能称之为“大”。“大音”“大象”，已经超脱出声调和形状的限制，所以没有任何人可以为它们作谱、作画，而只能领会于心。

故而真正的“大器”，是不会被人为造就的，因为它超脱了人力所能成就的局限；真正的“大方”，是不会让你找到它的边角的，因为它超脱了边框棱角的局限。而“道”，已经超出了人类思辨认知的局限，所以无法形容，无法定义，无法命名。

因此庄子干脆直接说“吾不知”。不知“道”，才是真知“道”，而说自己知“道”，正说明他不知“道”。“不知深矣，知之浅矣；弗知内矣，知之外矣”，“道”如果被你的认知局限住，那它也就不是“道”了。所以说自己知“道”的，都是浅薄的外行之人。

庄子总结道：“道不可闻，闻而非也；道不可见，见而非也；道不可言，言而非也。”因为闻者源于声，非道；见者源于形，非道；言者源于心，非道。

关联章节

第十四章

视之而弗见，名之曰微[①]。听之而弗闻，名之曰希[②]。播[③]之而弗得，名之曰夷[④]。三者不可致诘[⑤]，故混而为一。一者，其上不皦[⑥]，其下不昧。绳绳[⑦]不可名也，复归于无物。是谓无状之状，无物之象[⑧]，是谓忽恍。随而不见其后，迎而不见其首。执今之道，以御今之有，以知古始[⑨]，是谓道纪[⑩]。

注释

① 微：本义指隐蔽、隐匿，隐而不可见的意思。

② 希：本义指麻布织得不密，空洞很大，用于声指声音很空洞，听不到具体内容，所以说“听之而弗闻，名之曰希”。

③ 捪（mín）：抚摸，触摸。

④ 夷：平坦，平顺。

⑤ 致诘：“致”，招引、招致，使达到；“诘”，询问，追问，诘问；“致诘”，指招来诘问。

⑥ 皦：明亮洁白。

⑦ 绳（mǐn）绳（mǐn）：形容接连不断的样子。

⑧ 无物之象：“物”，指事物的内容或实质；“象”，形状，样子；“无物之象”，指没有内容的形象。

⑨ 古始：“古”，过去的，时代久远的，《说文》：“古，故也。”“始”，开端，发源；“古始”，指过去的开端。

⑩ 道纪：“纪”，纲领，纲纪；“道纪”，指了解认识道的纲领。

译文

看也看不到，称它为“微”；听也听不见，称它为“希”；摸也摸不着，称它为“夷”。这三者的区别很难界定，所以混同为一来看。这个“一”，它上面不显光明，下面也不觉暗昧，延绵不绝而莫可名状，所以只能把它归结为“无”的存在。“无”，并不是说它什么也没有，而是具备没有形状的形状，没有形体的形象，恍惚不明。跟随着它，看不到它的末尾；面向着它，看不到它的前端。把握住它着落在当下的样貌，用来驾驭当下的现实，由此得知其中的规律，进而窥见它本始的面貌。这就是认知“道”的纲领。

庄子补释

【原文】光曜问乎无有曰：“夫子有乎？其无有乎？”无有弗应也。光曜不得问而孰视其状貌：窅然空然。终日视之而不见，听之而不闻，搏之而不得也。光曜曰：“至矣，其孰能至此乎！予能有无矣，而未能无无也。及为无有矣，何从至此哉！”

——《庄子·知北游》

【复观译读】光曜问无有说：“先生你是有呢？还是没有呢？”无有不作回应。光曜得不到回答，便仔细观察它的形状和样貌，深远而空虚。整天看它也看不见，听它也听不到，摸它也摸不着。光曜说：“最高的境界啊，谁能达到这种境界呢！我能做到‘无’，却不能做到‘无无’，等有心去做到‘无’的时候也就成了‘有’，如何才能达到这种境界啊！”

【原文】昔者尧、舜让而帝，之、哙让而绝；汤、武争而王，白公争而灭。由此观之，争让之礼，尧、桀之行，贵贱有时，未可以为常也。

——《庄子·秋水》

【复观译读】以往唐尧、虞舜因禅让而成为帝王，子之、燕王哙却因禅让而招来灭亡；商汤、周武王争夺天下而成为帝王，白公胜争夺天下却导致身亡。由此看来，争斗和禅让的礼制，唐尧和夏桀的行为，是可贵还是可鄙都因时而异，并不能视为固定不变的规律。

第二十一章

孔德[①]之容，唯道是从[②]。道之物[③]，唯恍唯忽[④]。忽呵恍呵，中有象呵。恍呵忽呵，中有物呵。幽[⑤]呵冥[⑥]呵，中有情[⑦]呵。其情甚真，其中有信[⑧]。自今及古，其名不去，以顺众父[⑨]。吾何以知众父之然[⑩]也，以此。

注释

① 孔德："孔"，本义指窟窿、洞穴，引申为深远、深邃；"孔德"，指深远的德。

② 从：依从，遵从。

③ 道之物："物"，指事物的内容或实质；"道之物"，指道的内质，对道进行探究得出来的结果。

④ 唯恍唯忽："唯"，只是，表达肯定之义；"恍"，模糊不清的样子；"忽"，渺茫，辽远；"唯恍唯忽"，指只是模糊而又渺茫的样子。

⑤ 幽：微弱，昏暗，这里形容深微难明，深远难测。

⑥ 冥：幽暗，这里形容深邃，幽深；《说文》："冥，幽也。"

⑦ 情：实情，真实的状况。

⑧ 信：真实不伪，真诚不欺，这里指不发生差误，有规律。

⑨ 以顺众父："以"，用来、凭以，《说文》："以，用也。""顺"，沿着，遵循；"父"，指万物化生之本，万物本源；"以顺众父"，指用来顺应万物本源（的意志）。

⑩ 然：如此，这样。

译文

“德”之所以表现出深远的样子，正是因为它遵从于道。探究“道”的内质，只是模模糊糊而又渺渺茫茫的形态。惚惚恍恍的，就会觉察到它的意象了。恍恍惚惚的，它进一步具现出形体了。它是那么幽远，又是那么深邃，其中存在可以让我们察知的实情。它呈现出来的情状是那么真实，其中对应着固定不变的规律。从当下到远古，都存在它的名字，用来顺应万物本源的意志。我是如何知道万物的本源是什么样的呢？就是通过这种方法。

庄子补释

【原文】夫道，有情有信，无为无形；可传而不可受，可得而不可见；自本自根，未有天地，自古以固存；神鬼神帝，生天生地；在太极之先而不为高，在六极之下而不为深，先天地生而不为久，长于上古而不为老。

——《庄子·大宗师》

【复观译读】道，真实存在而又切实可证，无所作为而又无象无形；可以传达而不能直接授予，可以得到而不能直接见到。道，以自身为根为本，在天地还没有出现之前就已经存在了。道，让鬼神有灵，让象帝有形，造生天地万物。道，在太极（极外之极）之上不算高，在六极（上下四方）之下不算深，先于天地生成不算久，长于上古存在不算老。

第二十五章

有物混成①，先天地生。寂呵寥呵②，独立③而不改，可以为天地母。

吾未知其名，字[4]之曰道，吾强为之名[5]曰大。大曰逝[6]，逝曰远[7]，远曰反[8]。道大，天大，地大，王亦大。国[9]中有四大，而王居一焉。人法地，地法天，天法道，道法自然[10]。

注释

① 混（hùn）成："混"，掺杂在一起，混同一体；"混成"，指混同而成。

② 寂呵寥呵："寂"，指静默无声；"寥"，指空虚寂静；"寂呵寥呵"，指静默又空虚。

③ 独立：指单独的存在。

④ 字：命名，取名字。

⑤ 名：形容，描述。

⑥ 逝：去，往，去而不返。

⑦ 远：远离，远去，走得远。

⑧ 反：颠倒、反转，表示相反的对立面。

⑨ 国：疆域，地域。

⑩ 道法自然："法"，遵法，守法；"自然"，由自而然，指不加以干涉，遵从它自身的真性而达成的状态；"道法自然"，指道守法于自己。

译文

有个东西混同而成，在天地还没有出现的时候就已经存在了。它空虚而又寂静，独立存在而又恒定不变，是造生天地万物的母体。我不知道它的名字，称呼它为"道"，勉强形容它为"大"。大到无论时间如何流逝也无法消减它；大到无论空间如何远去也无法脱离它；大到无论如何颠倒反转也无法隔绝它。道大，天大，地大，王也大，无穷的领域中像这么大的东西有四个，王就是其中之一。人守法于地，地守法于天，天守法于道，而道守法于自己。

庄子补释

【原文】夫有土者，有大物也。有大物者，不可以物。物而不物，故能物物。明乎物物者之非物也，岂独治天下百姓而已哉！出入六合，游乎九州，独往独来，是谓独有。独有之人，是之谓至贵。

——《庄子·在宥》

【复观译读】拥有疆域的国君，必然保有立国的根本。保有立国之本的人，不可以被外物所驱使。保有根本而不被外物所驱使，这样才能主宰万物。明白了主宰万物的存在不与物同属（独立运作而不被万物所左右，不归属于万物），岂止是可以治理天下百姓而已啊！这样的人出入于天地四方，游放于九州世界，独来独往而不受羁绊，这就叫独立于万物的存在。独立于万物而存在的人，可以称得上是最尊贵的。

【原文】夫千里之远，不足以举其大；千仞之高，不足以极其深。禹之时，十年九潦，而水弗为加益；汤之时，八年七旱，而崖不为加损。夫不为顷久推移，不以多少进退者，此亦东海之大乐也。

——《庄子·秋水》

【复观译读】千里的辽远，不足以形容它的大；千仞的高度，不足以穷究它的深。夏禹时代十年里有九年洪涝，而水位并不会因此增加；商汤的时代八年里有七年大旱，而水位并不会因此下降。不因为时间的长短而有所改变，不因为雨量的多少而有所增减，这便是东海最大的美乐。

四十五、感悟于自然（16）

歌以言志，画为心声。道生天地万物，就像作了一幅巨大的立体画，而且有音有声，有动有静，有春夏秋冬，有风霜雨雪，道通过这幅画表达了自己的心声。

如果能聆听出道的心声，就可以领会到道的表达手法，也就是道的艺术，它体现为自然万物之间存在的一种神秘韵律。与人类的艺术行为相比，就如同“天籁”与“人籁”，鬼斧神工与精雕细刻。因为艺术的起源，正是源于人对“道生万物”手法的模仿。

人不可能像道一样，造出草木山水来表达自己的心声，所以只能退而求其次，通过书画、音声等介质，来模仿那种神秘的韵律以表达自身情感。人为地栽种草木、堆砌山水，如果不具备那种韵律，就会让人感觉“不自然”。不自然，正是因为人的主观之心，破坏了那种神秘的韵律。

画有画境，诗有诗境，山水有山水之境，人有人之境。“境”，不可言说，而只能领会于心。一幅画，只要在其中加上哪怕一笔，就能破坏掉整幅画的意境；自然山水，只要其中有了人为强行的痕迹，就会显得特别不协调，因为与境不合。

观“境”的前提是自身要具备灵性，能从“有”中看出“无”来。当夕阳西下，远处炊烟袅袅升起之时，斑驳的田间小路蜿蜒至天际，路边萧瑟的枯草在秋风中起伏，心中就会油然而生出一种情感。深具灵性的人，可以细微地把握住这种变幻莫测的感觉，找出其中不变的规律，也就领悟到了大自然的韵律。

这种感受达到极致，甚至可以让人的灵魂深处都战栗起来，体会到一种飘飘欲仙的至乐。我曾这样描述它：是清清纯纯沉沉的静，是萧瑟肃杀古远的情，是绝尘而去杳杳不复还的思，是悠悠荡荡而亘古不绝的音。草长莺飞，云深水平，夕阳西下，叶落归根。

灵性，最直接的应用领域在艺术。比如弹奏乐曲，曲子的节奏虽然变化万千，但韵律与人情感之间的对应关系，却是始终不变的。而正是因为这种固定不变的对应关系，我们才可以被音乐激发产生共鸣，我们才得以具备音乐欣赏和创作能力。

两千多年以来，中国人的个性和创造力都在被逐渐抹杀，灵性不断溃散。传承至今，早已失去了可以与天地相沟通的灵性，以至思维僵化，在很多需要发挥个人灵性的领域，都再无建树。而从大的范围来看，整个世界都是如此，生活、工作，特别是人的思维都越来越机械化。

电影中我们常常担忧人类以后会被机器所取代，因为我们发现自己在做的，大部分都是机器就能干的活。科学认为看不见摸不着测不到的感觉是靠不住的，然而泯灭掉灵性以后，人和机器又有什么不一样呢？

莫须有的机器人危机，其实正是我们对当前唯“术”论隐忧的影射。因为“术”，并不具备指引人行为方向，也就是“发心”的能力。一块铁，可以用来铸剑，也可以用来铸犁。如果用物理来指导人生，就好像让铁来告诉你该铸剑还是该铸犁一样荒唐。所以“术”发展到极致，如果不匹配以“德”，最终就很可能伤到人类自己。

科学着眼于物质，着眼于“有”。“天下之物生于有，有生于无”，随着我们由表及里的深入认知“有”，最终就一定会触碰到“无”的领域。如果坚持忽略意识的作用，那么这个瓶颈就始终无法突破。因为“无”，只有我们同属性的意识才能真正理解。

试着讲一下我的感悟：自然万物皆可入境，所以一开始可以选择一处地方，如田野、山林或者河流；再小一点，可以选择一株草、一棵树或者一丛竹均可；如果实在没有条件，选择一幅自然风景照也可以。最重要的，就是一定要在它们身上，能感受到给你的内心带来触动的东西。

细细地体会它，贴近它，抓住它，在观察的时候开始减弱自我的主观，凝聚心神。这一点很重要，不然可能瞅个几天，吐血三升都没办法进入状态。主观被削弱后，就开始进入一种“恍忽”的状态。进入这种状态之后，眼睛已经开始视而不见了。你观察的东西会从具体的形象被慢慢抽象，形成一团似气又好似物的东西，细细地体会它。

如果你观察的是一棵草，就体会它为什么会形成草这个东西，会带给你意识里草的感觉；如果你观察的是田野，就体会它为什么会给你意识里田野的感觉，为什么这些看似杂乱无章的事物组合在一起，反而会让你内心有所触动。这就好像是在“问天”，精诚所致，“天”就会告诉你答案。

空间上的距离感会产生时间上的沧桑感，越接近天际的景象，结合越遥远的记忆，就越能帮助你进行这种感悟。悟到了，你就会明白：自然世界，才是真正的和谐；自然之美，才是真正的至美；自然之物，才是真正的精妙绝伦。

领会到了大自然的韵律，也就是领会到了“道”的表达手法。再通过观察“万物旁作”，体会万物背后的“无”如何运行，“有”如何随之而生，体会那神秘韵律的永恒性。领悟到了，就可以从现有回观至起源，回观到起源，也就找到了道。

一山一水一草一木，自然之物皆可证道。所以说“天物云云，各复归于其根”，归于其根，则返本归源。了解了这个本源，就可以由一而知百，从而得知由这个本源所产生的一切事物。能做到这一点，终生受益。

关联章节

第十六章

至虚极[①]也，守情表[②]也。万物旁作[③]，吾以观其复也。天物云云[④]，各复归于其根。归根曰静，静，是谓复命[⑤]。复命常[⑥]也，知常明也。不知常，妄。妄作[⑦]，凶。知常容[⑧]，容乃公[⑨]，公乃王[⑩]，王乃天[⑪]，天乃道[⑫]，道乃久，没身不殆[⑬]。

注释

① 至虚极："至"，到达，达到；"虚"，空虚，虚无；"极"，准则，法则；"至虚极"，指达到虚无的准则，即达到虚空无染而不起主观心的状态。

② 守情表："守"，持守，保守；"情"，真实，实情；"表"，表率，标准，如"为人师表"；"守情表"，指守住真实的标准，即恪守客观真实而不起偏私心的状态。

③ 旁（páng）作："旁"，本义指四方，引申为广泛、普遍之义；"作"，产生，兴起；"旁作"，指于四方广泛地蓬勃兴起。

④ 天物云云："天"，天然的，自然的；"云云"，指像云气一样周旋回转的样子；"天物云云"，指天然生成的事物像云气一样周旋回转，这里是形容心念纷杂而变幻不定。

⑤ 复命："复"，返回；"命"，令之所出，上天发号施令的地方；"复命"，指回到初始的本源之地。

⑥ 常：恒久长远，始终不变，指代道的规律。

⑦ 妄作："妄"，指不法的，胡作非为；"作"，起身，从事；"妄作"，指不守规矩的胡作非为。

⑧ 知常容："知"，是执掌、把握、主持的意思，如"知县"，"知政"；"容"，包含，包容，容纳；"知常容"，把握了道的规律就可以容纳万事万物。

⑨ 容乃公："公"，公正无私，《说文》："公，平分也。""容乃公"，指用道的规律对待万事万物，就能做到公正无偏。

⑩ 公乃王（wáng）："王"，《说文》："天下所归往也。"天下归往于他，听从于他，是以为王。第三十五章说"执大象，天下往"，执守大道，即"知常"。"公乃王"，指公正无偏私而能成为天下正，于是万民归往，可以为王。

⑪ 王（wáng）乃天："天"，指天然的，自然的；"王乃天"，指天下归往于王，听从于王，于是得到匡正，复归于自然的状态，正如第六十四章所说："能辅万物之自然。"

⑫ 天乃道：万物复归于自然，于是道得以通行于天下。

⑬ 没（mò）身不殆："没"，终，尽；"没身"指终身；"殆"，危险，陷入困境；"没身不殆"，指终身不会遭遇危险。

译文

达到虚无的准则，恪守情实的标准。万千物象蓬勃兴起，而我静观它们仍会返还的地方。物象变幻多端，最终各自返还于它们的本根，返还于本根的状态，就叫作"静"。持守住了静，也就得以复归于生命之源起。复归于生命之源起，就知道了其中的规律。把握住了规律，就叫作“明”，否则叫作“妄”。在不遵从规律的情况下妄为，就会遭受挫败。掌握了规律，就可以容纳万事万物。按照规律对待万事万物，就是“至公”。“至公”者，可以为王。王匡正天下，就能让万物复归于自然；万物复归于自然，则天下有道。依托于道，则能获得长久，终身都不会遭遇危险。

庄子补释

【原文】至道之精，窈窈冥冥；至道之极，昏昏默默。无视无听，抱神以静，形将自正。必静必清，无劳女形，无摇女精，乃可以长生。目无所见，耳无所闻，心无所知，女神将守形，形乃长生。慎女内，闭女外，多知为败。

——《庄子·在宥》

【复观译读】大道的精粹，幽深暗昧；大道的极致，晦暗寂静。不外视不外听，凝聚精神持守宁静，形体就会自然回归正态。一定要保持宁静和清虚，不要劳累自己的形体，不要扰乱自己的精神，这样就可以长生。眼睛视而不见，耳朵听而不闻，内心若无所知，这样你的精神就能安守形体，形体也就能得以长生。保守你内心的安宁，封闭你对外的感官，智巧太盛必将招致败亡。

【原文】汝徒处无为，而物自化。堕尔形体，吐尔聪明，伦与物忘，大同乎涬溟。解心释神，莫然无魂。万物云云，各复其根，各复其根而不知。浑浑沌沌，终身不离。若彼知之，乃是离之。无问其名，无窥其

情，物固自生。

——《庄子·在宥》

【复观译读】你只要顺应自然无为，万物就会自作自化。放下你的形体，抛弃你的聪明，而至物我两忘，相融于自然之中。解放你的心虑，释放你的神思，淡然而无所在意。万物变化纷杂，各自返归于它们的本根，各自返回本根而若无所知，混混沌沌心神昧暗，如此才能终身守本不离。如果你开始明察智辨，就会离失这个本根。不要想知道它的名称，不要想窥探它的实情，万物本来就是自生自成。

四十六、相忘于江湖（18）

《庄子·大宗师》说："相濡以沫，不若相忘于江湖。"两条鱼儿躺在即将干涸的水坑里，互相用唾沫滋润对方，延续对方的生命，这种行为是不是很伟大？可如果不是因为水坑干涸了，它们根本没有必要如此啊！如果让它们自己选择，它们是愿意自由自在地畅游在江湖之中，谁也不用为谁付出真情，谁也不用被人称赞伟大，还是愿意在艰难生存的过程中，迸发出可歌可泣的真情？

俗话说"患难见真情"。有真情，就必定先有患难；有功劳，就必定先有灾难；有忠臣，就必定先有昏乱；有仁义，就必定先有坏乱。所以"大道废，案有仁义"，"六亲不和，案有孝慈"，"邦家昏乱，案有贞臣"。

人们是愿意在患难中发现真情，还是愿意一直顺顺利利、平平安安，谁也不用对谁付出真情？人们是愿意在乱世灾年彰显出忠孝仁义，还是愿意在太平盛世平安度过一生？

所以不要用困境去考验人性，而且也没有必要去考验它。假如所有鱼儿都能自由生活在江湖中，那又何必去问它，当江湖干涸的时候，你会不会与我相濡以沫？假如所有人都能自得其乐地生活着，那又何必去检验他，是否具备仁义忠孝等好品质？

中国历史上，从汉至清，都曾发生过"人相食"的事件。在这样的乱世灾年，善良一些的做法也无非是"易子相食"。面对这种人间惨剧，我们能只去责怪他们没有道德吗？

《庄子·人间世》说："兽死不择音，气息茀然，于是并生心厉。"野兽临死的时候就胡乱叫唤，心生最凶厉的恶念。所以人被逼急了也会什么事情都做得出来，什么最阴暗、最下作的手段都能想得出来，智慧也便由此而出。因此当人们开始用智慧来保障生存的时候，大的伪诈就开始产生了。

如果天下有道，大家都自然而然地生活，自然而然地交往，都在与自己性情相匹配的环境中自由成长，又哪里需要通过智慧来求生存呢？又哪里用得着互相示爱抱成一团来对抗外界呢？又哪里会有什么可歌可泣的情感出现呢？生活在这样的环境中，人连自身都会忘掉，也就更别说什么仁、义、爱、情了。

关联章节

第十八章

故大道废①，案②有仁义。智慧出，案有大伪③。六亲④不和，案有孝慈⑤。邦家⑥昏乱，案有贞臣⑦。

注释

① 废：指停止，不再使用。

② 案：本义指用于安放食物的木盘，落下而安放，处于安置、安定的状态，在这里为表达肯定之意，于是、就的意思。

③ 大伪："伪"，指人为矫饰，虚假欺诈；"大伪"，指大的欺诈行为。

④ 六亲：泛指亲属，至亲之人。

⑤ 孝慈："孝"，指把父母侍奉得很好，《说文》："善事父母者。""慈"，爱，指有成就他人之心；"孝慈"，指孝敬与慈爱，泛指好的美德。

⑥ 邦家：指国家。《诗经》："乐只君子，邦家之基。"

⑦ 贞臣：指忠贞不贰的臣子。

译文

所以大道被废弃，"仁义"就开始被推崇了。智慧已产生，大的伪诈就开始出现了。六亲不和睦，"孝慈"就开始被提倡了。国家已昏乱，忠贞之臣就开始被赞扬了。

庄子补释

【原文】故纯朴不残，孰为牺尊！白玉不毁，孰为珪璋！道德不废，安取仁义！性情不离，安用礼乐！五色不乱，孰为文采！五声不乱，孰应六律！夫残朴以为器，工匠之罪也；毁道德以为仁义，圣人之过也。

——《庄子·马蹄》

【复观译读】所以原木没有被残破，谁能用它来做酒器！白玉没有被毁伤，谁能用它来做玉器！大道至德不被废弃，哪里用得着仁义！自然的性情不被背离，哪里用得着礼乐！五色不被混乱，谁能调和出文彩！五声不被错乱，谁能应和为六律！分解原木来做成各种器具，这是木工的罪过，毁弃道德来推行所谓仁义，这是圣人的罪过。

【原文】夫孝悌仁义，忠信贞廉，此皆自勉以役其德者也，不足多也。故曰：至贵，国爵并焉；至富，国财并焉；至愿，名誉并焉。是以道不渝。

——《庄子·天运》

【复观译读】孝、悌、仁、义、忠、信、贞、廉，这些都是用来劝勉自身而拘执真性的，不值得推崇。所以说，最高的尊贵，一国的爵位都换不来；最大的富有，一国的资财都买不到；最真的质朴，再多名声和荣誉都求不得。所以，大道是不会因为什么而改变的。

四十七、“道”的境界（20）

历史上，孔子曾多次向老子当面请教。《庄子·田子方》提到二人的一次会面：

一天孔子去见老子的时候，老子正在晾头发。孔子一踏进门就被眼前的情景震惊了：只看见老子披着长长的散发，迎风而立，微微抬头，双目似闭又似开着，脸上似笑又不笑，神情似醒又非醒，就像一株枯树立在那儿。

年轻的孔子自己也经常洗头发，也经常晾发，但他不是这个样子，也不会这个样子。他也从来没有看到过别人这样子晾发的，所以孔子一下蒙了，他真诚而又直率地问老子：“先生，是我眼花了呢，还是真的，刚才先生的形体就同枯木一样，好像遗弃万物离开众人而独立自存的样子，超脱了一切！”

老子微微一笑，原来老子利用晾头发的时间，完全进入了一个深邃的奇妙世界。他脱离了滚滚红尘的眼前世界，遨游到了万物本来开始的地方，即事物的生机活泼的本源中去了。孔子奇怪地问道：“这种情况又是怎样的呢？”老子说：“达到这种境界是最高层次的美妙和快乐，这是人的最高境界。”

老子当时进入的境界正是我要说的“道境”。“道境”，是我借用的一个词，它指的是人与自然高度契合时，身心所达到的一种状态。这种状态玄妙无比，浩瀚无边，不可言说。能入境，自然就能知道；不能入境，再说也是枉然。所以我也只能讲个大概。

入道境，须有至情。因为人与自然相感应，表现在人身上就是有情。此情并不是“感时花溅泪，恨别鸟惊心”的主观情绪，而是应和于自然的油然而生之情。能够把握住这情的细微之处，就能知道，它并非凭空而来的，而是有其固定规律。也就是老子说的“其情甚真，其中有信”。

入道境需要以自然之物接引，一旦成功，就能直接遨游于天地之本，与天地混同为一。庄子的逍遥游，老子的晾头发，都是入道境的表现。道境是鲜活的、生动的、深邃的，所以庄子可以在其中游得逍遥；老子可以在其中领悟到天地万物之至理——道。

人虽然是天地中的一部分，但同时也是一个独立存在的个体。个体既然已经独立出来，与整体之间就会存在隔阂，好像隔着一道门户。打不破这道门户，你又怎知自己沟通的是天地，还是自己的主观之心?

打破这道门户，依靠的是我们自身的灵性，也就是沟通天地自然的能力。庄子梦见蝴蝶，以致醒来分不清自己是蝴蝶还是庄子，这正是他与自然高度契合的表现。因为高度契合，所以能够打碎门户，与自然混同为一，以致万物（蝴蝶）在他眼中，与他自身并没有什么区别。

入道境，需要的接引之物，竹子可以，自然风景也可以。但从单独的竹子入手，要远远难于从整体的风景入手。因为整体中的个体越多，就越能体现出，道把这些个体组合成和谐整体的神秘韵律。

另外，阅读古代意境极美的诗文也非常有帮助。相比之下，山水画的效果就差了许多，远远比不上自然山水；近处的自然山水，比不上远处的自然山水；现实中的自然山水，比不上记忆中的山水；近期记忆中的山水，比不上遥远记忆中的山水，特别是儿时的记忆。

入道境之后，几乎就很难再被任何外界的东西影响心境。不论发生什么样的事，都能“泰山崩于前而心不惊”。

这种不惊，并不是把一切看成浮云的无所谓，而是顺理成章的自然，不出意料之外，所以不惊。因为此时人的心神与天地紧密相连而成为一个整体，所以外界发生的一切变化，就如同我们用心指使自己的手臂一样，不出意料之外。

入道境之后，对周围的环境变化异常敏感，而且会逐渐排斥人为痕迹重的东西，因为在其中找不到道的韵律。

天地万物都是道的运行结果。如果有人求道，却与天地自然相阻隔，不但相阻隔，还认为这些都只是虚假的表象，是内心的营造，那么很显然，他不是在求道，而是在“求心”。

因此他在“心”上所下的功夫，最终往往变成类似用“无欲”之欲止息欲望；用“不执”之执消除执念；用“不想”之想获得清静；用分别之心超脱分别心；为了放下而拿起；为了贪念而发善念；为名而隐，为得而舍，最终必然落入自循环的怪圈而无解。

天地万物变化无穷，而没有常态永驻，但千变万化中又存在不变的规律，万变不离其宗。所以如果能掌握这个规律，就能清楚引发现象的原因，就能知道因缘造成的结果，就能了解万事万物的由来和走向。如此又怎么会去执着于不可能的可能，强求于得不到的得到，因生灭变化而起情绪，因莫名其妙而起烦恼呢？

因此庄子既不贪恋生，也不畏惧死。在他看来，人本从无中而生，无形而至有形，无生而至有生，无我而至有我。死，只不过是从有极有限之生命，复归于无极无限之永恒而已。就好像在外面游玩了一圈又回来了，白天困倦了晚上又沉睡了一般，如同春夏秋冬四季轮换一般自然而然地发生，又有什么好畏惧的呢？

世人只看到庄子在老婆死后“鼓盆而歌”的洒脱，面对生死的恬淡豁达，却不知这是庄子在通晓天地之道、明白死生之理以后，自然而然产生的心理状态，而并非是单单通过“修心”达到的所谓境界。

关联章节

第二十章

唯与呵[①]，其相去几何？美与恶[②]，其相去何若？人之所畏，亦不可以不畏人。望[③]呵，其未央[④]哉！众人熙熙，若飨于大牢[⑤]，而春登台。我泊焉未兆[⑥]，若婴儿未咳[⑦]。累[⑧]呵，如无所归。众人皆有余，我独匮[⑨]。我愚人之心也，沌沌呵。俗人昭昭[⑩]，我独若昏呵。俗人察察[⑪]，我独闷闷[⑫]呵。忽呵，其若海。恍呵，其若无所止。众人皆有以[⑬]，我独顽以俚[⑭]。我欲独异于人，而贵食母[⑮]。

注释

① 唯与呵（hē）：“唯”，应诺，高声应答；“呵”，斥责，怒声呵斥；“唯与呵”，指接受与反对。

② 美与恶（è）：“美”，美好的，让人喜欢的；“恶”，不好的，让人反感的；“美与恶”，指美好与丑恶。

③ 望：本义指向远看、远望，这里指看向边际的意思，如《吕氏春秋》：“神覆宇宙而无望。”

④ 未央：不到一半，形容无尽，无边无际的样子。

⑤ 飨于大（tài）牢：“飨”，指众人相聚宴饮，享用美食；“大牢”，指祭祀时并用牛、羊、猪三牲；“飨于大牢”，指参加盛大的筵席，享用高规格的美食。

⑥ 泊焉未兆：“泊”，停留，停靠；“未兆”，指事物发生的征兆还

没有显现；“泊焉未兆”，指停留在尚未萌动的领域，即持守于“无”的状态。

⑦ 未咳（hái）：“咳”，指小儿笑；“未咳”，指婴儿还不会笑的时候。

⑧ 累（léi）：形容颓丧的样子，如“累累若丧家之犬”。

⑨ 匮：缺乏、竭尽。

⑩ 昭昭：明白，清楚。

⑪ 察察：明辨，细分，王弼说：“分别别析也。”

⑫ 闷（mèn）闷（mèn）：心思不得舒展的样子，形容浑浑噩噩。

⑬ 有以：“以”，理由，目的，如《诗经》：“何其久也，必有以也。”“有以”，指有目的，即向着明确的目标有所作为。

⑭ 顽以俚：“顽”，本义指难劈开的木头疙瘩，形容愚钝不开窍；“俚”，粗俗，粗鄙；“顽以俚”，指愚钝且粗鄙。

⑮ 贵食（shí）母：“贵”，看重，重视；“食”，取食于，赖以为生，引申指依赖，依靠；“母”，本源，本根，即道；“贵食母”，指看重依赖本源，即守住根本而不分离。

译文

众人应诺的与众人呵斥的，它们之间的差别有多大？众人喜欢的与众人讨厌的，它们之间的差距有多远？人所畏惧的，也不能不畏惧人。看不到边际啊！没有尽头的样子。众人兴高采烈，好像参加盛大的筵席，又好像春天登上高台放望美景。但是我却独自停留在尚未萌动的漠然领域，好像婴儿还不会开口嬉笑。颓唐失意啊！好像无处可以归依。众人都有富余，唯独我好像还有不足。我真是有一颗愚人的心啊，混混沌沌。

俗人都能看得清楚明白，唯独我好像昏聩不明；俗人都能辨得细致入微，唯独我好像浑浑噩噩。若无所知啊，好像大海一样广漠；恍然不觉啊，好像没有止境。众人都目标明确有所作为，唯独我愚顽不灵，粗陋不堪。我的追求总是和俗人不一样，因为我看重的是固守本根。

庄子补释

【原文】民湿寝则腰疾偏死，鳅然乎哉？木处则惴栗恂惧，猨猴然乎哉？三者孰知正处？民食刍豢，麋鹿食荐，蝍蛆甘带，鸱鸦耆鼠，四者孰知正味？猨猵狙以为雌，麋与鹿交，鳅与鱼游。毛嫱丽姬，人之所美也；鱼见之深入，鸟见之高飞，麋鹿见之决骤，四者孰知天下之正色哉？自我观之，仁义之端，是非之涂，樊然淆乱，吾恶能知其辩！

——《庄子·齐物论》

【复观译读】我们睡在潮湿的地方就会腰痛乃至偏瘫，泥鳅会这样吗？我们在树木上安歇就会担惊受怕，猿猴会这样吗？人、泥鳅、猿猴这三者，谁知道什么是正确的安歇方式呢？我们喜欢吃肉类，麋鹿喜欢吃草类，蜈蚣喜欢吃蛇类，鹞鹰喜欢吃鼠类，人、麋鹿、蜈蚣、鹞鹰这四者，谁知道什么是真正的美味呢？猿和猵狙交配，麋与鹿交合，泥鳅与鱼交欢。毛嫱与丽姬，是人们所公认的美人；然而鱼见了她们却躲入水中，飞鸟见到她们却高飞而去，麋鹿见到她们却急速逃离。人、鱼、鸟、麋鹿这四者，谁知道什么是天下真正的美色呢？依我看来，仁义的衡量，是非的路径，也是一样的缠绕混乱，我又哪里能知道他们说的谁对谁错呢！

【原文】谓己道人，则勃然作色；谓己谀人，则怫然作色。而终身道人也，终身谀人也，合譬饰辞聚众也，是终始本末不相坐。垂衣裳，设采色，动容貌，以媚一世，而不自谓道谀；与夫人之为徒，通是非，而不自谓众人也，愚之至也。知其愚者，非大愚也；知其惑者，非大惑也。大惑者，终身不解；大愚者，终身不灵。三人行而一人惑，所适者，犹可致也，惑者少也；二人惑则劳而不至，惑者胜也。而今也以天下惑，予虽有祈向，不可得也。不亦悲乎！

——《庄子·天地》

【复观译读】说自己是谄媚的人，一定会勃然大怒；说自己是阿谀的人，一定会愤然变色。可是一辈子谄媚的人，一辈子阿谀的人，他们用巧妙的譬喻装饰言辞来讨好众人，又始终不认为（自己的行为）和阿谀谄媚有什么关系。穿上华美的衣裳，绣制绚烂的纹彩，打扮艳丽的容貌，讨好献媚于举世之人，却不认为那就是谄媚和阿谀。与世俗之人为伍，是非观念相通，却又不认为自己是世俗之人，这真是愚昧到了极点。知道自己愚昧的人，并不是最大的愚昧；知道自己迷惑的人，并不是最大的迷惑。最迷惑的人，一辈子也不会醒悟；最愚昧的人，一辈子也不会明白。三个人一起行走而一个人迷惑，所要去到的地方还是可以到达的，因为迷惑的人占少数；三个人中两个人迷惑就徒劳而不能到达，因为迷惑的人占多数。如今天下的人全都迷惑不解，我即使知道正确的方向，也不能有任何的帮助。这不是很可悲吗！

四十八、越强求，越失去（24）

我们不论做什么事，都带有强烈的目的心：为了金钱而去工作；为了名声而去行善；为求福报而去拜神。没有追求，对我们来说是一件很可怕的事情，好像失去了目的心，我们就完全无所适从了。以至于连“活着”，都要反复问自己，到底是为什么而活。

但道又是为什么而造生这天地，天地又是为什么而生养这万物？小白杨成长的时候并没有立下志向，想着自己一定要长多高，却自然而然长到参天；小禾苗成长的时候即使立下参天的志向，也依然长不足一米。因为志向而强行拔出自己的根，续接自己的茎，由此却损伤了自己的天性，枯槁了自己的形体，这不是很愚蠢吗？

在这种“强其志”的社会文化影响下，大部分人想不通，为什么有人不为财却能成为富翁；为什么有人不求名却能成名；为什么有人不争权却最终能成为领导者。按照他们的理解，这些人太奸诈、太能装了。他们没有办法接受不求财而财自来、不求名而名满天下、不求权而众人拥戴这种成功模式。

所以老子被很多人，甚至包括一些名人学者在内，看成一个阴谋家，他们认为《道德经》是一部阴谋论著作。在他们看来，老子的退其身，不过是为了让自己身先；老子的外其身，不过是为了让自己身存；老子的谦和对人，不过是为了让人为自己所用。

按照他们的说法，《道德经》越看越让人毛骨悚然，自然无为的面具下，原来竟隐藏着极度自私自利的目的；慈眉善目的老子，原来不过是一个阴险到了极点的卑鄙小人。然而事实果真如此吗？

正如鲁迅在对《红楼梦》的评价中所说：“《红楼梦》是中国许多人所知道，至少，是知道这名目的书。谁是作者和续者姑且勿论，单是命意，就因读者的眼光而有种种：经学家看见《易》，道学家看见淫，才子看见缠绵，革命家看见排满，流言家看见宫闱秘事……”

同样的书，不同的人能从中品读出不同的东西。满肚子男盗女娼的人，看到男女神态亲密也会觉得他们之间一定有奸情；心怀鬼胎的人，总觉得别人也在时刻打他的主意；喜欢玩弄权术的人，总以为别人也在对他使用阴谋诡计。这就是典型的“推己及人”。

如果不能跳出自己的思维定式，拿“有为”的心理去解读“无为”的《道德经》，自然就会把《道德经》读成阴谋论。因为在他们的思维定式里，求仁得仁，求义得义，什么也不求，就是不仁不义。但是两千多年的历史告诉我们的却是：越强求，就会越失去。

关联章节

第二十四章

炊者不立①。自视者②不彰③，自见者④不明，自伐者⑤无功，自矜者⑥不长⑦。其在道⑧，曰余食赘行⑨。物或恶之⑩，故有欲者弗居⑪。

注释

① 炊者不立：“炊”，指烧火做饭；“立”，人站在地上，引申为建树；“炊者不立”，烧火做饭的人不能久站，因为炉灶吐火的状态不能持久，

这里引申指吹嘘的人不能有所建树，因为力量会很快竭尽。

② 自视者：可直读为“视由自而出者”，用自己的眼光去看待事物的人。

③ 彰：显明，显著。

④ 自见（jiàn）者：可直读为“见由自而出者”，用自己的成见去认知事物的人。

⑤ 自伐者：可直读为“伐由自而出者”，用自己的言论去吹捧自己的人。

⑥ 自矜者：可直读为“矜由自而出者”，用自己的姿态去显示高贵的人。

⑦ 长（zhǎng）：领导人，长官。

⑧ 其在道：“在”，指审察、审视，观察；“其在道”，指用道来审视它。

⑨ 余食赘行：“余”，多出来的，多余的；“食”指饭食、食物；“赘”，多余的，不必要的；“行”，行为、动作；“余食赘行”，指多吃下去的饭，多做出来的行为。

⑩ 物或恶（wù）之：“物”，指自己以外的人、事、物，多指众人，众生；“或”，有，对状态的存在表达肯定；“恶”，讨厌，厌恶；“物或恶之”，指众生都会厌恶它。

⑪ 有欲者弗居：“欲”，指欲求，想要达到某种目的或得到某种东西的要求；“居”，处在，处于；“有欲者弗居”，指想要有所作为的人不会处于这种状态。

译文

吹嘘之人，不能有所建树。执着于自己的眼光看待事物之人，看不明白。固守自己的成见理解事物之人，不得真相。自我夸耀之人，不能成就功业。自作高贵之人，不能得到敬重。用“道”来审视这些行为，就像多吃的饭食一样是负担，就像多余的动作一样是累赘，大家都会厌恶它。因此想要有所作为的人，不会去做这样的事情。

庄子补释

【原文】直木先伐，甘井先竭。子其意者饰知以惊愚，修身以明污，昭昭乎若揭日月而行，故不免也。昔吾闻之大成之人曰：“自伐者无功，功成者堕，名成者亏。”孰能去功与名而还与众人！道流而不明居，得行而不名处；纯纯常常，乃比于狂；削迹捐势，不为功名。是故无责于人，人亦无责焉。

——《庄子·山木》

【复观译读】长得很直的树木总是先被砍伐，甘甜的井水总是先遭枯竭。你一意装饰才智来惊吓愚夫俗子，修养高洁来彰显污秽恶浊，光芒四射就好像举着太阳和月亮走路，所以总是不能免除灾祸。我曾听有大成之德的人说过：“自我夸耀的人没有功绩，功成而不知身退的人会败亡，名显而不知收敛的人会毁伤。”谁能抛弃功名还给众人！推行大道而不彰显自身，树立道德而不求取名声；纯朴而又平常，这就是无拘无束的自在；削除形迹舍弃权势，不求取功名。因此不会去责求他人，别人也不会来责求于他（你如若不容世俗，那么世俗也必容不下你；你若苛责世人，那么世人也必苛责于你）。

【原文】曰：“何谓天？何谓人？”北海若曰：“牛马四足，是谓天；落马首，穿牛鼻，是谓人。故曰：‘无以人灭天，无以故灭命，无以得殉名。谨守而勿失，是谓反其真。’”

——《庄子·秋水》

【复观译读】河神说：“什么是天然？什么又是人为？”海神回答：“牛马生来就有四只脚，这叫天然；用马络套住马头，用缰绳穿过牛鼻，这叫人为。所以说，不要用人为去覆灭天然，不要用有心的作为去覆灭自然的真性，不要为了得到而用生命去换取虚名。谨慎地持守而不要有失，这就叫返归于本真。”

四十九、率性而全真（22）

同样的山水土石，某些排列可以让我们心生惊惧，某些排列可以让我们心生平和，这是因为它们的排列所造就的“场”不一样。铁钉被磁化以后，内部的磁极重新排列，就拥有了磁场。那么生命，是否也可以看作一种“场”，因为某种排列而拥有了生机呢？

《中庸》说：“天命之谓性，率性之谓道。”天命，也就是“天”的命令，体现在万物生而有之的“性”中。就好像天令我们做人，就赋予我们人的性；天令草木做草木，就赋予它草木的性。“性”是上天之命令的体现，所以“率性之谓道”，遵从自己的天性，就是在听从上天的指令，就是在顺应道。

遵从这原始天性而成就的“我”，也就是“本我”，它天然与我同在。当我们意识到自己作为一个独立的个体而存在时，“自我”也就产生了。而在某种意义上，我们后天产生的“自我”，其实只是一个外来者。

“自我”刚产生的时候，对自己的身体和外界是完全陌生的，所以需要有一个认知和适应的过程。但我们身体中本来就存在的“本我”，却不需要这个过程。因为它才是我们这个身体的真正主宰，才是我们身体这个领域的原住民。要想真正了解这个领域，我们就必须通过它来问路。

理论上讲，我们每个人被赋予的天性都拥有共同的成分。别人能具备的，我们也尽皆具备，只是显露在外发挥作用的部分各有不同而已。所谓“移性”，其实只是觉醒或显化了其中的某些成分，而并不是凭空修改了自己的天性。

但人的天性却是一个复杂的综合体。首先我们拥有动物的“性”，率此性则为动物；其次我们拥有人的“性”，率此性则为人；再次我们拥有道的“性”，率此性则为道。万物由道所生，天性中必有道的基因，问题只在于是否能够让它觉醒。

人，既无法突破自己的天性，也无法重构自己的天性，就好像程序不能自发创建一个没有被设定的选项一样。作为由道而生的个体，我们天性中都拥有“道”的基因。我们通过“悟道”能让这部分基因觉醒，此时就是觉醒了我们天性中的“道之德性”。

“道德”觉醒，也就不再局限于履行作为个体的“人”的职责，而是可以与天地并生，与万物为一，履行“道”的职责，也就是“上天”的职责。这就好像铁钉正确地排列了内部磁极，于是也拥有了磁场，就可以发挥磁场的功能。

铁钉要接收到外部磁场，才能把自己磁化，我们要觉醒“道”的基因，同样也需要觉知到“道”。而如果隔绝天地自然，只把上天赋予我们的“性”当成“道”，这就像把水中月当成天上月一样。率性，仅能应道，而不足以得道。能感应磁铁的吸引，却不知磁铁为什么会吸引；能接收天的指令，却不知天为什么要下这样的指令。不“问天”，难成道。

同样都是率性，万物的表现又各不相同。水流被大石堵住，会绕路而行；小草被大石压住，会从旁延伸。它们并不会与大石直接争斗，这就是老子所说的“曲则全”。因为懂得向“曲”中求，所以反而更好地保全了自己的天性。

自然生成的事物，形态没有一个是绝对笔直的。自然界的生物经历那么长时间的生存发展，它们最终都选择了最适合保全自身的“曲”，所以曲才可以保全。就算是在人类社会，也几乎没有一直一帆风顺的情况出现，所以才有“委曲求全”这个成语。

因此，弯曲着反而能得到更好的伸展，因为保全了自己；曲折前行反而能更快到达目标，因为避开了障碍；低洼的地方才会聚满水，因为有容纳的空间；守住自己赖以存在的根本，才有发展的可能，因为根柢未失；欲求少，才容易有收获，因为专注；欲求过多，反而容易一无所获，因为迷茫。

同样都是顺应自己的天性，方法不一样，造成的结果也不一样。不伤人，不灾人，这是前提，否则必为人所伤，必为人所灾。虎狼之属，天性暴戾，一旦违逆了它们的性子就要暴起伤人，结果它们反被人所伤，几近灭绝。所以在生活中，凡是容易伤人的尖锐棱角，尽皆会被打磨削平；可能伤人的凶猛动物，尽皆会被捆拴圈养。

老子说：“方而不割，廉而不刺，直而不肆，光而不耀”，虽然坚守原则品行端方，但不要因此攻击伤害别人；虽然刚正不阿正直无私，但不要因此讽刺中伤别人；虽然心地坦荡率真直白，但不要因此肆无忌惮；虽然明白四达尊贵无双，但不要因此让人难以亲近。

关联章节

第二十二章

曲则全①，枉则正②，洼则盈③，敝则新④，少则得⑤，多则惑⑥。是以圣人执一，以为天下牧⑦。不自视故彰，不自见故明，不自伐故有功，弗矜故能长⑧。夫唯不争，故莫能与之争。古之所谓曲全者，岂语哉⑨！诚全归之⑩。

注释

① 曲则全："曲"，指曲折，迂曲；"全"，指周全，完备；"曲则全"，指曲折行事可以达到周全圆满的结果。

② 枉则正："枉"，指弯曲，不直，《说文》："枉，邪曲也。""正"，有法度的，这里指合于道的；"枉则正"，指柔弱弯曲则可以达到与道相合的结果。

③ 洼则盈："洼"，指低陷，凹下；"盈"，指充盈，充足；"洼则盈"，指低洼处下则可以达到空间充盈的结果。

④ 敝则新："敝"，指陈旧、破败，形容故旧之物，这里指本根故土；"新"，指更新，变得更好；"敝则新"，指守住本根则可以达到不断更新的结果。

⑤ 少则得："少"，指数量少，寡，这里指收敛私欲；"得"，指得法，契合，这里指与道相契合；"少则得"，指少私寡欲则可以达到与道相契合的结果。

⑥ 多则惑："多"，指多出，过分，这里指放纵欲望；"惑"，指迷乱，疑惑；"多则惑"，指放纵欲望则可以达到迷乱眩惑的结果。

⑦ 天下牧："牧"，指古代治民之官；"天下牧"，指天下万民的治理者。

⑧ 长（zhǎng）：领导人，长官。

⑨ 岂语哉："岂"，哪里，如何；"语"，本义指谈论，议论；"岂语"，指又哪里只是谈论而已呢。

⑩ 全归之："全"，指周全，完备；"归"，结局，归宿；"全归之"，指可以达到周全的结局。

译文

曲折行事，可以得到圆满的结果；柔弱弯曲，可以达到合道的效果。低洼处下，可以获得充盈；持守根本，可以进步更新。少私寡欲则与道相契合，放纵欲望则陷入迷乱。所以圣人执守这个原则，用以治理天下。不执着自己的眼光去看待事物，因而道理得以彰显。不固守自己的成见去认知事物，因而真相得以显明。不自我夸耀，故而有功。不自作高贵，故而为官长。正是因为不争，天下无人可与之相争。古人说的“曲全”这个道理，可不仅仅只是一句空话，而是真的能够达到至善完满。

庄子补释

【原文】戒之，慎之，正女身也哉！形莫若就，心莫若和。虽然，之二者有患。就不欲入，和不欲出。形就而入，且为颠为灭，为崩为蹶。心和而出，且为声为名，为妖为孽。彼且为婴儿，亦与之为婴儿；彼且为无町畦，亦与之为无町畦；彼且为无崖，亦与之为无崖。达之，入于无疵。

——《庄子·人间世》

【复观译读】要警惕啊，要小心，首先要端正你自己！表面上不如迁就于他，内心中不如顺导着他。虽然如此，这两种态度仍有隐患。迁就他而不要完全听从，顺导他而不要心意太露。迁就到完全听从，自己的意图也就颠仆毁灭，崩溃失败了。内心顺导他表现得太明显，就会被认为是为了名声，而招致祸害。他如果像婴儿一样天真，那你也跟他一样像个婴儿；他如果和你不分界线，那你也跟他不分界线。他如果跟你无拘无束，那你也跟他一样无拘无束。慢慢通达他的心意而引导入正道，就可以达到没有过错的地步。

【原文】阳子居南之沛，老聃西游于秦。邀于郊，至于梁而遇老子。老子中道仰天而叹曰：“始以汝为可教，今不可也。”阳子居不答。至舍，进盥漱巾栉，脱屦户外，膝行而前，曰：“向者弟子欲请夫子，夫子行不闲，是以不敢；今闲矣，请问其故。”老子曰：“而睢睢盱盱，而谁与居！大白若辱，盛德若不足。”阳子居蹴然变容曰：“敬闻命矣！”其往也，舍者迎将其家，公执席，妻执巾栉，舍者避席，炀者避灶。其反也，舍者与之争席矣！

——《庄子·寓言》

【复观译读】阳子居往南到沛城去，适逢老聃往西闲游到秦地，于是约在郊外见面，直到大梁才遇上老子。老子半路上仰头叹气道：“一开始我还以为你是可以教导的，现在看来还不行。”阳子居没有回答。到了旅店，阳子居奉上各种盥洗用具，把鞋子脱在门外，跪行上前说道：“刚才弟子想请教先生，先生没有空闲，所以不敢贸然开口。如今先生有闲暇，恳请先生指出我的过错。”老聃说：“你目高于顶傲慢跋扈，谁还想要和你相处？真正高洁的人不会自命清高，而是能相容于污浊；德行宽广的人不会自满自傲，而是总认为还有不足。”阳子居听了脸色大变羞惭不安地说：“弟子衷心听从先生的教导。”阳子居刚来旅店的时候，店里的人都来迎送，男主人亲自为他安排坐席，女主人亲手拿着毛巾梳子侍候他，先来的人为他让出座位，烤火的人为他远离火边。等到他离开旅店的时候，旅店的客人已经在和他争席而坐了。

五十、无为而能自然（23）

《孟子》中讲了一个“揠苗助长”的故事。春秋时期，宋国有一个农夫，他总是嫌田里的庄稼长得太慢。终于有一天，他想到一个“好办法”，他来到田里，把禾苗一棵一棵往上拔。回到家里夸口说：“今天我帮助禾苗长高了好几寸！”他儿子听了，赶忙跑到田里去看，发现禾苗全都已经枯死了。想要人为帮助禾苗长高，结果反而弄死了这些禾苗，这就是主观妄为的结果。

“无为，故无败，无执，故无失”。道家的智慧就在于善于运用道的力量，善于运用事物自身的力量，而从不强行作为，从不强行持有，从不把自己的主观意志施加于万物。所以他们总是能做到“应物而生”，因为他们“以百姓之心为心”；所以他们总是能做到“待时而动”，因为他们“顺其自然”。

“希言自然”，是什么样子就表现出什么样子，依靠外在的装扮和修饰并不能改变其本质。没有成功，可以用语言夸赞出成功吗？并不高贵，可以用装饰把自己打扮成高贵吗？所以不如少一些主观意愿，不要习惯于发号施令。

即使治好了病人，也只认为不过是辅助他们返回本来就有的健康状态，而不认为自己能创造健康。即使领导众人做出了成就，也只认为不过是辅助他们拿到本来就可以拿到的东西，而不认为是自己一力所造就，一人之所能。只是“辅万物之自然，而弗敢为”，而从不会自恃能干，自吹自擂。

老子说“功成而弗居”，你又能有什么功呢？如果人天生就是不健全的，你能把他们治成更完美的高级状态，这才是功；如果你能让石头生根发芽开花结果，这才是功；如果你能把草养成花，把花养成树，这才是功。

自然自然，万物本身就有“然”的趋势，你不过是辅助一把，顺其势而为之罢了，又怎么会有功呢？正因为有道之人从不贪天之功，贪人之功，从不自见、自视、自矜、自高自大，所以不会失去自知之明，成功也就始终伴随着他，而不会离去。

关联章节

第二十三章

希言自然[①]。飘风[②]不终朝[③]，暴雨不终日。孰为此？天地，而弗能久，又况于人乎！故从事而道者同于道，德者同于德，失者同于失。同于德者，道亦德之[④]。同于失者，道亦失之。

注释

① 希言自然：“希”，本义指麻布织得不密，空洞很大，用于声指声音很空洞，听不到具体内容，所以第十四章说“听之而弗闻，名之曰希”；“希言”，指空洞之言，无声之言，言在这里又指声教政令，“希言”即无声之令，不强施之令的意思；“希言自然”，指不有为施政令，不强加于人，百姓因而得以自然发展。

② 飘风：旋风，暴风。段玉裁《说文解字注》：“回风也。回者、般

旋而起之风。庄子所谓羊角。”

③ 终朝（zhāo）：“朝”，日，天，如“今朝有酒”；“终朝”，指一整天。

④ 德之：“德”，通“得”，得到；“德之”，指得到他，不相分离的意思。

译文

不发言施令，万物得以自然化育。狂风不能刮一整天，暴雨不能下一整日，谁制造的狂风暴雨？天地强力施为都不能长久，更何况是人呢？所以用道的行为方式从事，就会获得“有道”的结果；用德的行为方式从事，就会获得“有德”的结果；用失道失德的行为方式从事，就会获得“失道失德”的结果。有德之人，道也会得到他；失德之人，道也会失去他。

庄子补释

【原文】道无终始，物有死生，不恃其成。一虚一满，不位乎其形。年不可举，时不可止。消息盈虚，终则有始。是所以语大义之方，论万物之理也。物之生也，若骤若驰。无动而不变，无时而不移。何为乎，何不为乎？夫固将自化。

——《庄子·秋水》

【复观译读】大道没有终结和起始，万物却都有死有生，因而不可以仗恃一时的成功。万物时而空虚时而盈满，从不固守不变的形态。年岁不可以挽留，时间从不会停息，消退、生长、盈满、空虚，万物终结又有了新的开始。知道这个就可以谈论大道的规则，评说万物的道理了。万物的生长，像是快马奔驰一样，没有什么运动不在变化，没有什么时刻不在迁移。应该做些什么呢？又应该不做什么呢？一切本来都将自然地变化。

【原文】巧者劳而知者忧，无能者无所求。饱食而遨游，泛若不系之舟，虚而遨游者也。

——《庄子·列御寇》

【复观译读】依赖于双手灵巧的人就会多劳累，依赖于头脑聪明的人就会多忧虑，不自恃己能的人则无所图求。吃饱了肚子自由自在地遨游，就像不被缆索系住而在水中漂流的小船一样，这就是心境虚无而逍遥游于大道的人。

五十一、知其子，守其母（28）

1954年，加拿大麦克吉尔大学的心理学家进行了“感觉剥夺”实验：给被试者戴上半透明的护目镜，使其难以产生视觉；用空气调节器发出的单调声音限制其听觉；手臂戴上纸筒套袖和手套，腿脚用夹板固定，限制其触觉。在这种情况下，人彻底隔绝了外界影响，完全处于由个人主观心发挥作用的状态，结果会如何呢？

被试者单独处在实验室里，几个小时后就开始感到恐慌，进而产生幻觉……在实验室连续待了三四天后，被试者会产生许多病理心理现象：出现错觉幻觉；注意力涣散，思维迟钝；紧张、焦虑、恐惧等，实验后需数日方能恢复正常。

由于会对人造成难以磨灭的精神伤害，这个实验最终被视为非人道而禁止。但可以肯定的是，假如人一直处于这种完全主观的状态，最终一定会面临精神崩溃的结果，也就更别说“由我而生”创造出什么真理了。

我们世界观和思维模式的形成，都不过是向外界学习的结果，存在于心而已，并不是源始于心。生而知之者，亘古未有。所以为什么有人说，我们能梦到的形象，都是源于对现实的加工。因为我们的心虽近道，但非道，并不具备无中生有的造化能力。

在《庄子·齐物论》中，庄子讲了一个关于影子的寓言，说影子之外的微阴问影子：“先前你行走，现在又停下；以往你坐着，如今又站了起来。你怎么没有自己独立的操守呢？”

影子回答说：“我是有所依凭才这样的吗？我所依凭的东西又有所依凭才这样的吗？我所依凭的东西难道像蛇的鳞片和蝉的翅膀吗？我怎么知道因为什么会是这样？我又怎么知道因为什么而不会是这样？”

风一吹，叶就动；叶一动，影子就动；影子一动，影子之外的微阴就动。微阴觉得影子变化无常，结果导致依托于影子的自己也随之变化无常，还完全莫名其妙。于是非常苦恼，就去责问影子。其实微阴问影，正如我们问心：“你为什么一会儿想这一会儿想那，一会儿念生一会儿欲起呢？”

庄子给我们的回答是：心，它同样也是有所依托的，就像蛇的鳞片和蝉的翅膀一样。那蛇和蝉是不是还有依托，一般人就不会再去考虑这个问题了。他们只会蒙昧地把蛇鳞蝉翼当成独立运行的事物，把水中月当成真月亮，而去问影捞月，在心上下功夫。所以这样的人，既不知道因为什么会是这样，也不知道因为什么不会是这样，而只能始终执之以迷，觉之以无常。

任何事物，最初都是合于道而诞生的，要想通晓它，就需要往它的根脚处去寻。所以《道德经》讲修身，会讲“复归于婴儿”；所以我们的文化，崇尚追本溯源。中国人为什么会把“道”视为最终极的追求，因为“道”，代表的是万事万物之根本，只有把握住了这个“道”，才能算得上是贯通始终，明白根底。

米开朗琪罗说：“雕塑本来就在石头里，我只是发现它，并把多余的石头去掉。”陆游说：“文章本天成，妙手偶得之。”他们都是用一种“发现”的心态去创作，认为至美至理是天然就存在的，从而摒弃了“由我而生，因我而灭”的“造、作”式创作意识。也正因为他们可以达到这种收敛主观、效法自然的境界，故而可以创作出流传百世的杰出作品。

关联章节

第二十八章

知其雄，守其雌，为天下溪[1]。为天下溪，恒德不离。恒德不离，复归于婴儿。知其荣[2]，守其辱[3]，为天下谷[4]。为天下谷，恒德乃足。恒德乃足，复归于朴。知其白[5]，守其黑[6]，为天下式[7]。为天下式，恒德不忒[8]。恒德不忒，复归于无极[9]。朴散则为器，圣人用则为官长。夫大制无割[10]。

注释

① 天下溪："溪"，指山间的小河沟，后泛指较小的河流；《尔雅》："水注川曰溪，注溪曰谷。""天下溪"，指天下水流都往它这里汇聚。

② 荣：荣耀，显达。

③ 辱：污浊，浊辱。

④ 天下谷："谷"，指山谷，两山之间狭长而有出口的低地，在这里代表空虚；"天下谷"，天下的空谷，指可以容纳天下万物的存在。

⑤ 白：指纯洁，没有污点，形容高洁贵显。

⑥ 黑：黑暗，暗昧，形容不得彰显。

⑦ 天下式："式"，准则，法度，范式；"天下式"，指成为天下的范式。

⑧ 忒（tè）：差失，差误。

⑨ 无极："极"，指尽头，边界；"无极"，指没有尽头，无边无际。

⑩ 大制无割："制"，本义指用刀裁断、裁割，引申为制度，法规，用法规割制百姓的意思；"割"，切断，割裂；"大制无割"，指好的制度，

是不会进行裁断割裂的。

译文

深知雄强，而安守雌弱，成为容纳天下水流的溪谷。成为天下水流的溪谷，恒德就不会失去。恒德不会失去，就能复归于婴儿的纯真柔和之境。深知荣华，而安守浊辱，成为畜养天下万物的空谷。成为畜养天下万物的空谷，恒德也就得以充足。恒德得以充足，就能复归于朴实的浑然如一之境。深知清白，而安守暗昧，成为天下清明的范式。成为天下清明的范式，恒德也就不会差失。恒德不会差失，就能复归于无极的深远无限之境。朴素破散则成为器，圣人用朴就能成为众器之官长。所以真正完备的制度，是不会对万物进行分割裁裂的。

庄子补释

【原文】夫虚静恬淡寂漠无为者，天地之平而道德之至也。故帝王圣人休焉。休则虚，虚则实，实则伦矣。虚则静，静则动，动则得矣。静则无为，无为也，则任事者责矣。无为则俞俞。俞俞者，忧患不能处，年寿长矣 。夫虚静恬淡寂漠无为者，万物之本也。

——《庄子・天道》

【复观译读】虚静、恬淡、寂寞、无为，是天地的基准，是道德修养的最高境界，所以帝王和圣人都停留在这一境地上。停留在这一境界上便能做到空虚如谷，空虚如谷就能畜养万物，万物归顺就能合于自然了（天下之物生于有，有生于无）。心境空虚就能清静，清静就能主导行为动作，有行为动作就能有所得了（静为躁君）。安静就能无为，无为而治，任事的人就能各尽其责了（无为而无不为）。无为就能从容无事，从容无事的人就不会有忧患，年寿也就长久了。虚静、恬淡、寂寞、无为，是万物的根本。

【原文】且夫二子者，又何足以称扬哉！是其于辩也，将妄凿垣墙而殖蓬蒿也，简发而栉，数米而炊，窃窃乎又何足以济世哉！

——《庄子·庚桑楚》

【复观译读】至于尧与舜这两个人，又有什么值得赞扬的呢！像尧与舜那样分辨世上的贤愚贵贱，就像是妄自毁坏好端端的围墙而去种上蓬蒿杂草一般。选择头发（按粗细）来梳理，点数米粒（按大小）来烹煮，察察治国的样子又怎么能够有益于世啊！

五十二、有意与无意（29）

老子说："夫天下神器也，非可为者也。为者败之，执者失之。"如果把天下当成自己的私产而随意处置，那么最终就会失去它。同样，如果凭主观意志去处置自己的身体，那么最终也会失去它。身体和天下一样，都是自然而生的神器，自有其运转规律存在，如果随意去干涉，必然会遭受失败。

《庄子·秋水》讲了这样一个故事：相传在两千多年前，燕国寿陵地方有一位少年，听说邯郸人走路姿势很美，就去邯郸学走路。一到邯郸，看到小孩走路，他觉得活泼、美，学；看见老人走路，他觉得稳重，学；看到妇女走路，摇摆多姿，学。就这样，不过半月光景，他连走路也不会了，路费也花光了，只好爬着回去了。

这个"邯郸学步"的故事可能大家都听说过，但它蕴含的道理却并非"不要一味模仿别人而失去自己"这么简单。走路是自然赋予我们的机能，人如果过度使用主观意识去控制自身行为，就会导致自身行为方式与自然所赋予的机能产生偏离。

下意识地走路与身体机能自然相和，有意识地走路，可能像"邯郸学步"一样，变得连路都不会走了，可见主观意识控制行为对人的损伤之大。我们有时候一些下意识的动作灵敏无比，但有意识去做就不灵了，原因也在于此。

人的所有行为，包括演奏、舞蹈、技击、书画，甚至说话、号哭等，一定都可以找到一个最佳的行为方式。这种行为方式就是顺应自然赋予我们的机能，与自身达到“和之至”的状态。达到了这个状态，就可以称为在这种行为上得道。

老子说婴儿“终日号而不嗄，和之至也”。成人如果像婴儿一样每天哭泣，身子早就垮了，但婴儿却几乎不会受到任何伤害。因为婴儿的哭泣是发于自然的“性”，而并非出于主观的“情”，所以就像我们吃饭喝水一样自然。正如婴儿的心思不足以形成“我”的意识一样，婴儿的哭泣，也同样不会形成悲伤的情感对自身造成伤害。

事实上，我们的主观意识对于身体来说是一个外来者，依靠它并不能真正了解自身，并不能以最为合理的方式来支配自身行为。只有消除自己主观的强行掌控，把身体重新交还给它实际意义上的掌控者——“本我”，在这个时候，它才能用最完美的方式来支配身体的行为，达到“和之至”的状态。

在这种状态下，你不需要指挥身体如何做出动作，只需要告诉它你想要实现什么目的，它自然而然就知道该如何去做。就好像我们投出一颗石子命中目标一样，并不需要去计算出手方位，投掷动作，考虑风速，控制肌肉，而只需要想着命中目标就可以了。主观意识的真正作用在于引导，而非控制。

使用主观意识控制自身行为，尚且会对自己造成损伤，导致行为失当，不能活到自然所赋予的寿数。那么可想而知，用自己的主观去控制他人，去控制国家，去控制天下，会对他人、国家和天下造成何等的伤害。

所以圣人治国，会把自己的主观意志影响削弱到可以忽略不计的地步，“以百姓之心为心”，让百姓自己去完成。百姓只是“下知有之”，但总是可以“功成事遂”，而并不觉得是被人驱使的。对圣人来说，这其实就是“无为”了。

庖丁解牛的故事，相信大家也不陌生。文惠王说自己听了庖丁这番话由此懂得了养生的道理，庖丁不过是一个宰牛的，又怎么会和养生扯上关系呢？其实道理是相通的，我们是在养生，庖丁是在养他那把刀。

庖丁说，技术好的厨师每年更换一把刀，因为他是在割牛；一般的厨师每个月就得更换一把刀，因为他是在砍牛；而我的刀，用了十九年，宰杀的牛也有数千头了，但刀刃锋利得就好像在磨刀石上刚磨好的一样。

我们且自问一下：谁敢保证自己活过十九年而身上没有丝毫伤痕，不产生任何疾病？刀子每天在牛身中游走，刀刃如同纸一样薄，牛的身体里到处都是坚硬的骨头，庖丁尚且可以做到解牛数千头而刀刃依然如新。因为他在解牛的时候顺应了牛的身体结构，所以刀子不会遭到损伤，这可不正是顺应自然的养生之至高境界吗？

所以自然的，往往是最高级的形式，因为它遵从的是最高法则——道；而人为的，反而往往落于下乘，因为它遵从的是人的意志，受限于人的智力。

关联章节

第二十九章

将欲取天下而为之①，吾见其弗得已②。夫天下神器③也，非可为者也。为者败之，执者失之。物或行或随④，或嘘或吹⑤，或强或羸⑥，或培或堕⑦。是以圣人去甚⑧，去泰⑨，去奢⑩。

注释

① 取天下而为（wéi）之：“取”，本义指割取敌人的耳朵记功，泛指获取，得到的意思；“为”，做，从事；“取天下而为之”，指通过有为的方式来取得天下。

② 弗得已：“得”，指完成，实现；“弗得”，指不能实现；“已”，表示完结，状态得以完成；“弗得已”，指不能得到实现，完全不可能的意思。

③ 神器：“神”，指精神的存在，精神是拥有自己的法则并时刻运转不停的；“器”，器具，器物；“神器”，指按照一定的规则永不停息在运转的器物。

④ 或行（xíng）或随：“或”，有的，有些；“行”，行走，前往；“随”，跟着，跟随；“或行或随”，指有的在前行走，有的在后跟随。

⑤ 或嘘或吹：“嘘”，慢慢地吐气，呵气使温暖，如嘘寒问暖；“吹”，合拢嘴唇用力出气，急促吹气使冷却；“或嘘或吹”，指有的天性温和，有的天性冷淡。

⑥ 或强或羸：“强”，刚健，有力；“羸”，瘦弱，无力；“或强或羸”，指有的刚健有力，有的瘦弱单薄。

⑦ 或培或堕（huī）：“培”，扶助，培养；“堕”，损毁，破坏；“或培或堕”，指有的善于培育，有的善于破坏。

⑧ 甚：过分，过度。

⑨ 泰：骄纵，傲慢。

⑩ 奢：铺张，无节制。

译文

想要通过强行施为的方式来持有天下，我看他不可能成功。天下是有自己运作规律的宏伟之器，不是我们可以强行施为的。强行施为，就会失败；强力抓取，就会失去。天下万物有的在前行走，有的在后跟随；有的性情温和，有的性情冷漠；有的刚健有力，有的瘦弱单薄；有的善于培育，有的善于毁坏。所以圣人去除过分的、放纵的、没有节制的状态。

庄子补释

【原文】不以心捐道，不以人助天，是之谓真人。若然者，其心志，其容寂，其颡頯。凄然似秋，煖然似春，喜怒通四时，与物有宜而莫知其极。

——《庄子·大宗师》

【复观译读】不用心智去替代大道，不用人为去增益自然，这就叫“真人”。像这样的人，他的内心安定专一，他的容颜淡然安闲，他的面额端庄宽广；冷肃得像秋天，温暖得像春天，喜怒和四季轮换一样自然，与万物都相宜而不知道他的极限在哪里。

【原文】昔者海鸟止于鲁郊，鲁侯御而觞之于庙，奏九韶以为乐，具太牢以为膳。鸟乃眩视忧悲，不敢食一脔，不敢饮一杯，三日而死。此以己养养鸟也，非以鸟养养鸟也。夫以鸟养养鸟者，宜栖之深林，游之坛陆，浮之江湖，食之鳅鲦，随行列而止，逶迤而处。彼唯人言之恶闻，

奚以夫谠为乎！咸池九韶之乐，张之洞庭之野，鸟闻之而飞，兽闻之而走，鱼闻之而下入，人卒闻之，相与还而观之。鱼处水而生，人处水而死。彼必相与异，其好恶故异也。故先圣不一其能，不同其事。名止于实，义设于适，是之谓条达而福持。

——《庄子·至乐》

【复观译读】从前，一只海鸟飞到鲁国都城的郊外，鲁国国君把海鸟接到太庙里供养，奏“九韶”的乐曲来取乐它，用“太牢”的宴席来喂养它。海鸟于是眼花缭乱心中忧悲，不敢吃一块肉，不敢饮一杯酒，三天就死了。这是用养自己的方式来养鸟，不是用养鸟的方式来养鸟。用养鸟的方式来养鸟，就应让鸟栖息于深林，漫游于沙洲，浮游于江湖，啄食小鱼泥鳅，跟随鸟群的队列止息，自由自在地生活。它们最讨厌听到人的声音，又为什么还要弄得那么喧杂呢？咸池、九韶的乐曲，演奏于广漠的原野，鸟儿听到高飞，野兽听见远走，鱼儿听到潜游，人们听见了却围着观看不休。鱼儿在水里生存，人在水里就会死去，人和鱼必定相互不同，好恶也因而不一样。所以先圣王不统一人们的能力，也不令他们做同样的事情。名义在于符合实际，适宜在于顺应自然，这就叫条理通达而福德长久。

【原文】骈拇枝指出乎性哉，而侈于德；附赘县疣出乎形哉，而侈于性；多方乎仁义而用之者，列于五藏哉，而非道德之正也。是故骈于足者，连无用之肉也；枝于手者，树无用之指也；多方骈枝于五藏之情者，淫僻于仁义之行，而多方于聪明之用也。

——《庄子·骈拇》

【复观译读】先天长在一起的脚趾和多长出来的手指，是出自人的自然天性（有人天生如此），但对于人的正德常态属于多余。后天多长出来的肉瘤也是出于人的形体，但对于人的自然天性属于多余。把仁义派生出各种各样的运用，还用人体的五脏来作比拟（如：仁主肝，义主肺），但都不是道德的正态。因此脚趾骈生，不过是多接连了一块无用的肉；手指多生，不过是多长了一个无用的指头；拿这些多余的东西到处勾连五脏的天然常情，于是走上仁义的歪门邪道，而只是在肆意发挥聪明的作用而已。

五十三、不以兵强行（30）

《战国策》记载了这样一件事：在战国中后期，为了联合六国抗拒强秦，天下的策士都聚集在赵国讨论合纵盟约。这时秦相应侯范雎对秦王说："大王不必忧心，臣可以使他们的合纵之盟约土崩瓦解。"

范雎说："秦对于天下的策士，平日丝毫没有怨仇，他们要聚会谋划攻打秦国，是因为自己想借此升官发财而已。请大王看看大王的狗，现在睡的睡，站的站，走的走，停的停，彼此之间没有任何争斗。可是只要丢下一块骨头，所有的狗就会立刻跑过来，龇牙咧嘴露出一副凶相，互相争夺，乱咬乱叫。"

于是范雎就派人用车载着美女乐队，并且给他 5000 金，让他在赵国的武安大摆宴席，并且对外宣称："邯郸人谁愿意来拿黄金呢？"策士中为首的固然没有来拿黄金，但是那些得到黄金的人，跟秦国就像兄弟一样亲密了。

范雎又派人再拿 5000 金，再度前往武安去收买天下策士，结果还没分完 3000 金，参加合纵之约的天下谋士就互相争夺起来。

所以《孙子兵法》说："上兵伐谋。"而老子说："以道佐人主，不以兵强于天下，其事好还。"善于用道来行事的君王，不会一味用强力横行天下，因为强力很容易遭到天下人的反弹。

著名的亡国之君隋炀帝，即位后的十四年间，任意挥霍民众血汗，征发民工，大兴土木。大的工程常年役使两百万人以上，小的工程也要随时征集十万余人。为了夸耀隋朝声威，隋炀帝还以利益来诱导西域诸国入朝。外国人见有利可图，纷纷来朝，沿路郡县招待迎送耗费极大。

外国人进入洛阳做生意，即安排本地商人豪华装饰市场，堆积贵重货物。商人穿着华丽服装，连卖菜的人也用龙须席铺地，摆放蔬菜。外国人经过酒店门口，店主邀请吃饭，外国人酒足饭饱，分文不要，嘴里赞叹感谢一番，拂袖而去。市场的树木、杆子都用绸布等料子包缠。

最终，天下人不堪重负，隋炀帝的随从卫官、卫士数万人造反，攻入宫中，捕获隋炀帝。盛极一时的隋王朝，就这样覆灭了。

老子说："为无为，事无事，味无味。"治理国家，以不扰乱民众，不纵欲生事，让自己无所作为，为为；以能把自己解放出来，让国家自行运转，让自己无事可做，为事；以能让国家平安无事，生活淡然无味，为味。

淡，方能散坚祛节，涤荡身心，复归于空明；淡，方能洗味去尘，除净铅华，复归于本真。平平淡淡才是"常"，才符合于道，才能长久。只有在国之将亡时，才会各种奇异怪诞的现象层出不穷；只有在人心失常时，才会穷奢极欲而重口厚味不绝。

关联章节

第三十章

以道佐[①]人主[②]，不以兵强于[③]天下，其事好还[④]。师之所居，楚棘[⑤]生之。善者果而已矣[⑥]，毋以取强焉。果而毋骄，果而勿矜，果而勿伐，果而毋得已居[⑦]，是谓果而不强。物壮而老[⑧]，是谓之不道，不道早已[⑨]。

注释

① 佐：辅助，帮助。

② 人主：指一国之主，君王。

③ 于：在，表范围。

④ 好（hào）还（huán）："好"，指喜欢，因为喜欢而趋向于该状态，如"民甚好径""我好静而民自正"；"还"，返回，回到原处，《说文》："还，复也。""好还"，指趋向于回到发起之处。

⑤ 楚棘：指荆棘，杂草。

⑥ 已矣："已"，停止；"已矣"，指罢了，停止了。

⑦ 毋得已居："毋"，不要，莫，表示禁止或劝诫；"得"，指完成，实现；"已"，表示程度深；"得已"，指完全实现自己的意愿；"居"，处在，处于；"毋得已居"，指不要完全出于自己的意愿处在这个结果。

⑧ 物壮而老："壮"，大，强盛；"老"，困乏，衰竭。

⑨ 已：本义指停止，引申为完结，终结。

译文

选择用道来辅佐自身的君王，不会用兵事横行于天下，因为恶果很容易落在自己身上。大军所到之处，荆棘丛生。以道来行事的人，即使用兵也只是为了解决危难，达到目的就停止了，并不逞强。达到目的也不要骄傲，达到目的也不要自鸣得意，达到目的也不要自夸自赞，达到目的只是出于不得已，这就是使用战争达到目的而不逞强的表现。事物太过壮盛便容易困顿，这叫不合于道，不合于道就会早早消亡。

【原文】圣人以必不必，故无兵；众人以不必必之，故多兵；顺于兵，故行有求。兵，恃之则亡。

——《庄子·列御寇》

【复观译读】圣人用严谨慎重的态度对待不需要那么严谨慎重的事情，所以总是不需动干戈；普通人却用不严谨不慎重的态度对待必须严谨慎重的事情，所以总是大动干戈。习惯了使用干戈（纷争、战争）解决问题，故而一举一动都有其目的（失去了自然的状态）。干戈（纷争、战争），依仗于它到头来只会自取灭亡。

【原文】故圣人之用兵也，亡国而不失人心。利泽施乎万世，不为爱人。故乐通物，非圣人也；有亲，非仁也；天时，非贤也；利害不通，非君子也；行名失己，非士也；亡身不真，非役人也。

——《庄子·大宗师》

【复观译读】所以圣人用兵作战，灭掉敌国却不失掉民心；利益和恩泽广施于万世，却不是因为仁爱世人。所以乐于交往外物的人，不是圣人；有心爱人的人，不是仁人；投机取巧的人，不是贤人；不知利害的人，不是君子；为虚名而失去自我的人，不是士人；不知道养生修性的人，不是可以役使世人的人。

五十四、善用物，善用“我”（31）

天地万物，每一个都有自己与生俱来的特性，可以称之为天赋“物性”。精美的瓷器，如果用它来砸东西，很快就会损坏；庖丁的解牛刀，如果把它收藏起来，很快就会锈蚀；梅花如果用来做盆景，就会变得怪异畸形，因为伤了“物性”。

为何有“铸剑为犁”一说，因为剑主毁伤，而犁主耕作，铸剑为犁，材质没变，但物性已经变了。人制造出囚牢，并不是用以住人的，而是用以囚禁人的；人制造出刑具，并不是用以赏玩的，而是用以折磨人的。所以老子说：“夫兵者，不祥之器也”，“勿美也”。因为兵器是凶器，制造出来就是为了杀伤，才会“铦袭为上”，越锋利越好。

万物，包括人制造出来的器具在内，天生就被赋予相应的物性，顺其性而行之，则物尽其用；逆其性而行之，物遭损毁不说，用者也必受其害。老子说：“圣人恒善救人，而无弃人。物无弃材，是谓袭明。”正因为圣人知道万物的物性，所以物能尽其用，一粒米一棵草都不会被丢弃，人能尽其才，让每个人都可以发挥自己的作用而不会被抛弃。

《庄子·逍遥游》里惠子对庄子说，自己种出了一个大葫芦，结出来的果实有五石容积。用大葫芦去盛水浆，可是它的坚固程度承受不了水的压力。把它剖开做瓢，却因太大而没有适于它容纳的东西。这个葫芦不是不大，自己却因为它没有什么用处而砸烂了它。

庄子却说惠子心窍不通，真是不会用大东西。你既然有五石容积的大葫芦，怎么不考虑用它来制成腰舟，而浮游于江湖之上，却非要用它来装东西呢？所以天下没有无用的事物，只看你会不会用。

用物不凭主观而是顺应物性，正如“无人之舟”。《庄子·山木》说：“乘船渡河，突然有条空船碰撞过来，即使心地最狭隘、性子最火暴的人也不会发怒；倘若有人在那条船上，就会人人大呼：‘撑开，后退！’呼喊一次没有回应，呼喊第二次也没有回应，喊第三次必定会骂声不绝。刚才不发脾气而现在发怒，是因为刚才船是空的而今却有人在船上。”

我们常常能够宽恕“无心之失”，但很难原谅“有心之过”；我们常说“童言无忌”，但对成人看似无心的伤害之言却耿耿于怀，因为很难判定他到底是“有心”还是“无心”。小孩子说话，不会经过深刻的内心思考，而只是出于本心，想到什么就说什么，所以即使他的语言伤害了别人，别人也不会跟他计较。

复仇的人不会去怨恨伤害自己的剑。我们走在路上，被房子上吹落的瓦片砸到脑袋，并不会去怨恨瓦片。我们照镜子，发现镜子里的人很丑，也不会去怨恨镜子。庄子由此在《达生》篇中说，如果我们每个人都能遵从自己的天性去生活，而不是有心去算计，有目的去作为，那么天下也不会再有这么多的怨恨了。

从婴儿到成人，我们经历了一个从客观到主观的转换，即从“无心”变成“有心”，从“天性”变成“欲望”。所以道家的修养心性，修的是婴儿之心的“天真”“纯净”，养的是更符合本源属性的“虚”，祛除主观欲念之后的“静”，而“复归于婴儿”。婴儿之心性人人都曾有过，因此名为修养心性，实为返本而归真。是谓不修之修，不求之求。

关联章节

第三十一章

夫兵①者，不祥②之器也。物或恶之，故有欲者弗居③。君子居④则贵左，用兵则贵右，故兵者非君子之器也。兵者不祥之器也，不得已而用之，铦袭⑤为上，勿美⑥也。若美之，是乐杀人⑦也。夫乐杀人，不可以得志于天下矣。是以吉事上⑧左，丧事上右。是以偏将军居左，上将军居右。言以丧礼居之也。杀人众，以悲哀莅⑨之。战胜，以丧礼处之。

注释

① 兵：作战用的武器，兵器。

② 不祥：不吉利，不善。

③ 有欲者弗居："欲"，指欲求，想要达到某种目的或得到某种东西的要求；"居"，处在，处于；"有欲者弗居"，指想要有所作为的人不会处于这种状态。

④ 居：平时，平常，平素家居。

⑤ 铦袭："铦"，锋利；"袭"，衣上加衣，引申为重叠；"铦袭"，指锋利再锋利，重重锋利的意思。

⑥ 美：称赞，以为好。

⑦ 乐（lè）杀人："乐"，喜欢，如"乐此不疲"；"乐杀人"，指喜欢杀人。

⑧ 上：本义指高处，上面，这里指以之为尊，尊崇的意思。

⑨ 莅：临视，本意指走到近处察看，也有处理、处置的意思。

译文

兵器是不祥的器物，众生都很厌恶被它伤害，所以想要有所作为的人，不会使用它。君子日常生活中以左为尊位，而用兵打仗则以右为尊位，所以兵器不是君子日常需要的器物。兵器是不祥的器物，使用它只是不得已，它以锋利便于杀伤为上，不要去称赞它。如果称赞它，就是喜欢杀人，而喜欢杀人，是不可能得志于天下的。所以办喜事以左边为尊位，办丧事以右边为尊位。偏将军处在左位，而上将军处在右位，说是用丧礼来对待兵事。杀人众多，用悲哀的心情来对待；打了胜仗，用丧礼的规制来处理。

庄子补释

【原文】夫杀人之士民，兼人之土地，以养吾私与吾神者，其战不知孰善？胜之恶乎在？君若勿已矣，修胸中之诚以应天地之情而勿撄。夫民死已脱矣，君将恶乎用夫偃兵哉！

——《庄子·徐无鬼》

【复观译读】杀死他人的士卒和百姓，吞并他人的土地，用来满足自己的私欲和意气的，这样的战争不知道有什么正义？所谓的胜利又体现在哪里？你如果不得不有所为，那就修养心中的诚意，来顺应天地自然的真情而不去扰乱。百姓死亡的威胁自然得以解脱，你又哪里用得着再讨论止息战争呢！

【原文】仲尼曰："丘也尝使于楚矣，适见豚子食于其死母者。少焉

眴若，皆弃之而走。不见己焉尔，不得其类焉尔。所爱其母者，非爱其形也，爱使其形者也。战而死者，其人之葬也不以翣资；刖者之屦，无为爱之；皆无其本矣。为天子之诸御，不爪翦，不穿耳；取妻者止于外，不得复使。形全犹足以为尔，而况全德之人乎！”

——《庄子·德充符》

【复观译读】孔子说：“我曾经出使到楚国，正巧见到一群小猪在刚死去的母猪身边吃奶。不一会儿就都惊惶地丢下母猪逃走了。因为不再感受到母猪精神的存在，不再和它们是同类了。小猪爱自己的母亲，并不是爱母亲的形体，而是爱主宰形体的精神。战死疆场的人，他们埋葬时不需要装饰棺木，砍掉脚的人穿过的鞋子，不会再去爱惜，这都是因为失去了根本。做天子的妃嫔，不剪指甲不穿耳洞；婚娶过的人只能在宫外办事，不能再到宫中听用。形体健全尚且足以被看重，又更何况是德性完整的人呢？”

五十五、如何战胜自己（33）

《韩非子·喻老》讲了这样一个故事：楚庄王想攻打越国，杜子进谏说："大王攻打越国，凭什么？"楚庄王说："越国政乱兵弱。"

杜子说："愚臣很为此事担忧。智慧好比眼睛，能看见百步以外的东西，却不能看见自己的眼睫毛。大王您的军队曾被秦、晋打败，丧失了数百里的土地，这是兵弱；庄蹻在境内造反，官府却不能加以禁止，这是政乱。大王兵弱政乱，并不在越国之下，反而想去攻打越国，这就是智慧如同眼睛，见远不见近啊。"于是楚庄王停止了行动。

韩非子总结说，智慧可以用来对付别人，但不能用来对付自己；眼睛可以用来看清别人，但不能用来看清自己。所以强大的关键，不在于战胜别人，而在于战胜自己；所以了解事物的困难，不在于看清别人，而在于看清自己。

我们会通过观察别人的语言、行为等外在表象来了解别人，但不会通过观察自己的语言、行为来了解自己。因为了解自己和了解别人，是两种完全不同的认知事物的方法。战胜自己与战胜别人，也同样如此。

老子说："胜人者有力。"用更强大的力量就可以战胜别人，但个人有再强的力量也不可能施展在自己身上，国家有再强的武装力量，也不可能用来解决自己的内部纷争。所以战胜自己靠的不是力量，而是修养心性；治理天下靠的也不是武力横行，而是修德执道。

"执大象，天下往。"以道治国，就能营造出最具有吸引力的社会环境，天下人会欣然来投。“往而不害，安平泰”，天下人就能和谐相处而融为一体。“大邦以下小邦，则取小邦”，大国处下，自然就能吸引小国归附，而不需要战争。所以老子说“以无事取天下”。

故而战胜自己，也不是强行抑制自己，对抗自己，雕琢自己，与自我相争斗，而是在清静无为中复归于本我，自然而然心性如一。心性如一的人，不会有精神内耗，而能得以“神全”，在自然状态下自然成长。

胜人者，只是当下强过了某个人，并不能说明他自己也在不断变强。当能胜过一切人之后，自己仍然还能继续变强，这才叫“自胜”。当没有任何人能指点你、提高你了，仍然还能自我提高，这才叫“自胜”。当已经走在最前列，如果不能激发自然就有的生机，不能运用道的生发力量实现自我突破，那又该如何继续前行呢?

关联章节

第三十三章

知人者，智也。自知①者，明也。胜人者，有力也。自胜②者，强也。知足者，富③也。强行者，有志④也。不失其所⑤者，久也。死而不亡⑥者，寿也。

注释

① 自知：“知”，认知，明了；“自知”，即自己明了自己的意思。

② 自胜：“胜”，战胜，打败；“自胜”，即自己战胜自己的意思。

③ 富：充裕，充足，表示不缺乏。

④ 志：心愿所往，意向。

⑤ 所：处所，地方。

⑥ 亡：丧失，遗失。

译文

能看清别人，说明十分聪慧；能看清自己，才是真的通明。战胜别人，说明很有力量；战胜自己，才是真的高强。知足的人，才是真的富有；行而不止的人，说明心志强盛。不失去身体这个居所，方能生命长久；身体死去而精神不消亡，才是真正的长寿。

庄子补释

【原文】宇泰定者，发乎天光。发乎天光者，人见其人，物见其物。人有脩者，乃今有恒；有恒者，人舍之，天助之。人之所舍，谓之天民；天之所助，谓之天子。学者，学其所不能学也；行者，行其所不能行也；辩者，辩其所不能辩也。知止乎其所不能知，至矣；若有不即是者，天钧败之。

——《庄子·庚桑楚》

【复观译读】心境安泰镇定的人，就会自然有心性的光明发出。这样的光明发出，照见人能知其人，照见物能知其物。有修养的人，才能做到保持恒德；保持恒德的人，人们归往于他，上天帮助于他。人们所归往的，称之为天民；上天所帮助的，称之为天子。善于学习的人，依赖学习来求知于根本无法学取的道理（道不是可以学取的知识）；善于行走的人，依赖行走来抵达于永远不能触及的领域（道不是可以步量的距离）；善于辩论的人，依赖思辨来阐明于言语不能表达的玄机（道不是可以思辨的逻辑）。知道停留在他不能认知的边界，就是达到了认知的极点。如果有人不是这样，那么自然的禀性就会使他失败。

【原文】孔子谓颜回曰："回，来！家贫居卑，胡不仕乎？"颜回对曰："不愿仕。回有郭外之田五十亩，足以给𫗴粥；郭内之田四十亩，足以为丝麻；鼓琴足以自娱，所学夫子之道者足以自乐也。回不愿仕。"孔子愀然变容曰："善哉，回之意！丘闻之：'知足者不以利自累也，审自得者失之而不惧；行修于内者无位而不怍。'丘诵之久矣，今于回而后见之，是丘之得也。"

——《庄子·让王》

【复观译读】孔子对颜回说："颜回，过来！你家境贫寒居处卑陋，为什么不出去做官呢？"颜回回答说："我不愿做官，城郭之外我有五十亩地，足以供我吃饱饭；城郭之内我有四十亩地，足够用来织丝麻；弹琴足以使我欢娱，学习先生的道理足以使我快乐。因此我不愿意做官。"孔子听了动容改色说："实在是好啊，颜回的心意！我听说：'知道满足的人不会因为利禄而累害自己，安闲自得的人即使遭遇损失也不会畏惧忧虑，注重内心修养的人没有职位也不会自惭羞愧。'我吟咏这样的话已经很久了，如今在你的身上见到，这也是我的收获。"

五十六、大小为一，物我一体（34）

杨朱是道家学派重要的代表人物之一，“一毛不拔”这个成语就是出自于他。《列子·杨朱》记录了杨朱的一句名言：“古之人损一毫利天下，不与也。”拔我一根毫毛，说对整个天下都有利，我也不会给。这句话听起来极度自私，但其实大公无私，因为他维护的是天下每一个人的利益。

假如真的对整个天下都有利，又怎么会去牺牲个人？说到底，不过是想牺牲一部分人的利益，去满足另外一部分人罢了。损我而利天下，换个角度就可以损天下而利我；损我而利他人，换个角度就可以损他人而利己。

《列子·杨朱》记载：墨子的学生禽子对杨朱“一毛不拔”的思想很不理解，就去问杨朱的学生孟孙阳，孟孙阳却说禽子根本就没明白杨朱的用心。他问禽子，如果有人说痛打你一顿，给你一万金，你干吗？禽子毫不犹豫地回答，干！

孟孙阳再问，如果截断你的一条腿，就能让你得到一个国家，你愿意吗？禽子沉默了好久，没有回答。因为他知道接下来的问题就会是砍掉你的脑袋，来让你得到天下你愿不愿意。

孟孙阳总结道，毫毛积累成肌肤，肌肤积累成肢体，一根毫毛就算是肢体的万分之一，又怎么就能因此而轻视它呢？

毫毛虽小，仍然是身体的一部分；一个人的利益虽小，仍然是天下人利益的一部分。难道因为它小，就可以不当一回事吗？没有小，又哪里来的大呢？“天下之大必作于细”，任何大，都是来源于小。

因此哪怕是毫毛之利的损害，只要损害他人利益的先例一开，就会从一根毛扩展到整个身体，从一个人扩展到天下人，从自愿到被自愿，最终拿天下人的利益去奉养极少数人。千里之堤，溃于蚁穴，极度的自私和不公平，就从剥夺一个人一根毛的利益开始。

杨朱又说：“就算把天下人的利益都加在我身上，我也坚决不要。”既不让人来损己，也不去损人；既不损人来利己，也不损己去利人；把自己视为天下人，把天下人视为自己。杨朱这样的思想，与庄子的小大之辨、齐物论，与老子的贵生、不争、不伤人等思想，其实是一脉相承的。

这种把自身和天下人视为一体的意识，是崇尚尊卑阶级，分化高下贵贱的人不可能具备的。如果用仁义贤名挑起天下人的争斗，用尊卑贵贱把天下人区分对立，天下必然自此大乱矣。君臣对立，又怎么可能不国家昏乱？长幼、父子对立，又怎么可能不六亲不和？毒害民众而不自知，祸乱天下还嫌自己做得不够，这就是无知而又想有所作为造成的结果，典型的“妄”。“妄作，凶”。

关联章节

第三十四章

道氾[①]呵，其可左右[②]也。成功遂事而弗名有[③]也，万物归焉而弗为主[④]，则恒无欲也，可名于小[⑤]。万物归焉而弗为主，可名于大[⑥]。是以圣人之能成大也，以其不为大[⑦]也，故能成大。

注释

① 氾（fàn）：形容范围广，广泛。

② 左右：左面和右面，无论哪一方面均可。

③ 弗名有："名"，以自己的名义占有，如"不名一钱"；"弗名有"，指不去占有成果。

④ 弗为主："主"，控制者，支配者，财产或权力的所有者；"弗为主"，指不做主宰者。

⑤ 可名于小："名"，说出，描述，如"不可名状"；"可名于小"，指可以描述成很微小。

⑥ 大：至高无上的，伟大的。

⑦ 不为（wéi）大："为"，做，从事；"不为大"，指不以成就至高无上为目的。

译文

道是这样的广泛啊，可左可右无所不在。功业成就了，事业做成了，道也不会去占有成果。万物都来归附，道也不会去做它们的主宰。这是因为道从来都没有自己的私欲，可以说很低微了。万物都来归附而不做它们的主宰，又可以说是很伟大了。所以圣人能够成就伟大，是因为从来都没有追求成就伟大，因而最终能成就其伟大。

庄子补释

【原文】夫道，于大不终，于小不遗，故万物备。广广乎其无不容也，渊乎其不可测也。形德仁义，神之末也，非至人孰能定之！夫至人有世，不亦大乎！而不足以为之累。天下奋棅而不与之偕，审乎无假而不与利迁，极物之真，能守其本，故外天地，遗万物，而神未尝有所困也。通乎道，合乎德，退仁义，宾礼乐，至人之心有所定矣。

——《庄子·天道》

【复观译读】道，从大的方面来说它没有穷尽，从小的方面来说它没有遗漏，所以遍及万物。广大宽泛而无所不容，渊深精湛而不可探测。刑罚、德化与仁义，这是精神统御天下的末学，不是道德修养高的至人谁能确立它！至人统治天下，功业不是很伟大吗？可是却不足以成为他的拖累。天下人都奋力争夺权柄而他不会跟随，不凭借成见审察万物而又不为私利所左右，深究万物的真性，持守天地的根本，所以天地置之度外，万物遗弃身后，而精神从未有过困扰。通达于道，合乎于德，于是摈退仁义，抛弃礼乐，至人的内心始终都有所安守。

【原文】故海不辞东流，大之至也。圣人并包天地，泽及天下，而不知其谁氏。是故生无爵，死无谥，实不聚，名不立，此之谓大人。狗不以善吠为良，人不以善言为贤，而况为大乎！夫为大不足以为大，而况为德乎！夫大备矣，莫若天地。然奚求焉，而大备矣！知大备者，无求，无失，无弃，不以物易己也。反己而不穷，循古而不摩，大人之诚。

——《庄子·徐无鬼》

【复观译读】所以大海不拒绝向东而来的水流，才能大到极致。圣人包容天地，泽被天下，而人民却不知道他是谁（因其无名）。因此他活着的时候没有爵位，死了以后没有谥号，财货不聚集，名声不建立，这就是大人。狗不因为善于叫唤便是好的，人不因为善于言谈便是贤才，又更何况是成就伟大的人呢！有心求取伟大倒不足以成就伟大，又更何况是建树大德的人呢！最大而完备的，莫过天地，那么天地又有什么可追求的，它已经是最大而完备的了。知道大而完备的，无所求取，无所失去，无所摒弃，不因外物而改变自己。返归（持守）自己的本性而不懈怠，遵循大道而不矫饰，这就是大人的真性。

五十七、向道而往（35）

我们把没有人迹的地方称为“大自然”，只是出于对人类行为影响的反向思考，因为这些地方不会受到人为因素的干扰，所以我们称其为“自然”。野外的一棵树，没人去给它修剪枝叶，它想怎么长就怎么长，所以我们觉得它是自由自在、任由自己的。那“人”的行为为什么总是会造就“不自然”？因为太多人总想要把自己的意志强行施加于人。

以前学习过一篇课文叫《病梅馆记》，梅花本来是自由自在地生长，而人为了让梅花长得新奇，就使用遮蔽阳光、捆束枝干等方法把梅花弄得奇形怪状。作者认为这些梅花都是病梅，是不自然成长的结果，其实人又何尝不是一样。

人因为懂得使用智巧去伸张自己的意志，所以也会懂得把自己的想法强加在他人身上，让他人按照自己的意愿成长。恐吓打骂是一种方法，激励也同样是一种方法。但激励如果使用不当，照样容易把人培养成“病梅”，看似锦绣，其实内心是病态的。

索尼前常务董事天外伺郎 2007 年发表了一篇文章,《绩效主义毁了索尼》。文章指出：“绩效主义摧毁了索尼引以为傲的激情团队。绩效主义看似公平，但缺少内涵，它只能依靠利益刺激，未结成精神共同体，最终将走向平庸。”

天外伺郎道出了利益激励机制的致命缺陷：使用利益来驱动员工，只会把员工打造成追逐利益的团体，他们遇上困厄、灾祸、忧患就会相互抛弃。因为利益而团结在一起，最终也必然会因为利益而分崩离析。只有发自内心的热爱和热情，遇上困厄、灾祸、忧患才会不离不弃，这也就是天外伺郎所说的“精神共同体”。

用名声和利益来激励人，用赞美和欣赏来鼓舞人，看似最直接见效最快，所以使用的人很多。宋真宗赵恒在《劝学诗》中也以“书中自有千钟粟，书中自有黄金屋，书中自有颜如玉”来激励士子发愤读书。然而老子却说“道之出言也，曰淡呵其无味也。视之不足见也，听之不足闻也”。既然如此，道又凭什么吸引人来归附呢?

动听的音乐和美味的食物，可以诱使行人停留下来。然而音乐终止了，宴会结束了，人们就会四散离去，因为招来的终究只是过客而已。被仙音缭绕诱惑而来的人，是喜欢听音乐的人；被人情世故召唤而来的人，是经营人情的人；被功效神速吸引而来的人，是急功近利的人；被回报丰厚吸引而来的人，是做生意的人。依靠外在的东西吸引人，吸引来的终究也只是外道之人。

道使人乐于归附，既不是因为它味道鲜美，也不是因为它形体雄伟；既不是因为它声音动听，也不是因为它见效神速，而是在精神上的感召，来自天性的亲近。所以老子说：“天之道，不战而善胜，不言而善应，不召而自来，坦而善谋。”

关联章节

第三十五章

执大象①，天下往②。往而不害，安平泰③。乐与饵④，过客止⑤。故道之出言⑥也，曰淡呵其无味也。视之不足见也，听之不足闻也，用之不可既⑦也。

注释

① 执大象:“执”，固守，坚持;“象”，形状，形象;“大象”，指大到没有形状的形象，即无形，用以指代“道”。

② 往：本义指到某地去，这里指归向、归往。

③ 安平泰:“安”，平静，安宁,《说文》:“安，静也。”“平”，平顺，舒畅,《说文》:“平，语平舒也。”“泰”，安定平和，和谐;“安平泰”，指安宁、平顺、和谐。

④ 乐（yuè）与饵:“乐”，指音乐;“饵”，本义指糕饼，后指食物的总称;“乐与饵”，指音乐和美食。

⑤ 止：停住，不再前行。

⑥ 出言:“言”，指表达，如“诗以言志”;“出言”，即言出，指以任何形式表达出来。

⑦ 既：本意指吃完饭，引申为尽、完。

译文

执守住大道，则天下人都会前来归附。向道而往，就会安宁、平顺、和谐而互不相害。音乐和美食，可以让过客停留。而道表达出来，却是寡淡无味。看也看不见它，听也听不到它，但是用它却用不完。

庄子补释

【原文】鲁有兀者王骀，从之游者与仲尼相若。常季问于仲尼曰:“王骀，兀者也。从之游者与夫子中分鲁。立不教，坐不议；虚而往，实而归。固有不言之教，无形而心成者邪？是何人也？”仲尼曰:“夫子，圣人也，丘也直后而未往耳。丘将以为师，而况不若丘者乎！奚假鲁国！

丘将引天下而与从之。”

——《庄子·德充符》

【复观译读】鲁国有个断掉一只脚的人，名叫王骀，跟随他学习的人和孔子的学生一样多。常季向孔子问道；“王骀是个被砍掉一只脚的人，跟随他学习的人在鲁国却和先生的弟子相当。他站着不施教诲，坐着不发议论；学习的人却空怀而来，满载而归。难道真有不用语言的教育，无形之中就能抵达内心的境界吗？这又是什么人呢？”孔子说：“王骀先生是一位圣人，我远远落后于他只是还没有去请教罢了。我都将拜他为师，又何况还不如我的人呢！何止是鲁国，我将引领全天下的人跟随他学习。”

【原文】平者，水停之盛也。其可以为法也，内保之而外不荡也。德者，成和之修也。德不形者，物不能离也。

——《庄子·德充符》

【复观译读】均平是水留止时的极致状态。它可以作为万物调整自身的标准（如同照镜子），因为它的内在保持安定而外在不会扰动。所谓德，就是调整自身使达到和顺状态的最高修养。德还没有形成的（自身离和顺的状态有偏差），它就不会离开这个标准（需要有一个可以调整自身的参照）。

五十八、不言之教，在于引领（37）

《易经·乾》中有这样一句话：“见群龙无首，吉。”为何群龙无首反而是吉兆呢？因为群龙无首，则万物各显其能。老子也在《道德经》中多处提到“不言之教”“无为之益”，正是劝诫世人：要引导人们自己去领悟、去发现，而不要用自己的言论强加于人，教化民众，因为这样只会禁锢他们的思想，束缚他们的身心。

教化他人而奴役思想，是封建统治者需要的，所以有汉代的“独尊儒术”。然而民众思想被奴化的后果是什么呢？让个人失去精神自由，让群体失去创新和活力，变得只知模仿而无法创新，只知遵从而无法开拓，一代不如一代。

在诸侯国对峙的先秦时期，每个国君的影响力都很有限，自上而下的影响力衰微，所以留下了很多自由空间，整体社会大环境显得宽松，于是学术思想空前兴盛，出现了“百家争鸣”的兴旺局面。

据《汉书·艺术志》记载，在当时数得上名字的学说一共有 189 家，4324 篇著作。其后的《隋书·经籍志》《四库全书总目》等书则记载“诸子百家”有上千家。但流传较广、影响较大、最为著名的不过几十家而已。归纳而言有 12 家较为可观，分别是儒家、墨家、道家和法家，其次有阴阳家、杂家、名家、纵横家、农家、小说家、兵家、医家。

然而自汉朝“罢黜百家，独尊儒术”之后，这样的盛况就再也没有出现过了。因为集权之下，国家的影响力大大增强，国君只要定下主流思想的基调，影响力就会迅速遍及全国。而国家一旦开始统一思想，就再没有个人思想的生存空间了。

自然界本来就是多元化发展的，有的植物长得高，有的植物长得矮，有的喜阳，有的喜阴，但却能做到真正的和谐。林木如果全是单一品种，就很容易生病；社会如果全是同一追求的人，就很容易在彼此争斗中酝酿大的祸患。而拥有多元化追求的社会，每个人都容易从自己的追求中获得满足，所以反而整体显得更加平和与稳定。

人类社会本来也是一个多元化的群体，每个人都有不同的个性，有不一样的喜好。但如果通过文化影响、“其上有为”、利欲驱使等各种因素来磨灭这种个性和喜好，最终就会把大众塑造成思想统一、追求相同的批量产品。

如此一来，不但抹杀了群体多样性和个人的独立精神，还会把社会打造成一座巨大的斗兽场，让人彼此争斗，互相伤害，同类相食。在这种状态下，崇尚争斗掠夺而忽视生产建设的所谓“狼文化”，才会应运而生，火爆一时。

老子说“以奇用兵”，争，本来就会导致社会邪事滋起，诡诈之事层出不穷。所以求名求利，就有贤愚贵贱之争；求仁求义，就有当仁不让之争；求忠求孝，就有此厚彼薄之争。人人相争，则人人相伪，人人相害，人人自危。

关联章节

第三十七章

道恒无名[①]，侯王若能守之，万物将自化[②]。化而欲作[③]，吾将镇之以无名之朴[④]。镇之以无名之朴，夫将不辱[⑤]。不辱以情[⑥]，天地将自正[⑦]。

注释

① 无名：没有名称，没有名号。

② 自化：“化”，本义指变化，这里指通过言行施加影响，引导而使有所转变；“自化”，指不需要外界施加影响，自然而然发生转变。

③ 作：产生，兴起。

④ 朴：本义指未加工的木材，比喻不加修饰，这里指质朴，淳朴。

⑤ 辱：沾染杂质，遭受玷污。

⑥ 情：实情，真实的状况。

⑦ 正：有法度的，合于常情的。

译文

道从来都是没有名字的，侯王如果能够持守它，万物就会自作自化。自作自化而将有私欲出现，我就要用道的本源之朴来安定他们。用本源之朴安定了他们，也就不会再沾染私欲。不沾染私欲，他们就能保持情真质朴的面貌。如此，天地都将自行回归正态。

庄子补释

【原文】闻在宥天下，不闻治天下也。在之也者，恐天下之淫其性也；宥之也者，恐天下之迁其德也。天下不淫其性，不迁其德，有治天下者哉？昔尧之治天下也，使天下欣欣焉人乐其性，是不恬也；桀之治天下也，使天下瘁瘁焉人苦其性，是不愉也。夫不恬不愉。非德也；非德也而可长久者，天下无之。

——《庄子·在宥》

【复观译读】只听说保持天下自然的状态，没有听说要对天下进行管治。保持自然，是担心人们扰乱了真性；宽待（放任）天下，是担心人们偏离了常态。天下人不扰乱真性，不偏离常态，哪里用得着治理天下呢！从前尧治理天下，使天下人人欣喜而乐其真性，这就不恬淡了；以前桀治理天下，使天下人人忧虑而苦其真性，这就不和悦了。不恬淡与不和悦，都不是人自然的常态，不合于自然的常态而能长久存在，天下是没有的。